环境犯罪问题调查与研究

——以贵州省为例

宋强　李国兵◎主编

中国政法大学出版社

2020·北京

图书在版编目（ＣＩＰ）数据

环境犯罪问题调查与研究：以贵州省为例/宋强，李国兵主编.—北京：中国政法大学出版社，2020.12
ISBN 978-7-5620-9314-5

Ⅰ.①环… Ⅱ.①宋…②李…Ⅲ.①破坏环境资源保护罪—研究—贵州
Ⅳ.①D927.730.436.4

中国版本图书馆 CIP 数据核字(2019)第 269511 号

出 版 者　中国政法大学出版社

地　　址　北京市海淀区西土城路 25 号

邮寄地址　北京 100088 信箱 8034 分箱　邮编 100088

网　　址　http://www.cuplpress.com (网络实名：中国政法大学出版社)

电　　话　010-58908285(总编室) 58908433 （编辑部） 58908334(邮购部)

承　　印　固安华明印业有限公司

开　　本　880mm×1230mm　1/32

印　　张　8.75

字　　数　204 千字

版　　次　2020 年 12 月第 1 版

印　　次　2020 年 12 月第 1 次印刷

定　　价　39.00 元

目 录
CONTENTS

贵州省环境犯罪治理现状、问题与对策研究[1]

宋　强*

序　言

（一）选题背景

改革开放以来，我国经济建设取得重大成就。经济发展与环境之间的矛盾更加尖锐，人们逐渐意识到我国破坏环境的严重性与危害性，对环境犯罪逐渐重视。近年来，人民法院对司法支持可持续发展的重大责任已有充分认识，并通过刑事化的措施和手段来应对日趋严重的环境问题。党的十八大报告指出，"把生态文明建设放在突出地位，融入经济建设、政治建设、文化建设、社会建设各方面和全过程，努力建设美丽中国，实现中华民族持续发展。"在十八大提出建设"美丽中国"的大背景下，我们需要转变关于环境犯罪的刑法立法理念，提高环境犯罪在刑法章节中的地位，用新的视角来看待破坏环境的行为，适当借鉴其他国家和地区惩治环境犯罪的成功经验和治理方法。对于已经发生的破坏环境的行为，惩治环境犯罪并不是最终的目的，能够及时修复和治理环境并早期作出预防，进而保护好

---

〔1〕　本书所有文章均完成于 2017 年。

*　宋强，贵州民族大学法学院院长、教授、博士生导师。

我们的生态环境才是终极目标。我们在运用刑法手段惩治环境犯罪的同时，还要采取其他多种方法，多管齐下，才能真正实现对生态环境的保护。

贵州省法院系统积极履行为可持续发展保驾护航的司法职责，不断强化司法在可持续发展中的保障作用。在刑事方面，依法追究和惩治污染环境的违法犯罪行为，如破坏土地、森林、草原、矿产、生物等各类资源的行为，有力维护贵州省环境资源领域的管理秩序，促进依法管理。但从总体来说，发达国家上百年工业化过程中分阶段出现的环境问题，在我国短期内集中出现，呈现结构型、复合型、压缩型。环境污染和生态破坏不仅造成了巨大的经济损失，而且给经济和社会的可持续发展造成了巨大的压力。

(二) 选题意义

主要有三个方面意义：

1. 理论意义

探究贵州省环境犯罪治理的现状、问题与对策，有助于丰富现有的理论，促进学界对这一类问题的进一步研究，从而为扼制环境犯罪提供更多更好的建议。

2. 立法意义

本文在归纳总结问题的基础上，以全面落实治理环境犯罪为主线，以预防和减少贵州省环境犯罪、维护社会和谐为目标，提出解决方案，力求促进贵州省环境犯罪治理进一步完善，为相关立法提供理论支撑和参考依据。

3. 实践意义

通过对贵州省环境犯罪治理实践部门的调研、与工作人员座谈，发现司法实践部门在应对环境犯罪中存在的问题，进而有针对性地提出解决办法，有利于环境保护主管部门从整体上把握环境犯罪的实际情况,有助于规范、指导司法实践行为。

(三) 研究方法

本文采取实证研究方法。主要通过对惩治环境犯罪相关的部门进行走访、召开小型座谈会等形式收集研究资料。实证研究材料覆盖的立法部门包括在治理环境犯罪立法方面有一些经验的贵州省人大、贵阳市人大、黔东南州人大、黔西南州人大、黔南州人大等立法部门,司法部门主要包括在惩治环境犯罪方面创新的贵州省高级人民法院、贵阳市中级人民法院、黔南州中级人民法院、清镇市人民法院生态保护法庭等。

一、贵州省环境犯罪现状分析

(一) 贵州省环境犯罪发展趋势

对环境犯罪概念的认定,国内学者主要有以下观点:①危害环境罪是指违反环境保护相关法律法规,故意或过失地从事危害或可能危害环境或人身健康的活动,情节严重的行为。[1]该观点主要出现在 1997 年《中华人民共和国刑法》(以下简称 1997 年《刑法》)颁布之前,当时的环境犯罪立法比较分散,对环境犯罪尚没有统一的表述。②环境犯罪是自然人或非自然人主体,故意或过失或无过失实施的污染大气、水、土壤,或破坏土地、森林、草原等生态环境和珍稀濒危动物生活环境,有现实危害性或实际危害结果的作为和不作为的行为。[2]该观点以 1997 年《刑法》环境犯罪立法为基础,罗列了我国环境犯罪立法所保护的各环境要素。③环境犯罪是指违反国家环境资

---

〔1〕 参见王灿发:"我国惩治环境犯罪立法亟待解决的几个问题",载《中国法学》1996 年第 1 期。

〔2〕 参见高铭暄、马克昌主编:《刑法学》,北京大学出版社 2005 年版,第 55 页。

源保护法律，造成或足以造成环境资源污染或破坏，或致使他人生命健康或公私财产遭受重大损害的行为。该观点以环境犯罪所侵害的多重法益为出发点，概括了环境犯罪的本质。④还有学者从严格保护生态环境出发，认为环境犯罪就是严重危害生态环境的行为。[1]这种观点认为环境犯罪的客体就是环境法益，而不包括人或财产。刑法分则第六章第六节中规定的"破坏环境资源保护罪"所包含的 14 种犯罪仅仅是环境犯罪的一部分，并不能涵盖环境犯罪的全部，因此刑法意义上的环境犯罪概念属于狭义的概念。

综上，环境犯罪是指违反环境保护相关法律法规，严重危害环境，进而对环境、人身及财产造成严重危害或危险的行为。首先，明确环境犯罪所侵害的客体为复杂客体，包括环境法益、人身法益和财产法益；其次，表明环境犯罪不仅存在结果犯，还包括危险犯。这一表述基本上涵盖了环境犯罪的本质，并可将其与其他犯罪类型予以区分。

贵阳市中院对生态保护法庭的受理案件范围专门下发了《指定管辖决定书》，同时也相继下发了《生态保护法庭案件受理范围的规定》《关于审理破坏"两湖一库"环境资源刑事案件的实施意见》等指导性文件，明确了生态保护法庭受理案件范围以及职责权限。根据上述决定和文件的规定，生态保护法庭负责审理涉及"两湖一库"水资源保护、贵阳市所辖区域内水土、山林保护的环境污染侵权、损害赔偿、环境公益诉讼、污染环境罪等类型的刑事、民事、行政一审案件及相关执行案件；报经贵州省高院指定，可以审理贵阳市辖区外涉及"两湖一库"水资源保护的相关案件，在全国率先开展了环境保护类别案件三

---

〔1〕 参见王秀梅：《破坏环境资源保护罪的定罪与量刑》，人民法院出版社1999 年版，第 62 页。

类审判合一、集中专属管辖的尝试。[1]生态保护法庭自 2007 年成立以来，截至 2014 年 3 月，已受理各类环境保护类别案件 665 件，其中刑事案件 410 件、民事案件 31 件（包括环境公益诉讼案件 13 件）、行政案件 31 件、非诉审查案件 120 件、执行案件 73 件，已审结 657 件，结案率为 98.80%。其中涉及"两湖一库"水资源保护的 80 余件，其余为涉及山林保护、水土保护和空气污染的环境案件。在环境公益诉讼案件中，生态保护法庭多年来尝试在原告主体、被告主体和案件类型等方面拓展环境公益诉讼的范围，截至 2015 年，共审理了 13 件环境公益诉讼案件，其原被告主体、案件类型、判决方式在全国范围内最为丰富，很大程度上调动了公众参与环境公益诉讼的积极性。在刑事案件中，切实保护了贵阳市的生态环境，惩处了上百个破坏环境的犯罪分子，树立了"破坏环境就是犯罪"的生态文明意识。同时，在有些判决中判定被告人以劳役的方式来修复被其破坏的生态环境，这体现了生态文明的理念，获得了中肯的评价，在现实的案件执行中获得了良好的社会效果。下表为贵阳市清镇市生态保护法庭自成立至 2015 年 6 月案件受理情况：

表 1　贵阳市清镇市生态保护法庭案件受理数据表

时间（年、月）	刑案数量（件）	案件总数（件）	刑案所占比例
2007.11～2008.12	70	98	71.4%
2008.12～2009.12	59	72	81.9%
2009.12～2010.12	123	152	80.9%
2010.12～2011.12	48	111	43.2%
2011.12～2012.12	45	104	43.3%

---

[1]　参见《生态保护法庭汇报材料》第 3 页。

续表

时间（年、月）	刑案数量（件）	案件总数（件）	刑案所占比例
2012.12~2013.12	59	109	54.1%
2013.12~2014.12	41	117	35.0%
2014.12~2015.6	24	93	25.8%

同时需加说明的是，在刑事案件中，盗伐、滥伐林木罪又占据多数，据生态保护法庭法官介绍，盗伐、滥伐林木罪在所有刑案中所占比例应在70%以上。生态保护法庭受理案件总数整体上呈递减的趋势。生态保护法庭成立之初的三年，受理案件数量较多，总数呈上升的趋势，这与新生事物成立之初的情形相同。但从2010年之后，受理案件总数呈明显的递减趋势。生态保护法庭受理刑案所占比重整体呈递减的趋势。生态保护法庭成立之初，刑案数量所占比重较大，一度达到80%以上，2009年~2010年年度受理环境犯罪案件更是达到了123件。但2010年后，刑案所占比重迅速减小。这些都充分说明了生态保护法庭在环境保护方面的巨大作用，从另一方面也能说明生态保护法庭的一些创新型做法的巨大功效。

（二）贵州省环境犯罪类型与特点

1. 贵州省环境犯罪类型

贵州省环境犯罪的特点与贵州省独特的省情有关。贵州省的基本省情主要体现在以下方面：其一，森林资源极为丰富。2014年，贵州省森林覆盖率达到48%，比全国平均覆盖率高出26.37%，高于世界平均森林覆盖率近17%，产值达到503.4万元。[1] 其二，贵州省矿藏资源丰富。贵州省是中国矿产资源大

---

[1] 参见"李克强：2013年全国森林覆盖率上升到21.6%"，载《贵州日报》2014年3月5日。

省之一，已发现的矿产有 110 种以上，其中 76 种不同程度地探明了储量。有 42 种矿产的保有储量排名我国前十位，排名第一至第三位的有 22 种。其中煤、磷、汞、铝土矿、锰、锑、金、重晶石、硫铁矿、水泥与砖瓦原料以及白云岩、砂岩、石灰岩等优势明显，在我国占有重要地位。贵州省水力、煤炭资源丰富。全省煤炭保有储量 507 亿吨，远景储量 2419 亿吨，居全国第五位，煤炭储量大于江南各省区储量之和；煤质良好，煤种齐全，分布集中，有利于建设大中型矿区。水力资源理论蕴藏量 1874 万千瓦，居全国第六位，可开发的水能资源为 1635 万千瓦。水位落差集中的河段多，电站规模适中，距负荷中心近，开发条件优越。水、煤兼备的能源资源格局，加上紧靠经济发达、能源短缺的华中华南地区的区位条件，使贵州省成为我国南方适宜的能源供应基地。除煤炭外，已探明储量的矿产资源有 75 种，其中居全国前五位的有 27 种。铝土矿保有储量 3.96 亿吨，居全国第二位，矿石质量优良；磷矿石品位高，保有储量 26.3 亿吨，其中一级品富磷矿 5 亿吨，居全国首位；汞矿、重晶石保有储量均居全国首位；稀土和镓保有储量居全国第二位，锰矿、锑矿、碘保有储量居全国第三位；黄金、铅锌、硫铁矿、冰洲石、矿泉水等均有较好的开发前景。矿产资源大多集中在能源丰富、开发条件好的乌江流域，这种能源和矿产资源的理想配置，在全国是罕见的。其三，农业占重要地位。贵州省位于云贵高原东部，地势西高东低，自中部向北、东、南三面倾斜，平均海拔 1100 米。境内高原山地居多，是全国唯一没有平原支撑的省份，素有"八山一水一分田"之说，地貌概括分高原山地、丘陵和盆地三种基本类型，其中 92.5% 的面积为山地和丘陵。[1]

---

〔1〕 参见"贵州矿产资源概况"，载 www.metalchina.com/members/news.php?id=341041，最后访问日期：2017 年 3 月 20 日。

贵州省属传统的农业省，农业人口和农业产业比重较大。按常住人统计，2014 年末全省总人口 3508.04 万人，其中乡村人口 2104.47 万人，占 60%。第一产业增加值 1275.45 亿元，占地区生产总值的 13.8%。

上述基本省情决定了贵州省的环境犯罪具有不同于其他省份的特殊情形。犯罪类型主要包括以三大类型，下文将举例说明：

（1）破坏森林犯罪

①盗伐林木案

如赵某盗伐林木案。[1]赵某为贵阳市郊县一个农民，家庭生活贫困，靠山吃山、靠水吃水。赵某为解决生计，遂上山砍伐林木，卖钱过活，以补贴家用。后被公安机关抓获，经证实：赵某盗伐林木 4 立方米，依照相关规定已构成盗伐林木罪。遂移交检察机关，检察机关以盗伐林木罪向贵阳市清镇市生态保护法庭提起公诉。经审查，案件事实清楚，生态保护法庭判处赵某盗伐林木罪。该案虽已审结，但是却值得我们深思。贵州省山区很多农民生活贫困，靠山吃山，除了向大山索取之外，缺乏脱贫致富的途径，很多农民上山伐林卖钱以补贴家用。按照国家规定，盗伐林木超过 2 立方米即构成盗伐林木罪。可想而知，2 立方米的定罪标准与实际情况是不相适应的，给实务部门造成了很大的困扰。

②失火案

如魏某失火案。[2]魏某为贵阳市郊县一个农民。依当地生

---

〔1〕 参见王立主编：《环保法庭案例选编（二）》，法律出版社 2014 年版，第 41 页。

〔2〕 参见赵军主编：《贵阳法院生态保护审判案例精选》，人民法院出版社 2013 年版，第 78 页。

活传统，农忙后有焚烧秸秆的习惯。魏某在焚烧秸秆的时候，因疏于看护，管理不善，不慎致使林木大面积焚毁，最终确定焚毁林木面积达 30 公顷。后魏某被公安机关抓获，并被检察机关以失火罪提起公诉至贵阳市清镇市生态保护法庭。在生态保护法庭未设立之前，按法院机构设置，此类失火罪一般作为普通刑事案件由刑一庭负责审理。对于失火致使林木焚毁的如何定罪量刑，却没有相关的司法依据。唯一的依据为《国家林业局、公安部关于森林和陆生野生动物刑事案件管辖及立案标准》，过火有林地面积 2 公顷以上的应当立案，10 公顷以上的为重大案件，50 公顷以上的为特别重大案件。此类案件现由生态保护法庭统一集中审理，生态保护法庭经研究发现：如果依照上述规定，以 10 公顷作为定案标准则面临打击面过大的问题，以 50 公顷作为定按标准则面临打击力度不够的缺陷，在大量案件审理的基础上，生态保护法庭认为以 40 公顷作为情节较轻的门槛予以定罪是比较合理的。最终生态保护法庭认定魏某情节轻微，不构成犯罪。我们可以看出，在环境犯罪立法上，有关立法解释没有跟进，致使司法过程中缺乏相关的依据。如果单凭审判部门依据经验总结确定相关标准，则面临着司法不统一等问题，给司法带来了很大的困难。

（2）非法采矿犯罪

如王某非法采矿案。[1]王某生活所在区域靠近煤矿。2010年，眼看煤价上涨，在经济利益的驱使之下，王某盗采原煤。后经举报，王某被公安机关抓获。经调查，王某盗采原煤所得价值 15 万元，依照标准已构成非法采矿罪。法院依非法采矿罪判处王某有期徒刑 1 年 6 个月。此案案情极其简单，没有争议之

---

〔1〕 参见王立主编：《环保法庭案例选编（二）》，法律出版社 2014 年版，第60 页。

处。但值得深思的是：非法采矿罪的定罪标准是以非法开采矿藏所得价值的数额确定的，但是随着物价的增长，原来开采矿藏 100 吨方能定罪，现在开采 20 吨可能就要判处刑罚，罪责设置不合理。从另一个方面，我们也可以看出，我国环境犯罪立法多从经济的角度设置刑罚，而鲜有从行为本身对环境的影响程度来考量，反映出环境犯罪立法的定位以及指导思想的偏离。

（3）非法占用农用地犯罪

如杨某某非法占用农用地案。[1]2003 年至 2012 年 1 月 6 日，被告人杨某某为谋取利益，在贵阳市白云区艳山红镇刘庄村以为村民建房的名义，在未获得建房用地批准手续的情况下，陆续建成住宅楼 34 栋，除少量是以现金支付土地转让款外，其余均是以建成住宅楼的一套或数套住宅抵付土地转让款。杨某某将其余建成的住房少量用作抵付建房工程款，大部分以其名义对外销售。土地是人类生存和发展的基本物质基础，我国作为一个古老的农业大国，历来都视土地为珍宝。然而目前我国人均耕地面积仅相当于世界人均 1/4，可以说土地在我国尤为珍贵。面对如此严峻的形势，我国出台了一系列法律法规来保护土地，尤其是耕地，这是为了合理利用土地资源，切实保护耕地、林地，为我国的可持续发展提供有力的法律保障。为了依法惩治非法占地、随意改变土地用途的行为，《刑法》第 342 条规定了非法占用农用地罪。本案中的被告杨某某为谋取利益，以为农民建房为由，在未取得建房用地批准手续的情况下，占用耕地修建房屋，造成 15.95 亩的耕地毁坏，已经无法复耕，按照《刑法》第 342 条、《最高人民法院关于审理破坏土地资源刑事案件具体应用法律若干问题解释》第 3 条规定，被生态保

---

[1] 参见赵军主编：《贵阳法院生态保护审判案例精选》，人民法院出版社 2013 年版，第 78 页。

护法庭判处刑罚。本案凸显了在社会经济高速发展阶段存在的问题，一些人为了谋取利益，不惜铤而走险，违反国家土地管理的法律法规，以各种名目占用国家宝贵的耕地资源，对国家的土地资源造成了严重的破坏，本案的判决对那些不法占用国家土地资源的犯罪分子敲响了警钟。

2. 贵州省环境犯罪的特点

从以上经典案例不难总结出贵州省环境犯罪呈现以下特点：

（1）侵害法益的复杂性。一般的犯罪所侵害的主要是人身或财产利益，而环境犯罪所侵害的不仅包括人身或财产利益，还包括生态环境价值。而且从长远来看，对于生态环境价值的破坏比单纯的人身或财产利益损害的危害更大。如上述杨某某非法占用农用地案中，杨某某非法占用耕地修建房屋造成 15.95 亩的耕地无法复耕。可以看出环境犯罪所造成的后果不但是复杂多样的，而且有些是无法恢复原状的。

（2）具有持续性和潜伏性。一般的犯罪行为一旦实施就会立即显现出犯罪结果，而且对法益的侵害也只是一次性的。而环境犯罪所造成的损害往往并不是立即显现出来的，而是会潜伏和持续很长时间，虽然从表面上看，对于生态环境的破坏不像人身或财产利益受到损害那样明显和直观，但危害结果一旦显现，将产生极大的危害，而且很难进行弥补和挽救。

（3）单位犯罪的比重增大。环境犯罪是伴随着经济的发展而逐渐出现并受到重视的。由于个人的生产能力有限，即使对生态环境造成一定破坏，也往往是程度很轻，尚不足以对生态环境造成严重损害的破坏。而单位作为一个整体，是众多自然人的集合，为了一定的经济利益，如果在生产中不注意生态环境的保护，则更容易对生态环境造成巨大的破坏。随着单位在市场竞争中参与度的提高，单位犯罪在环境犯罪中所占的比重日益提升并逐渐超越了自然人犯罪。近些年来，贵州省单位环境犯罪多以非法采矿为主。

（4）主观上多为间接故意或过失犯罪。在生产过程中极易发生对生态环境的破坏，犯罪主体基本上都能意识到这种可能性，但他们往往在主观上采取了放任的态度或者存在过于自信的过失，而不是积极地防止生态环境的破坏或努力地将损害降到最低程度。正是这种不管不顾和侥幸的主观心理，才导致了如此众多且严重的环境犯罪。

（5）具有典型的行政从属性。世界上大多数国家包括我国在内，对于环境犯罪的认定都离不开行政法的标准界定。较轻的环境违法行为一般都适用行政处罚法，刑法的适用仅限于危害行为达到一定严重程度的情形。刑法中涉及环境犯罪相关条款的规定也需要以环境行政法的规定为依据。

二、贵州省环境犯罪治理现状分析

（一）已采取的措施

刑法立法理念——可持续发展理念的确立。十八大报告中提出要大力推进生态文明建设，坚持节约资源和保护环境的基本国策，努力建设美丽中国。《中华人民共和国环境保护法》（以下简称《环境保护法》）第1条规定："为保护和改善环境，防治污染和其他公害，保障公众健康，推进生态文明建设，促进经济社会可持续发展，制定本法。"《中华人民共和国水污染防治法》（以下简称《水污染防治法》）和《中华人民共和国大气污染防治法》（以下简称《大气污染防治法》）等法律也作了类似的规定。该规定表明我国环境立法实行二元保护主义，即一方面保护环境，保障人体健康；另一方面要促进经济发展。笔者认为，当经济发展到一定程度时，理应更侧重环境的保护，突出"环境优先"的理念。具体到刑法来说，应当通过罪名设置、责任形式等方式加大对破坏环境行为的追究力度。这同时也体现了环境犯罪的行政从属性以及人本主义理念。

首先，我国《刑法》规定的环境犯罪中，大多都规定行为人构成犯罪的前提是其行为违反了相关行政法规的规定，这体现了我国环境犯罪具有行政从属性的特点，这也是学界一致的观点。这种规定既有优势又有劣势。优势是能够体现刑法的谦抑精神，尽可能地延迟刑法介入的时间，最大限度地在国家可容忍的范围内鼓励经济的发展；而劣势在于刑法是否进行规制要依赖国家的行政立法是否健全，倘若国家欠缺对某种侵害环境行为的行政立法，那么该行为即使再严重也不符合犯罪构成要件，从而导致国家刑罚权无从发动。其次，在我国《刑法》规定的环境犯罪的各种罪名中，绝大多数是以结果犯作为处罚对象。如果没有造成严重后果就不能作为犯罪处理，这充分体现了刑法保护环境的人本主义观念。我国环境犯罪的刑法立法模式是纯正法典化模式与附属环境刑法并存的复合立法模式。1979年《刑法》颁行前后，我国经济处于起步阶段，破坏环境行为的危害性还没有显现出来，因此，刑法只是分散地规定了相关的内容，也没有以保护环境法益为立场，具体表现为1979年《刑法》没有专门规定危害生态环境的犯罪，只有个别条款涉及到环境犯罪，对环境要素的保护也不周全。随着破坏环境行为的日益猖獗，分散的《刑法》规定已经难以惩治该类行为，为了弥补这种不足，1997年《刑法》修订以前，唯一可行的方法就是通过制定单行刑法和刑法修正案来制裁环境犯罪。1997年《刑法》设专节规定了破坏环境资源保护罪，在分则第六章第六节规定了9个条文共14种破坏环境资源保护的犯罪，使得刑法在环境刑事立法中居于主导地位。除此之外，分则的其他章节也有涉及环境犯罪的条文。此后，全国人大常委会通过了一系列的刑法修正案对刑法中的环境犯罪进行了完善与补充。经过立法完善后，我国的刑事立法在保护环境方面取得了较大的进步，主要表现为刑法保护环境要素的范围大大扩充，关于环境犯罪的条文和罪名明显增加，增设了单位犯罪主体以及财产刑等。此外，《环境保护法》《森林法》〔1〕《水法》〔2〕《矿产资源法》〔3〕等二十多部环保法律也都有涉及刑事责任的条款。

党的十八大和十八届三中全会高度重视生态文明建设。在新形势下，如何发挥审判职能作用，促进生态和谐，建设美丽中国，是人民法院面临的新课题和新挑战。贵州高院一直高度重视生态文明司法保护工作，近年来更是把这项工作上升到为中央、省委工作大局服务的高度来认识和推进，立足省情，大胆探索，力求在统一规划、深化改革、创新机制、加强保护力度等方面提出若干完善建议并力促成果转化，努力走出一条符合贵州实际、体现贵州特色的生态文明建设之路，为贵州省打造生态文明建设先行区提供更加有力的环境司法保障。贵州省采取的具体措施如下：

第一，强化专业审判，加强组织建设。

1. 在机构设置和人员配备方面

贵州省早在2007年就成立了贵阳环保"两庭"，截至2015年已审理了涉环保案件736件，形成了环保审判工作的"贵阳模式"。在2013年召开的生态文明贵阳国际论坛上，时任省委书记的赵克志同志提出了打造全国生态文明先行区的战略目标。

---

〔1〕《中华人民共和国森林法》，以下简称《森林法》。

〔2〕《中华人民共和国水法》，以下简称《水法》。

〔3〕《中华人民共和国矿产资源法》，以下简称《矿产资源法》。

时任贵州省委常委、贵阳市委书记的李军同志高瞻远瞩,在十八大之前便将生态保护作为工作中一直遵循的理念,将生态文明建设纳入城市建设总体布局,前瞻性地启动生态文明城市建设,这充分体现了治省理念的新发展。同时,贵阳市委、贵州高院也提出,生态保护法庭要加大对贵阳市环城林带和生态环境资源的保护力度,高举法律武器,保住贵阳市的青山绿水。尤其是在生态文明建设司法保障机制的建立方面,贵阳走在了全国的前列,于 2007 年 11 月成立了全国首家环境司法专业化审判机构——清镇市人民法院生态保护法庭。随着国家生态文明建设理念不断升级,作为生态文明建设重要保障的司法力量在这一过程中也得到了空前的重视和发展,迄今为止我国已经建立了生态保护法庭、生态保护审判庭和生态保护合议庭 100 多家,为我国环境司法专业化的发展提供了坚实的基础。为抓好贵州省生态文明建设工作,在时任省委副书记李军同志的亲自推动下,总结"贵阳模式",于 2014 年年初,经贵州省生态文明建设领导小组讨论,决定在全省法院设置生态保护"两庭"的机构。具体是:在遵义县、福泉市等 5 个基层人民法院设立环境保护人民法庭,为该院正科级派出法庭;在黔南州、黔西南州等 4 个中级法院设立环境保护审判庭,为该院副处级审判业务部门;在省法院设立环境保护审判庭,为院机关正处级审判业务部门。各庭设庭长 1 名,副庭长 2 名,审判人员及审判辅助人员根据工作需要配置。截至 2015 年,除贵阳生态保护"两庭"外,仁怀法院生态保护法庭和遵义中院生态保护审判庭已相继成立,两地 4 法院共有法官及审辅人员 22 人。设置环保法庭是对十八届三中全会关于司法改革的积极实践探索,是司法对公众期盼的主动回应,对于统一裁判尺度、形成专业化法官队伍、克服地方保护、实现环保案件审判的高质高效,以及保护贵州省青山绿水都具有十分重要的意义。在当前环境与社会管理错综复杂的关系之下，环境司法审判"质"上的提高、社会效果上的彰显、专业化审判模式的形成，再加上案件"量"上的推动，将为环境保护提供更加有力的司法保障。

2. 在案件管辖方面

贵州省生态文明建设领导小组有关会议已经确定了在全省三级法院设置环保"两庭"，根据划定的四个生态司法保护板块，实施以流域、生态区域等作为划分依据的地域管辖，分别行使案件管辖权。同时，会议也批准了在贵州省法院建立生态文明保护民事、行政案件集中管辖机制，由设置生态保护"两庭"的法院对这些案件实施集中管辖。全省各级人民法院的环保"两庭"，根据《中华人民共和国民事诉讼法》（以下简称《民事诉讼法》）《中华人民共和国行政诉讼法》（以下简称《行政诉讼法》）关于级别管辖的规定，分别管辖应由基层人民法院、中级人民法院、高级人民法院管辖的环境保护民事、行政案件。在实践中，我们发现，由于地域的限制，集中管辖对案件的诉讼保全、调查取证、判决执行等会造成一定的阻碍，也会造成当事人诉讼不便，加大当事人的诉讼负担。为此，我们通过建立环保案件异地受理制度、巡回审判制度等机制来克服集中管辖带来的困扰。并且，省法院积极协调相关法院建立侵权发生地法院、案件审判法院联动工作机制，在上级法院的统一指导和协调下，由案发地法院积极配合审判法院有关工作的开展。同时，对那些经济确有困难的当事人，采取缓减免交诉讼费等方式，降低当事人诉讼成本，维护当事人诉讼权利。

第二，创新审判模式，依法保障案源。

1. 关于"三合一"或者"四合一"模式

根据十八届三中全会关于司法管辖和行政区划适度分离的

精神，依托贵州省生态规划，贵州省建立了由环境保护"两庭"分别对四个生态司法保护板块内的环境保护民事、行政案件实行统一集中管辖的"二合一"模式。之所以排除了刑事案件的集中管辖，主要是因为跨地区的刑事案件涉及面较广，操作较为困难，需要公安、检察机关的协调配合，特别是实务中检察机关遇到的操作性问题比较多，导致其积极性不高。例如，是由案发地检察院直接起诉到环保法庭，还是移送环保法庭所在地的检察院再行起诉。同时，"二合一"或"三合一"模式对法官的业务能力和水平要求较高，需要抽调一批经验较为丰富的法官到环保"两庭"，在一定程度上会影响法院其他审判工作的开展。因此 我们建议，在总结"二合一"模式经验的基础上，做好相关法律论证工作，制定可操作的管理流程，切实解决环境保护刑事、民事、行政案件集中管辖后的立案、审理、执行工作面临的各种具体法律技术问题，逐步推行"三合一"甚至"四合一"模式，实现案件数量、案件类型、案件管辖的三重集中，形成环境审判执行工作的系统化、专业化，用优质高效并倾注人文关怀和道德关注的审判服务，反推环境保护社会管理的良性开展。

其中，贵阳生态保护法庭审判工作机制也有所创新。首先，案前工作机制。（1）提前介入环境污染事件，防患于未然。生态保护法庭打破法院坐堂办案、等待当事人上门诉讼等传统的被动方式，尝试提前介入环境污染事件中，主动加强与相关部门的协作配合，参与环保行政部门的调解工作，督促相关部门化解可能引起群体性事件的环境污染事件，坚持诉讼与非诉讼相衔接的纠纷解决机制，将大量的矛盾纠纷化解在诉前，消除在萌芽状态，防患于未然。（2）建立联调联动的工作机制。法院作为审判机构，单凭其力量不可能达到对环境公共权益全面、多方位地保护。弥补为了这一缺陷生态保护法庭已与环保行政部门、国土资源部门、园林绿化等多家部门建立联动机制，通过搭建信息互通平台、重大环境案件的信息公开等方式，使得各部门在履行自身职责的同时，对于涉及生态文明建设的事宜保持良好的沟通、互动，并达成全面的共识和行动，开创环境能动司法的新局面。（3）司法机关积极联动，对破坏生态环境犯罪形成合围态势。2013 年贵阳市公安局成立生态公安局，贵阳市、清镇市两级检察院成立生态保护检察局，公检两家与生态保护法庭共同研究确定了生态保护刑事案件管辖范围以及办案规程。后续通过多次会议，确定了生态环境刑事疑难案件的办案标准，确保了办理案件的质量和效果。其次，案中工作机制。（1）借用"外脑"，试行环保审判专家咨询委员会及环保专家人民陪审员制度。在环境保护审判这一崭新的审判模式实践中，环境保护案件较其他案件而言具有极强的专业性，仅凭法官的法律知识难以作出准确的判断，这就亟须环保专家提出专业的分析意见。因此，为真正实现环保审判工作的公开、公平、公正，让审判权在阳光下运作，体现环保审判的专业化，贵阳中院成立了环保审判专家咨询委员会，为法院的环保审判工作提出专业意见，发挥咨询、监督的职能作用。同时，还从中聘任部分专家担任环保审判人民陪审员，直接参与环境保护案件的审理，这对于弘扬司法民主、维护司法公正、增强司法活动透明度、提高环保案件审判质量有着积极、重大的促进作用。（2）开展以环保专家证言作为定案依据的创新和尝试。环保民事案件一般在污染成因、损失多少等问题上都需要进行专业鉴定，这种鉴定周期长、成本高，而且具有相关鉴定资质的机构很少。因此，部分案件鉴定费用接近甚至超过诉讼赔偿金额。为及时有效审结环保案件、化解社会矛盾，同时也有效约束法官的自由裁量权，环保法庭尝试采信环保专家证言作为案件定案依据，这一制度正在总结经验的基础上，稳步跟进。(3) 有效整合社会资源，营造联调联动的能动司法大调解格局，积极降低诉讼成本，和谐化解环保民事纠纷。生态保护法庭与政府、环保行政机关、基层群众性组织、热心环保事业的社会组织等构建联调联动机制，搭建调诉对接平台，对于发生纠纷的环境污染事件，及时化解社会矛盾，保障群众利益。(4) 在环境公益诉讼中引入诉前禁令制度。在生态环境可能遭受或者已经遭受破坏，且侵害正在继续扩大的情况下，如按照纯粹的司法程序来进行诉讼，当漫长的诉讼程序得出结论时，对生态环境的破坏就可能已经无法控制，或造成严重的损害后果。生态保护法庭将禁止令制度引入环境公益诉讼类案件，避免对生态环境造成扩大性的危害。(5) 形成对破坏生态环境犯罪强有力的打击。生态保护法庭在审理刑事案件中，毫不手软，切实保护贵阳的生态环境，已经判处了上百个破坏环境的犯罪分了，树立了"破坏环境就是犯罪"的生态文明意识。同时，在有些判决中判定被告人以劳役来修复被其破坏的生态环境，这体现了生态文明的理念，获得了法律界肯定的评价，在现实的案件执行中获得了良好的社会效果。经过几年的打击和宣传，贵阳市有效遏制了破坏环境的犯罪，刑事案件由成立之初占每年受理案件的 70% 下降到了 2014 年的约 40%。新受理刑事案件的下降充分说明，近年来生态保护法庭凭借刑事审判的震慑力遏制了环保刑事违法犯罪猖獗的社会风气，以司法手段强有力保护了贵阳市的生态环境。最后，案后工作机制。(1) 实施环保案件执行回访制度和第三方监督制度。制定环保案件全程跟踪执行回访制度，规定办案法官定期到污染现场督促被告履行判决，保证判决执行不落空。生态保护法庭在案件执行中，引入第三方监督制度，即引入环保组织、志愿者对排污企业的整改、环保设施运行等情况进行长期监督，以确保企业不再发生污染环境的行为。（2）加强司法建议书、法律意见书的作用。以能动司法理念为核心，逐步强化环保审判诉讼职权主义，积极开展司法建议和环保法律意见书工作，延伸司法服务，以督促、监督行政机关依法行政。

2. 关于案件受理范围及收结案情况

环境保护刑事案件不应当仅限于《刑法》第六章第六节破坏环境资源保护罪中第 338 条至第 346 条所规定犯罪，还应当延伸到职务犯罪中因环境资源监管引发的贪污贿赂渎职犯罪以及其他犯罪中涉及环境资源保护的案件。环境保护民事案件也不应当仅限于《民事案件案由规定》三级案由"352. 环境污染责任纠纷"下的 7 类四级案由案件，还应当延伸到因相邻关系引起的涉及环境权益的案件等各类平等民事主体之间就环境权益而引发的纠纷。环境保护行政案件则主要应界定在公民、法人或者其他组织认为行政机关和行政机关工作人员的具体行政行为侵犯其环境权益而引发的纠纷。我们建议，通过审理好环境行政案件和审查好非诉环境行政案件，有效弥补刑事职能遗留的环境治理空间；对那些不能进入刑法评价范围的轻微环境违法行为，要依法支持环境行政执法机关履行管理职责，依法支持行政机关的处罚措施，避免因为违法行为成本太低，打击力度不够，演变成久治不愈的环境整治顽疾。对那些需要承担民事赔偿责任的违法者，坚决依法判决赔偿，形成刑事、民事、行政责任的立体架构。

（二）取得的成效

截至 2015 年，贵州省关于环境犯罪治理已取得较大的成效。大致可以分为下列四个方面：

第一，环境保护方面。贵阳市生态保护法庭自 2007 年成立以来，截至 2014 年 3 月，已受理各类环境保护类别案件 665 件。通过对天峰公司案的审理，2010 年红枫湖水体中总磷含量较案件受理前的 2007 年下降了近 60%，红枫湖水质大为改善；通过在定扒案件中发出的法律意见书，政府职能机关关闭了在定扒纸厂周围不符合国家产能要求的造纸厂，合并升级了符合产能要求的企业，在保护环境的同时也兼顾了社会经济的发展；通过对修文县环保局信息公开案的审理，开启了以司法审查推动中国的政府信息公开之门，对于推进政府依法行政、维护公民、法人和其他社会组织获取环境信息的权益，推动公众参与环境保护具有里程碑意义。

第二，环保理念方面。在刑事案件中，毫不手软，切实保护贵阳的生态环境，判处了上百个破坏环境的犯罪分子，树立了"破坏环境就是犯罪"的生态文明意识。同时，在有些判决中判定被告人以劳役来修复被其破坏的生态环境，这体现了生态文明的理念，获得了法律界肯定的评价，在现实的案件执行中获得了良好的社会效果。

第三，环保犯罪惩处创新方面。在清镇市生态保护法庭调研时，了解到潘某某案件：潘某某 2014 年 12 月 11 日因涉嫌犯盗伐林木罪被修文县公安局决定取保候审，2015 年 4 月 21 由修文县人民检察院决定取保候审。被告人潘某某承认盗伐树木的事实，请求从轻处罚。另查明，被告人潘某某母亲常年生病，被告人潘某某盗伐林木是为其母亲做棺木。庭审中，被告人潘某某表示家庭生活困难，无力支付罚金，但表示愿意为扎佐林场提供一段时间护林服务，抵扣应缴纳的罚金。被告人潘某某犯盗伐林木罪，单处罚金人民币 3000 元（罚金限判决生效之日起 10 日内缴纳。被告人潘某某可自判决生效之日起到修文县扎佐林场提供护林服务六个月，折抵其应缴纳的罚金）。这一判决用劳役刑替代罚金的做法突破了惯常的做法，结合当地实际情况，合理地处理了矛盾纠纷，即达到了惩戒的效果，也对环境修复起到了一定的帮助。这样的做法有无法律依据暂且不论，但从此做法的初衷以及实际效果上看，确实起到了很大的示范效应。

第四，在审判机制改革方面。根据贵阳市中级人民法院指定管辖的规定，生态保护法庭受理贵阳市十个区市县的生态环境保护类别的刑事、民事、行政案件，同时还负责案件生效后的执行工作，开展了贵阳市辖区内环保案件集中专属管辖的尝试，这是生态保护法庭的创新和突破。集中专属管辖制度实施多年来取得了相当的成效：首先，打破了行政区划的限制，突破了地方保护主义的壁垒，形成了对生态环境强有力的司法保障体系；其次，在贵阳市的行政区划内形成了统一的判案标准，形成了公平公正公开的司法保障体系。最后，创建了一系列符合环保审判特点的工作制度。正是基于这种集中专属管辖，生态保护法庭总结了环保案件执行回访制度、证据保全制度、先予执行制度、专家证言采信制度、环保法律意见书主动介入制度等一系列具有鲜明环保审判特点的工作制度。可以说，如果环境保护类别案件散见于法院各业务庭，是难以形成上述具有司法实践基础的工作制度的。总之，生态保护法庭走专业化之路、实行集中专属管辖既是必要的，更是可行的。

三、贵州省环境犯罪治理存在的问题

（一）环境犯罪立法及相关司法解释存在缺陷

自 1979 年第一部刑法典出台至 2011 年《中华人民共和国

刑法修正案（八）》［以下简称《刑法修正案（八）》］颁布，我国环境刑事立法不断补充修正，环境犯罪的刑事法治逐步完善，环境治理的力度和重视程度也在不断加深。然而，随着社会经济的快速发展，危害环境行为的数量越来越多，危害手段、类型和程度也在不断扩大，环境犯罪刑事立法与环境犯罪治理的现实脱节的矛盾也进一步凸显。主要表现在以下两个方面：

1. 立法对环境犯罪与环境行政违法界定不清

纵观我国现行刑法关于环境犯罪的 14 种具体罪名，大多数采用"空白罪状"的立法方式，具体来讲就是某种行为是否构成环境犯罪，全部或部分取决于该行为是否违反相关环境行政法规的规定。理论上通常将环境犯罪的成立与处罚对行政法律规范和行政行为的依赖性称作"环境刑法的行政从属性"。[1]环境犯罪的行政从属性要求将违反环境行政规范或违反行政机关作出的行政行为作为环境犯罪的构成要件。这种要求表明环境刑法与环境行政法是相互衔接、补充的，只有当环境违法行为超过行政处罚的限度后，环境刑事处罚才会作为行政处罚的补充手段介入其中并发生作用。[2]换言之，当环境违法行为严重违反环境行政法规且突破其禁止性规范，就会触犯刑法构成环境犯罪。以《水污染防治法》为例，根据第 85 条的规定，违法者非法向水体排放剧毒废液、含有放射性物质的废水、含有毒污染的废水等将受到限期治理、罚款等行政处罚。如果上述行为严重污染了环境，那么就将构成《刑法》第 338 条的污染环境罪。

---

〔1〕 参见车金成、宋洪磊："环境刑法的行政从属性"，载《山西省政法管理干部学院学报》2014 年第 3 期。

〔2〕 参见王树义、冯汝："我国环境刑事司法的困境及其对策"，载《法学评论》2014 年第 3 期。

　　环境行政违法行为与环境犯罪行为的区别本应该是两者侵犯了不同的法益，环境行政违法行为侵犯了一般的生活法益，环境犯罪行为侵犯了较重的刑法生态法益，但在我国立法上两者没有质的区别，而只有量的区别，但是对于量的规定又没有明确具体化，这造成了环境行政处罚权与刑罚权边界的不清楚。这也就使得行政执法人员在实践中很难区分案件是否涉嫌环境犯罪，是否应该移送，最终导致环境行政权的扩张与膨胀，弱化了对环境犯罪的刑事打击，形成"以罚代刑"的环境犯罪治理困局。这也正好印证了我们在调研中了解到的：从《刑法修正案（八）》出台至今，贵州省生态保护法庭仅审理了一起环境污染罪案件，这并非表明环境污染案件发案少，而是恰恰说明环保部门在针对环境污染案件时，大多进行内部消化而非将案件移送至检察机关，进而由法院审理判决。

　　2. 司法解释对资源类案件定析不细

　　纵观生态保护法庭成立至今所办理的案件，传统的资源类案件居多，审判机关在办案中积累了不少经验，但是也存在一些办案法官反映比较强烈的问题，其中主要涉及司法解释对资源类案件的定析不明确的问题，造成审判机关在定罪、量刑中存在困难，甚至办案法官主动规避这类案件。在调研中，办案法官以非法占用农用地为例，对司法解释的缺位进行了说明。

　　1997 年修订的《刑法》将非法占用耕地入罪，此后 2001 年《中华人民共和国刑法修正案（二）》对第 342 条进行了修改，将犯罪对象由原来的耕地拓展为耕地、林地等农用地，罪名也相应地变更为"非法占用农用地罪"。[1]罪名变更之后与其配套的司法解释并没有随之出台，其立法缺陷也一直延续至今，

―――――――――

　　〔1〕 参见王利文、刘健："非法占用农用地罪的司法适用"，载《党史博采（理论版）》2012 年第 8 期。

也就造成司法实践中准确认定与惩处此类犯罪无法可依的情况。举例来说，变换林种（由防护林或者公益林转换为经济林）是否属于非法占用农用地罪？在办案中，法官征集各方意见，林业部门认为：将防护林或公益林转变为经济林，从性质上来说还是林地，办理的还是林权证，不属于改变土地用途的范畴；另外根据 2000 年 6 月最高人民法院通过的《关于审理破坏土地资源刑事案件具体应用法律若干问题的解释》第 3 条第（二）项规定非法占用耕地（后修改为非法占用农用地）建窑、建坟、建房、挖沙、采石、采矿、取土、堆放固体废弃物或者进行其他非农业建设，其中八种行为才属于改变土地用途。公安机关则认为：将不属于经济用途的林地转变成经济林就是改变土地用途，这样做会对水土保持产生影响，也会放纵犯罪。到目前为止法官审理非法占用农用地罪，根据的是《刑法》第 342 条规定："违反土地管理法规，非法占用耕地、林地等农用地，改变占用土地用途，数量较大，造成耕地、林地等农用地大量毁坏的，处五年以下有期徒刑或者拘役，并处或者单处罚金。"但在此类案件中，该法条对变换土地用途没有明确规定。

截至目前，最高人民法院并没有出台有关非法占用农用地方面的司法解释，还是一直沿用非法占用农用地的前身即非法占用耕地的相关司法解释。因此也就导致了像贵州省这样传统资源类案件居多的省份，法官在定罪、量刑上无法可依或者谨慎判案的情况出现。

（二）环境行政执法与刑事司法衔接不顺畅

环境行政执法与刑事司法的衔接程序是二者有效沟通的桥梁，衔接程序的顺畅与否关系着环境刑事司法是否能有效发挥作用。环境行政执法与环境刑事司法的衔接程序主要包括：行政执法机关对涉嫌犯罪案件的移送程序，公安机关对移送案件的受理和处理程序以及检察机关对行政执法机关移送涉嫌犯罪案件，公安机关受理、处理移送案件的监督程序等。[1]这些程序中任何一环出现问题，都会影响行政执法和刑事司法的衔接，最终影响环境刑事司法效力的发挥。当前我国环境行政执法与刑事司法的衔接程序在实践中存在的问题主要表现在以下几个方面：

1. 相关规定比较概括

2009 年修订的《中华人民共和国行政处罚法》（以下简称《行政处罚法》）第 22 条明确规定："违法行为构成犯罪的，行政机关必须将案件移送司法机关，依法追究刑事责任。"但该法对于如何移送缺乏具体的可操作的规定。2010 年修订的《环境行政处罚办法》第 16 条第 5 款也明确规定，涉嫌犯罪的案件，按照《行政执法机关移送涉嫌犯罪案件的规定》等有关规定移送司法机关，不得以行政处罚代替刑事处罚。但在实际中，这些衔接方面的规定还存在以下问题：

第一，现行立法效力位阶不高，且缺乏具体规定。除国务院颁布的《行政执法机关移送涉嫌犯罪案件的规定》属行政法规外，其他关于衔接机制的文件大都属于法律规范性文件，效力层级较低，不具有普遍约束力。并且这些规定对移送程序的规定有很多不明确之处，如关于环保部门移送的标准问题，检察机关内部的接收机关、接收程序以及最终司法机关对案件的接受程序等都没有明确的规定。

第二，对于不移送不接受行为的法律责任规定不明确，且无强制约束力。《关于环境保护行政主管部门移送涉嫌环境犯罪案件的若干规定》（现已失效）第 13 条规定，环境保护行政主

---

〔1〕 参见吴家明、朱远军："环境刑事司法之现状分析与对策"，载《人民司法》2014 年第 21 期。

管部门负责人对涉嫌环境犯罪的案件应当移送公安机关或者人民检察院而不移送的承担行政责任及法律责任。但该规定概括而模糊，没有具体的问责程序且没有强制约束力，对于不移送和不接收行为的具体法律责任也没有明确规定。

2. 衔接程序复杂

环境行政执法和刑事司法存在衔接性，环境刑事司法在移送程序、启动标准等方面必须依靠行政执法。换言之，环境行政执法程序在环境刑事程序启动之前。只有当污染环境的行为严重到一定程度，达到法定标准时，才会被转入刑事司法程序。环境刑事案件与普通刑事案件相比，行政机关在认定、调查中起主要作用，而公安机关的侦查权只有在公民举报、符合提前介入条件等少部分案件中才会介入。这造成在行政机关移送案件时，先要向公安机关移交案件，再由公安机关将案件移交检察院起诉，由于增加了一个启动诉讼的环节，造成移送程序复杂，导致很多案件由于行政执法的滞后，而出现"有案不能移""有案移不动"等现象。

另外，由于环境犯罪案件处理程序复杂，需要经过环保部门移送、公安部门立案侦查、检察机关公诉等多个环节，导致实践中影响案件处理的外在因素很多。例如，环境保护部门受部门利益影响，主动移送意识不强；环境执法人员专业素质不足，在行政执法中对于刑法等相关规定不熟悉；检察机关人手、资金不足，且缺乏专业知识；政府为经济发展干预行政机关或司法机关移送处理案件等。[1]以上种种因素都可能造成环境刑事司法程序不能启动或启动不顺畅，影响其发挥应有的效力。

---

〔1〕 参见吴家明、朱远军："环境刑事司法之现状分析与对策"，载《人民司法》2014 年第 21 期。

（三）环境犯罪鉴定存在困难

由于污染环境犯罪案件涉及领域较多，其检测鉴定工作专业性、技术性、系统性较强，司法机关在侦办案件过程中往往因缺乏环保专业知识而难以深入，直接影响了污染环境案件的审理和裁判。尽管在 2013 年最高人民法院、最高人民检察院发布了《关于办理环境污染刑事案件适用法律若干问题的解释》确立了环境污染专门性问题的确定方式，即由国务院环境保护部门指定的机构出具检验报告和司法鉴定机构出具鉴定意见，然而具体到贵州省在适用中还存在一些现实的困难，主要集中在以下几个方面：

1. 具有司法鉴定资质的机构缺位

司法鉴定是指"在诉讼活动中，鉴定人运用科学技术或者专门知识对诉讼涉及的专门性问题进行鉴别和判断并提供鉴定意见的活动。"根据《中华人民共和国刑事诉讼法》（以下简称《刑事诉讼法》）中关于鉴定的规定，为了查明案情，需要解决案件中某些专门性问题的时候，应当指派、聘请有专门知识的人进行鉴定。[1]上述可以看出，司法鉴定是诉讼活动的一项重要内容，其鉴定意见是协助法官分析、判断和审查证据材料及案件事实的重要依据，直接影响到案件的定性和定量，是实现司法公正、保障诉讼当事人合法权益的关键环节。

在调研中，我们了解到贵州省法院在办理资源类案件时，大多需要对环境损害进行鉴定，比如涉及非法采矿罪中采矿的数量、面积等都需要具有专门技术的人进行鉴定。但是，贵州省暂时还没有具有司法鉴定资质的机构，法院在办理案件时只能请专业技术人员进行简单测量、估算，只有涉及比较重大的

---

〔1〕 参见樊崇义主编：《刑事诉讼法学》，法律出版社 2013 年版，第 344 页。

案件时才会到省外比如重庆请专门的司法鉴定机构进行相关鉴定。

2. 司法鉴定成本高昂

由于司法鉴定机构在我国相对较少，"物以稀为贵"这也就在无形之中提高了司法鉴定的成本。贵州省属于西部贫困省份，高昂的鉴定费用可能使司法机关对司法鉴定望而却步。举例来说，盗伐林木、滥伐林木案件往往可能只涉及几十棵林木，如果进行司法鉴定可能花费的代价比这几十棵树的经济价值还要高，一般地方森林公安可能负担不起这样的费用。再比如非法采矿案件中，司法机关往往出于对司法鉴定成本的考虑，对一些非法采矿量相对较小的案件，请具有一定资格的工程技术人员进行简单测量，即将测量结果作为定案依据。

（四）生态保护法庭管理体制存在的问题

环境犯罪的治理有赖于生态保护法庭这样的专门机构，反过来讲，只有有了体制完备的专门审判机构才能保证环境治理的有序推进。贵州省虽然成立了全国首家环境司法专业化审判机构——清镇市人民法院生态保护法庭，也取得了社会各界的肯定及良好的生态效果，但是环保审判机构的发展中还存在一些不足之处，主要表现在以下几个方面：

1. 生态保护法庭级别的障碍

生态保护法庭下设于清镇市人民法院，级别属正科级已是高配，但与其管辖全贵阳市生态环境类案件的范围不相适应。在实际工作中与生态保护法庭沟通、合作的职能部门绝大部分的级别都高于生态保护法庭，以致生态保护法庭不得不借助上级法院办理相关事务，导致办事效率不高、程序繁琐等问题的出现。

2. 管理体制不顺畅

因行政管理方面的限制，生态保护法庭自成立以来便存在管理体制不顺畅的现象。人、财、物分由不同的部门予以管理，要么会造成多头管理，要么会造成无头管理，这种管理体制的不顺畅必定会影响生态环境审判业务的有序推进。

3. 内部运行模式较为粗犷

因案件数量和人员数量的限制，生态保护法庭内部现行的运行模式较为粗犷，职责分工不明晰。随着对生态环境保障力度的加大以及管辖范围的扩大，这种职责分工不明晰、事务不专一的弊端必然会凸显，从而影响法庭的发展。

4. 人员选调存在困难

生态保护法庭成立之初的设想是所有人员应从全贵阳市法院选调，而实际上，由于生态保护法庭的人员编制隶属于贵阳市非主城区的清镇市人民法院，很难从其他法院选调优秀人才到生态保护法庭。从生态保护法庭多年的运行情况来看，除审理案件外，生态保护法庭还要与国内外高校、研究机构、环保组织合作，承担着大量调研、科研、学术交流、对外讲学等任务，其工作量远非单纯办案的一般法院庭室可比，而且生态保护法庭对选调人员的素质要求较高，而清镇市人民法院在自身人手紧缺、高素质人员缺乏的情况下，已无力提供更多优秀人才给予生态保护法庭。

5. 办案法官不足，专业法官缺乏

以清镇市人民法院生态保护法庭为例，其核定法官编制为12名，实际到位法官 5 名，其中包括承担行政职务的庭长和副庭长各 1 名。在调研中我们了解到，庭长主要承担对外行政事务，甚少有时间办理案件；副庭长长期在外挂职锻炼，也没有办案的可能；还有一名资历较老的法官，主要承担法庭内后勤事务，相对办理案件较少；主要的案件都由剩下的两名法官办理。很难想象，一个全国文明的生态保护法庭，主要的案件居然仅仅由两名法官办理。此外，由于办案法官较少，往往每个法官都要承担民事、行政、刑事审判业务及审判执行业务，专业法官从事专业化审判更是无从谈起。

四、遏制贵州省环境犯罪的对策建议

2013 年 6 月最高人民法院、最高人民检察院联合公布《关于办理环境污染刑事案件适用法律若干问题的解释》，该规定对于加强刑法对环境的保护力度，注重运用刑法手段来惩治严重的环境污染犯罪具有重要作用，对于环境行政执法与刑事司法的有效衔接也能起到一定的作用。但要使刑事司法在惩处污染环境犯罪中能更好地发挥作用，仅仅通过一个司法解释并不能完全解决问题，需要综合性的措施和制度来应对。

（一）完善环境犯罪的立法及司法解释

1. 通过立法确定环境犯罪的独立性

环境犯罪的行政从属性立法模式可以保持刑法的稳定性，但是对于其界限模糊带来的弊端，需要通过立法进行完善。关于如何完善环境犯罪立法，不同学者有不同的建议，有学者建议应采用独立性的散在型立法方式，即在行政法律中设置具有独立罪名和法定刑的刑事罚则；[1]还有学者认为，应该通过对空白罪状的明确，即将"违反国家规定"具体化，对环境行政法律法规进行详细规定。[2]本文认为，我国刑法采用刑法典模式，在这种情况下，在行政法律中设置刑事罚与我国立法体系

---

〔1〕 参见陈兴良："论行政处罚与刑罚处罚的关系"，载《中国法学》1992 年第 4 期。

〔2〕 参见蒋兰香：《环境犯罪基本理论研究》，知识产权出版社 2008 年版，第259 页。

不符，而将国家的规定具体化也难免有所遗漏。因此，环境刑事司法如要克服其行政属性带来的缺陷，切实地发挥作用，需要分阶段、分层次从以下几个方面进行完善：

第一，通过修改《刑法》确立污染环境罪的构成要件。《关于办理环境污染刑事案件适用法律若干问题的解释》界定了严重污染环境的认定标准，这些标准具体明确并且进行了量化，如非法排放"倾倒"处置危险废物三吨以上等为严重污染，这就使得实践中环境行政违法与环境犯罪的界限明确起来。并且该司法解释以私设暗管或者利用渗井、渗坑、裂隙、溶洞等排放、倾倒、处置有放射性的废物、含传染病病原体的废物、有毒物质等行为作为污染环境犯罪的认定标准，降低了污染环境罪的门槛，减少了行政机关及司法机关在取证和鉴定方面的困难。因此，应通过对《刑法》的修改来确立污染环境罪的构成要件，以克服环境污染时间跨度大、司法证明困难与刑事处罚滞后性的障碍。

第二，更新刑法理念，确定"生态法益"。具体界定环境犯罪的构成要件并不能从根本上改变环境刑法存在的立法缺漏。如要从根本上确立环境犯罪的独立性，需要在《刑法》中明确刑法所保护的"生态法益"，排污行为只要对环境中生存的人及生物的核心生态法益造成了侵害即构成犯罪，是否违反行政法规，并不应成为构成犯罪的必要前提与条件。[1]只有这样，才能在保持立法模式的情况下，改变环境犯罪行政从属性的地位，明确环境行政执法属于刑事司法的前置程序，而不是"必要前置程序"和"从属"程序，保障刑事司法的独立性。

---

〔1〕 参见焦艳鹏：《刑法生态法益论》，中国政法大学出版社 2012 年版，第234 页。

2. 尽快出台司法解释

当前环境犯罪治理中的确存在司法解释规定不明确的情形，也确实给环保司法机关办案带来定罪、量刑的困难。通过调研，我们也了解到了在非法采矿案件、非法占用农用地案件中审判机关处于无法可依的窘境。我们认为当前治理贵州环境犯罪可以从以下两个方面着手：

第一，通过正当渠道呼吁最高人民法院、最高人民检察院及时出台司法解释，同时也可以通过召开专题研讨会的形式，邀请环保方面的法学专家、法律工作者、司法机关及行政机关的实务工作者就当前工作存在的问题进行研讨。在法学界、实务界形成呼吁出台相关司法解释的舆论氛围。

第二，通过开展案例汇编工作，不断积累审判案例，积极总结审判经验，同时加强与兄弟省份的交流学习，借此提升审判技巧。同时，对于判案中的问题，可以向上级人民法院反映，发挥审判委员会总结办案经验、讨论重大、复杂、疑难问题的职能。

第三，形成审判机关集中学习制度。对当前存在的判案疑难问题，积极邀请相关领域的专家学者到审判机关进行讲学。同时，审判人员也应该加强自身学习，针对判案中的疑难问题进行相关的研究，形成自身的思考，以正确判案、及时判案，彰显司法公正。

（二）健全环境行政执法与刑事司法联动机制

贵州省的环境保护工作正面临环境风险高发期与环境意识升级期相叠加的严峻形势，迫切需要环保部门与负有打击环境污染犯罪职责的法院、检察机关和公安机关合力防范和打击环境污染违法犯罪活动。加强行政执法与司法联动能够改变环保部门单打独斗的局面，可以有效杜绝环境行政执法中以罚代刑现象的发生，还能及时有效解决突出的环境问题、遏制环境违法行为，更好地打击环境污染犯罪。通过调研我们认为：如果要解决环境行政执法与刑事司法衔接不畅的问题，那么就必须构建一套高效、快捷的环境行政执法与刑事司法联动衔接机制。具体构建如下：

1. 明确"四机关"打击环境犯罪的职责权限

全省各级环保部门、公安机关、人民检察院和人民法院要严格遵循法律、法规规定的权限和程序，依法履行职责，对涉嫌环境犯罪的案件，切实做到依法移送、受理、立案、审查起诉、审理、办结。[1]

（1）全省各级环保部门在查处环境违法行为过程中，发现涉嫌构成环境犯罪的，应当将案件线索和有关证据材料向公安机关移送，同时向同级检察机关报备；发现国家工作人员涉嫌渎职侵权、贪污贿赂等犯罪的，应当将案件线索向同级人民检察院移送；发现国家工作人员涉嫌贪污贿赂、渎职侵权等违法违纪线索，尚不构成犯罪的，应当向监察机关移送。

（2）全省各级生态环境保护安全机关，对各级环保部门移送的涉嫌环境犯罪的案件，及时进行审查、现场调查和侦查，依法作出立案或者不予立案的决定，及时反馈案件处理情况。对侦查终结符合起诉条件的，及时移送同级人民检察院审查起诉；对经侦查不构成环境污染犯罪的，按有关规定处理。

（3）全省各级生态保护检察处（科），对各级公安机关提请批捕和移送审查起诉的环境刑事案件，及时审查并作出是否批捕、起诉的决定。对各级环保部门提出的立案监督申请，及

---

〔1〕 参见"市中级人民法院、市人民检察院、市公安局、市司法局、市环境保护局关于建立环境行政执法与刑事司法联动衔接机制依法打击环境违法犯罪行为的通知"，载《十堰日报》2015 年 1 月 6 日，第 4 版。

时审查并作出决定。加强对刑事诉讼活动的法律监督，确保涉及环境类案件依法、高效、规范、公正地处理。对在法律监督中发现的环境执法问题，及时提出检察建议，督促纠正。

（4）全省各级生态保护法庭，应对案件及时审理、判决。及时受理环境行政执法强制执行申请，对不及时执行会造成重大环境污染后果的，或群众合法环境权益遭受严重侵害的案件，根据环境保护行政主管部门申请，及时发出禁止令，终止环境违法行为发生，防止环境损害继续扩大。对案件审理中发现应追究行政责任的，要移送监察机关依法处理。对环保部门环境行政执法工作存在的问题提出司法建议，督促改正。

2. 建立全省各级环境行政执法与刑事司法衔接联席会议制度

全省各级环保部门、公安机关、人民检察院和人民法院每季度举行一次联席会议，也可以根据工作需要，经联席会议成员单位提议，召开临时会议。联席会议由环保部门召集，联席会议的负责人由各单位的正职或者分管领导担任。联席会议下设办公室，成员由各部门相应职能机构的主要负责人组成。联席会议就如下事项进行研究和讨论：（1）通报环境违法案件受理、调查的线索；（2）通报移送环境犯罪案件的办理情况（包括移送、受理、立案、撤案、立案监督、批捕、起诉、审判、强制执行等）；（3）研究制定预防和查处环境违法犯罪的工作目标和措施；研究探讨相互协作和移送、办理违法犯罪案件过程中遇到的新情况、新问题，协商解决疑难问题；（4）研究解决环境行政执法和查处环境违法行为中的其他问题。

建立各级环境行政执法与刑事司法衔接联络员制度。全程各级联席会议成员单位分别指派一至二名工作人员为联席会议的联络员，负责承办联席会议有关具体事务，及时向本单位负责人报告衔接工作重要事项，督促本部门相关单位落实联席会议有关工作部署和要求，及时向成员单位通报衔接工作和联动执法信息，承办案件移送及有关沟通协调工作。

3. 建立环境案件联合查办工作机制

（1）建立联动执法和沟通配合机制。加强执法联动，以各类环保专项行动为抓手，紧盯饮用水源、自然保护区等重点区域，以及污水处理、垃圾处理、涉重金属、放射性废物和危险废物排放、含传染病病原体废物排放、采矿冶炼、医药化工等重点行业，开展联合执法检查，依法加大对重大环境污染犯罪案件的综合惩处力度。在环保部门处理涉嫌环境犯罪案件工作中需要公安机关提前介入调查的，公安机关应当积极参与；环保部门在执法检查中遇到恶意阻扰、暴力抗法等情形的，公安机关应当及时出警、依法查处。环保部门应当按季度将行政处罚决定书抄送同级公安机关和人民检察院备案。各成员单位在环境污染犯罪案件的侦查、审查起诉、审判等工作中，需要其他有关成员单位提供专业支持或咨询的，有关单位应当认真研究、积极配合、及时答复，保障案件查办工作依法、有序开展。

（2）建立重大环境案件会商处置机制。对严重威胁饮用水安全，严重损害群众身体健康，非法排放、处理处置含放射性废物、传染病病原体废物、有毒有害物质等固体废物严重污染环境，非法排放、处置污染物造成重大环境破坏等重大、复杂或社会影响大、突发性案件，由环保部门、公安机关联合挂牌督办，共同会商研究，确保案件依法处理。必要时，成立联合调查组，共同开展案件调查工作。需要人民法院、人民检察院提供支持和咨询的，及时邀请有关部门参加。要确保案件查办工作依法进行，保障办案质量。

（3）规范环境犯罪案件移送机制。环保部门建立涉嫌环境污染犯罪案件移送审查报告制度，对基本查明违法事实、涉嫌环境刑事犯罪应当移送公安机关立案侦查的案件，由两名以上（含两名）行政执法人员核实情况后，提出书面移送报告，报请本部门主要负责人审批。主要负责人应当在接到书面报告之日起3个工作日内作出是否移送的决定。经审查决定批准的，法制工作机构应当在3个工作日内办理向同级公安机关移送手续；决定不批准的，应当将不予批准的理由记录在案。移送案件时，应当制作《涉嫌环境犯罪案件移送书》，附送案件调查报告、涉案物品清单、有关监测报告和结论（应当申请省级环保部门认可）、鉴定意见及认可证明、现场检查（勘查）笔录或调查询问笔录以及其他有关涉嫌环境污染犯罪的材料，并同时抄送同级人民检察院。

公安机关应当在环保部门的案件移送书回执上签字，依法对移送案件进行审查，在接受移送案件之日起3日内作出立案或者不予立案的决定，并自作出决定之日起3个工作日内书面通知移送案件的环保部门。决定不予立案的，应当说明理由，同时退回案卷材料。对不属于本机关管辖的，应当在24小时内转送有管辖权的机关，并在3日内书面通知移送案件的环保部门。

环境违法行为依法应当由公安机关实施行政拘留或治安处罚的，环保部门除依照有关法律法规规定予以处罚外，应当将案件移送同级公安机关，公安机关按照《公安机关办理行政案件程序规定》处理，并将处理结果书面通知移送案件的环保部门。对涉嫌环境犯罪的案件，环保部门已经依法给予行政处罚的，符合移送条件的应当移送；尚未作出行政处罚决定的，移送后应当依法作出行政处罚决定。

环保部门依法申请人民法院强制执行生效行政处罚决定的，人民法院应当及时进行审查，在法定期限内作出是否准予强制执行的裁定。裁定准予强制执行的，人民法院应当及时组织实施强制执行，并将执行结果书面通知环保部门。在人民法院依法实施强制执行过程中，环保部门应当认真配合，为强制执行提供必要的条件；如在执行过程中遇到违反治安管理行为的，公安机关应当及时出警、依法查处。

人民检察院按照规定加强环境刑事案件的移送、立案侦查和审判工作的监督。

（4）建立联动执法保障机制。一是加强信息共享。建立贵州省级环境行政执法与刑事司法信息共享平台，实现贵州省环境行政执法与司法信息共享，按照规定及时录入、更新信息，推进网上移送、网上受理、网上监督。二是组建贵州省级环境保护专家库。以贵阳市环境保护审判专家咨询委员会为基础，吸纳更多环境科学、环境工程、环境监察、环境犯罪案件侦办以及有关领域的专家、律师、技术骨干进入环境保护专家库，为打击环境犯罪提供专业支持。三是建立督导检查和奖惩考核机制。联席成员单位应当将查处打击环境污染违法犯罪的移送、受理、立案、审判等情况，纳入相关部门和个人的综合考核评价体系，充分调动和认真督促执法人员依法履职，严格查办，对污染环境违法犯罪案件应查不查、应移不移、以罚代刑，或者干扰案件查处、包庇纵容违法行为的，严格依法追究有关人员的责任。四是建立联合培训和交流学习机制。每年至少开展一次联合培训，同时采取不定期执法交流会、跨部门学习锻炼等形式，切实提高执法人员综合素质，提升办案能力和水平。

（三）创新环境污染损害犯罪鉴定思路

环境污染损害鉴定是环境犯罪定损、立案和量刑的关键环节，而贵州省在环境污染损害鉴定方面还存在着鉴定机构缺失、司法鉴定费用高昂等一些实际困难。问题是客观存在的，从国家层面来看短期内几乎无法统筹解决，但根据贵州省的实际情况可以创新环境污染损害鉴定思路，即一方面积极做好成立环境污染损害司法鉴定中心的工作；另一方面分流鉴定案件，对于比较严重的环境犯罪严格进行司法鉴定，对于一般案件采用专家证人制度进行处理。

1. 积极开展建设环境污染损害鉴定工作

目前，河北省、江苏省、山东省、湖南省、重庆市等环境污染损害鉴定试点单位和其他一些非试点省市，已经相继成立了环境污染损害鉴定评估机构，初步形成了环境污染损害鉴定评估的工作机制。贵州省可以从这些省市加强交流学习，为开展环境污染损害鉴定评估积累经验。首先，要积极推动相关法律法规研究。深入开展对环境责任制度、环境修复与损害赔偿资金保障等制度的研究，推进贵州省环境法制工作，为环境污染损害鉴定评估与赔偿工作的开展奠定基础。其次，反思各地鉴定评估工作开展的得失。比如作为环境污染损害鉴定评估的试点单位，山东省已经建立了升级环境污染损害鉴定评估中心，但对于评估机构的规范、标准和人员要求仍不明确。最后，推动鉴定评估技术的深入研究。环境污染损害鉴定评估的方法应当尽量简化，易于基层技术人员操作。同时也要加强相关技术方法的基础性研究，力争在一些核心技术上有所突破。

2. 采用环保专家证言弥补司法鉴定的缺位

由于证据规则中没有对"具有专门知识的人"提出明确的概念，有些学者将其界定为"专家辅助人"，也有一些学者将其称之为"鉴定辅助人"，还有一些学者将之表述为"专家证人"。本文将"具有专门知识的人"称之为"专家证人"。从贵州省环境犯罪实际来看，环保类案件的专业性较强，涉及的司法鉴定比较多，加之环境污染的司法鉴定费用比较高，大多数环境资源类案件涉案的鉴定费用可能超过诉讼标的额，并且鉴定周期比较长。在这方面，贵州省探索的环境专家证言制度即面向社会聘请环保、林业、农业、土地等方面的专家，成立环保审判专家咨询委员会，可以有效地解决环保案件鉴定资质、污染成因、损失多少等问题带来的困扰，最大程度地缩短办案周期，降低诉讼成本。

综上所述，在环境污染损害鉴定评估还不完善的今天，对涉案标的较小且争议不大的案件，采取环保专家证言制度，可以及时、有效地进行案件审理，这对于经济欠发达的贵州，或许是弥补司法鉴定缺位的一个不错选择。

（四）改革理顺生态保护法庭管理体制

1. 生态保护法庭的行政级别应与其管辖范围相匹配

在我国现行行政体制下，行政级别在工作开展过程中起着重要作用，生态保护法庭现有的行政级别问题，在工作中会受到相应的阻碍，不利于工作的顺利开展，因此将生态保护法庭的行政级别调整至与其工作范围、工作性质相匹配才能更好发挥法庭的司法职能。

2. 生态保护法庭的管理体制应予以统一

将人财物的管理关系统一纳入同一行政级别的管理体系中，理顺管理体系中的多方管理、交叉管理的问题。尤其在人员的选调、人员的待遇、法官的任命机关问题上，应建立与生态保护法庭工作范围相适应的机制，以便能选调出、同时也能留得住更优秀的人才。

3. 理顺内部运行模式

随着生态文明建设的深入，司法保障力量也应有所加强，适时增加生态保护法庭的法官数量，减少在编法官非审判业务活动，对于缓解基层法院一线法官办案压力，提高办案质量和效率具有重要意义。在增加办案法官编制数量的基础上，理顺生态保护法庭内部运行模式，设立民行组、刑事组、执行组、综合组等内设机构，选拔具有专业特长的法官进入各组从事其擅长的审判业务，有助于完善法院内部运行模式，提高办案效率和质量以及适应新形势的需求。

参考文献

［1］吴伟华、李素娟："污染环境罪司法适用问题研究——以'两高'《关于办理环境污染刑事案件适用法律若干问题的解释》为视角"，载《河北法学》2014年第6期。

［2］朱建新、陈迎："环境案件专业化审判的实践路径"，载《法律适用》2014年第4期。

［3］吴家明、朱远军："环境刑事司法之现状分析与对策"，载《人民司法》2014年第21期。

［4］张璐："我国环境司法的障碍及其克服"，载《中州学刊》2010年第3期。

［5］张旭、高玥："环境犯罪行为比较研究——以刑事立法为视角"，载《吉林大学社会科学学报》2010年第1期。

［6］张福德："美国环境犯罪的刑事政策及其借鉴"，载《社会科学家》2008年第1期。

［7］王江："污染环境罪的立法缺失及司法解释补救——兼评《中华人民共和国刑法》第338条"，载《重庆大学学报（社会科学版）》2013年第4期。

［8］吴献萍："中德环境污染犯罪立法比较研究"，载《河北法学》2012年第1期。

［9］赵星："我国环境行政执法对刑事司法的消极影响与应对"，载《政法论坛》2013年第2期。

破坏生态环境犯罪法律实务探讨

——基于清镇市环境资源审判庭的审判实践

舒子贵*

摘要：清镇市人民法院环境资源审判庭（以下简称清镇环资庭）自2007年年底成立以来，截至2017年10月31日，已受理各类破坏生态环境刑事案件675件。由于生态环境领域犯罪普遍存在取证难、鉴定难、法律适用难等问题，以大气污染、水污染等环境问题为例，由于案件时间跨度长，涉及领域广，取证难，加之污染后果难以准确认定，一些案件在刑法上的因果关系也难以确定，导致此类污染事件中的责任主体很难被追究刑事责任。清镇环资庭十年来在充分保护被告人权利的前提下，充分运用刑事法律解释方法和环境审判技巧，追究环境犯罪人的刑事责任。

关键词：生态环境犯罪　非刑罚处罚　鉴定　量刑

一、清镇环资庭生态环境犯罪案件审判概览

清镇环资庭自成立以来，截至2017年10月31日，已受理各类破坏生态环境刑事案件675件，审结案件650件，未结26件。案件主要类型为：盗伐林木123件，审结122件；滥伐林木

---

* 舒子贵，贵州省清镇市人民法院院长。

199 件，审结 198 件；放火 8 件，审结 8 件；失火 138 件，审结 138 件；滥用职权 8 件，审结 8 件；受贿 1 件，审结 1 件；贪污 9 件，审结 9 件；玩忽职守 20 件，审结 20 件；行贿 1 件，审结 0 件；故意损害财物 4 件，审结 3 件；非法占用农用地 51 件，审结 46 件；投放危险物质 1 件，审结 1 件；非法采伐、毁坏国家重点保护植物 2 件，审结 2 件；非法收购珍贵、濒危野生动物 3 件，审结 3 件；非法采矿 17 件，审结 13 件；非法收购、运输、出售国家珍贵、濒危野生动物制品 3 件，审结 3 件；非法转让、倒卖土地使用权 3 件，审结 3 件；非法捕捞水产品 47 件，审结 46 件；寻衅滋事 1 件，审结 1 件；非法收购、出售国家重点保护植物 1 件，审结 1 件；污染环境 2 件，审结 2 件；非法生产制毒物品 3 件，审结 3 件；生产、销售不符合安全标准的食品 9 件，审结 7 件；生产、销售有毒有害食品 8 件，审结 8 件；生产、销售假药新收 14 件，审结 4 件。

刑事案件每年受理情况如下：

2008 年受理案件 70 件；2009 年受理案件 59 件；2010 年受理案件 123 件；2011 年受理案件 48 件；2012 年受理案件 45 件；2013 年受理案件 59 件；2014 年受理案件 41 件；2015 年受理案件 61 件；2016 年受理案件 45 件；2017 年受理案件 124 件。

刑事案件受理情况

坐标轴标题

| —— 受理案件(件) | 70 | 59 | 123 | 48 | 45 | 59 | 41 | 61 | 45 | 124 |
| —— 时间(年) | 2008 | 2009 | 2010 | 2011 | 2012 | 2013 | 2014 | 2015 | 2016 | 2017 |

图1

　　从中可以看出，破坏生态环境犯罪案件中的绝大部分为破坏林业资源犯罪，占全部刑事案件的80%以上，其他诸如污染环境、非法采矿、非法转让、倒卖土地使用权、非法捕捞水产品等破坏非林业生态类案件占比不到10%。由于生态环境领域犯罪普遍存在取证难、鉴定难、法律适用难等问题，以大气污染、水污染等环境问题为例，由于案件时间跨度长，涉及领域广，取证难，加之污染后果难以准确认定，还有的在刑法上的因果关系也难以确定，导致此类污染事件中的责任主体很难被追究刑事责任。环资庭近十年的环境刑事司法实践中，在打击、惩罚破坏环境犯罪的同时，除遵循刑事诉讼的固有规则外，也大胆做了一些创新，总结起来有以下方面可供学界交流探讨。

二、非刑罚处罚方式在破坏森林资源犯罪中的运用

　　环境法作为一种新兴的法律制度，起步和发展都较晚，环境法律制度从制定、实施到执行都还不尽完善，而现行环境法

律制度对生态环境的保护大部分处于事后监督保护阶段，不利于保护有限的、难以恢复的生态环境。针对生态环境的特殊性，生态保护法庭在运行过程中，创新性地提出事前预防、事中控制和事后修复的司法审判生态保护理念，以求最大化地保护生态环境。当侵害生态环境的行为已经结束，生态环境已经遭受破坏的结果无法改变时，仅用行政或刑事处罚手段对侵害人的行为进行惩处，也无法弥补对生态环境造成的损害。为此，环保法庭在刑事案件中创新性地采用了非刑罚处罚方式，即对一部分罪行较轻的行为人，在判处刑罚的同时，还依据相关法律和行政法规的规定，判令其补植复绿、投放鱼苗，以劳动来修复被其破坏的生态环境资源，尽力弥补破坏环境犯罪行为对生态环境造成的损害，体现了生态文明的理念，彰显生态修复的司法目的，也为全国先后成立的多家环保法庭所借鉴。在十年的审判实践中，环资庭促使非法捕捞水产品的被告人主动补投鱼苗 10 万余尾，非法破坏林地、滥伐林木的被告人主动恢复林地 4000 余亩，种植树木近 10 万株。

三、破坏环境刑事案件中鉴定的关键作用

环境刑事案件基本都涉及鉴定，这里对几类常见案件进行介绍：（1）污染环境案中，对于案件所涉及的专门性问题，如危险废物、放射性废物、传染病病原体废物、有毒物质、污染物的确定，土地基本功能丧失或者遭受永久性破坏，以及人身轻伤、重伤及伤残等级，一般应由司法鉴定机构出具鉴定意见或由国务院环保主管部门、公安部门指定的机构出具报告，原来县级以上环保部门及其所属监测机构出具的监测数据，须经省级以上环保部门认可才能作为定案证据，但新的司法解释已

取消这一限制；对于质量的确定，应由质量技术检测鉴定机构出具鉴定意见或检测报告，司法解释对于危险废物又作了特别规定：在认定属于国家危险废物名录所列废物时，可以根据涉案物质的来源、产生过程、被告人供述、证人证言以及经批准或者备案的环境影响评价文件等证据，结合环保主管部门、公安机关等出具的书面意见作出认定；在数量上，即如何认定排放、倾倒、处置危险废物达到"3吨""100吨"以上，可以综合被告人供述、涉案企业的生产工艺、物耗、能耗情况，以及经批准或者备案的环境影响评价文件等证据作出认定；（2）造成生态环境严重损害的；（3）案件中的专门性的特殊问题无法鉴定的，可由具有专门知识的人员进行检验，出具检验报告，检验报告可作为定罪量刑的参考（如自然保护区核心区的认定、集中式饮用水源的认定等，《最高人民法院关于适用〈中华人民共和国刑事诉讼法〉的解释》第87条）。

四、破坏环境刑事案件中的犯罪现场问题

破坏环境的刑事案件，基本上都要到现场进行调查。环境刑事案件的现场调查需要注意以下问题：

第一，应有现场勘查笔录。笔录应详细记录提起勘查的事由，勘查时间、地点、在场人员、现场方位、周围环境、现场物品、痕迹等现场勘查的情况，由勘验人员和与案件无关的见证人签名，并拍摄现场照片，如有补充勘验的，应说明再次勘验的缘由，检查前后勘验是否矛盾；

第二，现场指认（辨认）笔录，应确定被指认（辨认）现场的具体情况，如四至范围、现场物品、痕迹等。（可用"滕某某非法采矿案""童某某非法占用农用地案"说明）

五、非法占用农用地案件的认定问题

（一）非法占用农用地罪的犯罪客体

犯罪客体直接反映出该客体作为利益的类型和作为利益的重要性的序位，直接反映出犯罪行为的社会危害性，目前，刑法将非法占用农用地罪的客体定为社会管理秩序，但我们认为这是不科学的，非法占用农用地罪的客体应为生态安全，因为农用地对社会之主要利益为生态利益，是公共利益。土地是生态系统，具有巨大的生态价值。作为土地的重要类型，农用地的首要特征在于其是生态系统的一部分，具有巨大的生态价值。农用地的生态承载力不可估量，除能防止水土流失、改善区域气候外，还能吸纳污染物。耕地、林地的减少必然导致整个环境净化污染物的能力下降，使整个土地的污染物增加，从而危及整个生态系统发挥巨大的生态效益，农用地以发挥生态价值为主，从利益角度看，这种生态价值对于人类社会而言，是公共生态利益。目前，公共利益作为独立的利益类型，已经得到了肯定。因此，如果全面考虑农用地的价值，尤其是农用地的生态价值，那么，非法占用农用地罪不仅危害国家有关农用地的管理秩序，更危害到国家的粮食安全和生态安全。如果说粮食上可以通过进口等途径来予以保障的话，那么，任何一国的生态安全只能自给自足，是不可能通过进口等方式解决和弥补的。这决定了无论从粮食安全还是生态安全角度看，当环境法益成为独立的法益并被纳入公共利益范畴之际，非法占用农用地罪都应纳入危害公共安全罪，而不是"妨害社会管理秩序罪"。

（二）非法占用农用地罪作为结果犯的分析

根据《中华人民共和国刑法》（以下简称《刑法》）和相

关司法解释的规定，达到非法占用农用地罪的犯罪标准，必须是非法占用的数量和毁坏的数量同时达到，两者缺一不可。可见，刑法将非法占用农用地罪规定为结果犯，但这并不能有效保护国家农用地的数量、质量，继而保障公众的生态安全。就农用地利用的特点而言，对其破坏在很多情况下是不可恢复的，农用地的非农建设使用常常是不可逆转的，恢复为农用地难度大、费用昂贵，甚至往往难以恢复。我国人均耕地 1.3 亩，不足世界人均耕地的 1/2，需要刑法对耕地等农用地予以重点保护，防止农用地被大量破坏。如果将非法占用农用地犯罪规定为行为犯，可以防患于未然，使农用地得到及时的保护，以充分发挥刑法的预测、指引作用，使人们能预知自己的行为可能产生的刑法上的后果。其实《中华人民共和国土地管理法》（以下简称《土地管理法》）就是以非法占用土地可以作为犯罪行为规定的。根据该法第 77 条规定，未经批准或者采取欺骗手段骗取批准，非法占用土地构成犯罪的，依法追究刑事责任。刑法应是其他法律的保障。这样，非法占用土地即成立犯罪行为这一点应当得到刑法的肯定，非法占用农用地罪作为行为犯才更符合《土地管理法》的本意。

（三）立法上的不足，能否在环境司法实践中予以完善和弥补

在对非法占用农用地罪如何认定"改变被占用土地用途"这一时颇有争议的犯罪客观要件进行探讨时，我们重在考虑其行为是否损害公共生态利益。改变被占用土地用途，是指行为人擅自将耕地、林地等农用地改为建设用地或者改为其他用途的情况，即改变原来的农用地环境、条件等，使农用地不能继续进行相应的农业、林业生产活动，或者使原来的农业、林业生产活动不能得以继续，而改作其他类型的农业、林业生产活动。关于改变耕地的用途。《最高人民法院关于审理破坏土地资

源刑事案件具体应用法律若干问题的解释》对非法占用耕地用途的行为进行了列举，即行为人非法占用耕地用于建窑、建坟、建房、挖沙、采石、采矿、取土、堆放固体废弃物或者进行其他非农业建设。上述行为是将耕地改为建设用地或者其他非农业用地，使之不能进行农业生产活动。但是对于改变了原农用地的生产条件，使之适合另外一种农业生产条件，如在耕地上开挖鱼塘或将耕地变为林地等行为应如何定性没有明确界定。根据《土地管理法》第 32 条、第 37 条的规定，国家保护耕地，严格控制耕地转为非耕地；禁止占用基本农田发展林果业和挖塘养鱼。可见，我国对耕地，尤其是基本农田采取了严格的保护措施，作了相应的规划，在没有正当合法程序对此规划修改以前，均不能够对耕地进行性质上的变更，在司法实践中上述行为应当纳入本罪的行为方式。

六、破坏环境刑事案件的量刑考量

罪名确定后量刑时应考量的因素很多，刑罚目的对量刑有决定性意义。量刑的过程也就是刑罚目的从纸面上的抽象立法转化为具体案件中现实可能性的过程，量刑对刑罚目的的实现具有重要意义，并由刑罚目的所决定。无论是大陆法系还是英美法系都将"报应目的"和"预防目的"作为刑罚目的的两大基本元素，报应目的就是量刑时罪刑之间的均衡关系或者罪刑相当原则，预防元素包括两大部分内容——一般预防和特别预防，一般预防的核心是"威慑"，"当有关罪刑的法律规定公开、明确和可知时，社会上的一般人才能了解刑罚是犯罪带来的必然结果，接着才能受到刑罚痛苦的威慑，惧怕刑罚痛苦而不敢或不愿去犯罪，从而否定将来犯罪的可能性"，特别预防的重点是"责刑相应",责任个别化考量。对破坏环境资源犯罪量刑时,除了考量通常的法定情节(如自首、立功、未成年人犯罪等从轻、减轻或免除处罚情节,累犯等从重处罚情节)和酌定情节(如认罪、悔罪、初犯、平时表现等),还应结合个案的实际情况,彰显环境司法的终极目的——保护现有的环境资源和修复被破坏的生态环境。

破坏环境刑事案件中,对被告人科处的刑罚还应考量行为人对生态资源的破坏程度、事后对已破坏生态环境的修复情况。将生态修复作为特殊量刑情节,可以减少至基准刑以下,对那些对环境资源破坏相对较小、案发后积极修复的被告人或被告单位,生态保护法庭也着重考虑这一酌定情节而予以从轻处罚。如果生态修复在侦查机关介入时已进行,应当作为量刑证据予以收集。

七、刑法解释学在破坏生态环境刑事案件中的运用

(一)罪与非罪

该案也是贵阳市自《最高人民法院、最高人民检察院关于办理环境污染刑事案件适用法律若干问题的解释》(以下简称《两高司法解释》)施行后受理的首例污染环境案。2014年6月至2015年6月期间,被告人夏某某在贵阳市经济技术开发区杨中村龙头组租赁房屋,在未取得危险废物经营许可证等相关证件情况下,私设废机油加工点。被告人夏某某非法购得废机油后,未设置危险废物识别标志,用抽油泵将不含水的废机油抽出露天存放于储油罐以待运出销售,含水的废机油则在隔油池中进行油水分离、除渣等处理,将废渣倾倒于垃圾池,分离后的油水混合物利用渗坑等排放到外环境中,严重污染环境。

经贵州省理化测试司法鉴定中心鉴定，储油罐内储存物质为危险废物、排污口石头上含有危险废物以及利用渗坑向外排放的油水混合物属于危险废物。

本案是 2016 年 7 月审理的，当时对于回收废机油再利用行为（在未向外环境排放、倾倒的情况下）是否应认定为"处置"存在一定争议，甚至还有人认为是"变废为宝"，《刑法》第 338 条对于"处置"为何种具体行为或情形未作明确规定，2013 年的司法解释亦无具体解释，仅有《中华人民共和国固体废物污染环境防治法》规定"处置"是指将危险废物焚烧和用其他改变危险废物的物理、化学、生物特性的方法，达到减少已产生的危险废物数量、缩小危险废物体积、减少或者消除其危险成分的活动，或者将危险废物最终置于符合环境保护规定要求的填埋场的活动，故我们依照该规定认定回收废机油再利用行为即使没有向外环境排放和倾倒，也是一种对危险废物的处置行为，故而作出有罪判决。《两高司法解释》第 16 条就明确规定了"无危险废物经营许可证，以营利为目的，从危险废物中提取物质作为原材料或者燃料，并具有超标排放污染物、非法倾倒污染物或者其他违法造成环境污染的情形的行为，应当认定为'非法处置危险废物'。"该规定具有较强的可操作性。在此类回收废机油加工牟利的案件中，行为人非法购得废机油后，通常用抽油泵将不含水的废机油抽出露天存放于储油罐以待运出销售，含水的废机油则在隔油池中进行油水分离、除渣等处理，废渣倾倒于垃圾池或其他外环境，分离后的油水混合物排放到外环境，侦查机关应当充分收集行为人将废渣、废水外排的证据以及外排的废渣、废水属污染物的鉴定意见或检验报告。

（二）此罪与彼罪

2011 年 5 月 28 日深夜，在清镇市董家田村附近经营屋面防水胶厂的龙某某，因为存储的 30 余吨有毒化工废液被工商部门查扣。为逃避处理这批原料需要支付的罚金，龙某某竟然将废液偷偷直接排入污水沟，不料被附近巡逻的公安人员逮个正着。尽管违法行为及时被制止了，但是其中 8 吨有毒废液已经进入了污水沟，该水沟是东门河的支流，经东门河下游流入百花湖，已经对百花湖及相应水域造成了污染。经检测，其排放废液中苯的含量达 1476.82mg/kg，超过三类水域安全标准 147 682 倍，同时，苯酚超标 3180 倍、苯并芘超标 2771.4 倍。苯并芘是具有强致癌性的有机化合物；苯也是一种致癌物质，对中枢神经系统会产生麻痹作用，会引起急性中毒；苯酚是具有腐蚀性的有毒物质，能使蛋白变性，对皮肤、黏膜具有强烈的腐蚀作用，可抑制中枢神经系统或损害肝、肾功能。2012 年 6 月，清镇市环保法庭以污染环境罪和非法经营罪对龙某某数罪并罚，作出有期徒刑两年半并处罚金 10 万元的判决。

本案是 2012 年 5 月审理的，争议之一：被告人将有毒有害的化工废液偷排至排污沟的行为应如何认定？公诉机关是以投放危险物质罪起诉的，我们认为被告人龙某某是将含有有毒物质成分的化工废液排放至污水沟，并非是将一般的毒害性、放射性、传染病病原体的物质直接投放于供不特定或多数人饮食的食品或饮料中或是供人、畜使用的河流、池塘、水井或不特定人、多数人通行的场所，不具有危害公共安全的主观故意，因排放的场所为排污沟，故客观上亦未造成危害公共安全的直接后果，因此被告人龙某某的此行为应为直接故意污染环境，其偷排的废液含有高浓度毒害性物质，专家证人亦证实已严重污染环境，该行为以污染环境罪定罪更符合主客观一致的刑法原则。争议之二：何为"严重污染环境"？当时《中华人民共和国刑法修正案（八）》已经对《刑法》进行了修改。将第 338

条原"重大环境污染事故罪"修改为"污染环境罪",降低了入罪门槛。但两高的司法解释尚未出台,"严重污染环境"和"后果特别严重"并无直接规定,法庭邀请省环保厅的专家根据贵州师范大学分析测试中心检测报告进行分析说明,专家作出龙兴光排放的化工废液已严重污染环境的意见,最终法庭以专家证言结合检测报告认定被告人的行为已严重污染环境,构成污染环境罪,以污染环境罪、非法经营罪数罪判处被告人龙某某有期徒刑二年零六个月,并处罚金 25 万元。

(三)能否数罪并罚

被告人易某某等人从福建省流窜至贵州省,在贵阳市花溪区、黔南州龙里县等地乡村承租厂房,购买盐酸、甲苯、溴代苯丙酮等化工原料,生产和加工麻黄碱,再运输到中缅边境贩至境外,牟取非法利益。为排放生产废料,另起犯意"铺设排污管道",将有毒废水引流至附近溶洞内秘密排放。案发后,相关部门在处理这些危险废物的过程中,一共花费了 254 万元。参与审理本案的环保专家认定,此类有毒废水属于危险废物,直接排放将会对环境造成严重污染,群众饮用后将会致病患癌。本院认为被告人易某某等人违反国家规定非法生产制毒物品构成非法生产制毒物品罪,并将属于危险物质的生产制毒物品废水利用溶洞向外环境排放,严重污染环境,其行为还构成污染环境罪,应予数罪并罚。据大数据检索统计分析,这是我国《中华人民共和国刑法修正案(九)》增设"非法生产制毒物品"为犯罪行为后,全国首例以"非法生产制毒物品罪、污染环境罪"定罪,宣告"数罪并罚"的环境刑事案件。

八、小结

通过前面的介绍,我们始终坚信:"创新、协调、绿色、开放、共享"五大发展理念中,"绿色"不仅是一种梦想,更要把它变为现实。在保护青山绿水,建设生态文明的进程中,我和在座的各位作为环境司法人,一起携手努力,共筑美丽贵阳、生态贵州的法治防线。

贵阳市森林资源犯罪的现状及防治

——以近五年来本地的 166 例案件为样本

王　平[*]　沈鹏飞^{**}

摘要：生态兴则文明兴，生态衰则文明衰。从大禹治水孕育华夏文明，到楼兰古国惨遭流沙吞噬；从李冰筑堰滋养天府之国，到华北大地蒙受雾霾遮罩。中华民族千百年来的文明史，也是一部兴利避害的生态史。党的十八大以来，贵阳市统筹推进生态文明示范城市建设，把环保工作摆在更加重要的战略位置。但是，全市森林资源保护形势依然严峻，森林资源犯罪频繁发生。而以发展经济为路径，一手强化法治宣传，完善护林联动；一手依法打击犯罪，提高犯罪成本，或是防控全市森林资源犯罪的参考思路。

关键词：森林资源　刑事犯罪　防控对策

引　言

我国刑法学界对破坏森林资源犯罪，存有广义和狭义两种概念之争。广义的概念是指，损坏森林、林木、林地生存的野生动物、植物和微生物的犯罪；狭义的概念是指，刑法明文规定的破坏森林、林木、林地的犯罪，这并不包括破坏与其伴生的动物、植物和微生物的犯罪。本文讨论的森林资源犯罪，即

---

* 王平，清镇市人民法院党组成员、副院长，贵州大学法学硕士。
** 沈鹏飞，清镇市人民法院研究室工作，西南民族大学法学硕士。

广义的森林资源犯罪。就此，笔者提取贵阳市近五年来的该类犯罪为样本，以刑事裁判为中心，以犯罪现象为视角，重点探析该类犯罪的防治举措。

一、现状考察：森林资源犯罪的样态特征

2013 年 8 月至 2017 年 8 月，贵阳市生效的一审生态环境犯罪案件共计 220 例。其中，森林资源犯罪案件共有 166 例。在各类生态环境犯罪中，森林资源犯罪占比高达 75.45%。可见，森林资源犯罪形势严峻，亟须调研其防控措施。

表 1

近五年贵阳市森林资源犯罪情况统计					
犯罪频率排序	犯罪罪名	案件数量（例）	客观违法性	主观有责性	宣告刑形态
1	滥伐林木罪	112	滥伐马尾松	故意	缓刑为主
2	盗伐林木罪	31	盗伐马尾松	故意	缓刑为主
3	失火罪	16	焚烧秸秆引起火灾	过失	缓刑为主
4	非法出售珍贵、濒危野生动物制品罪	3	出售蟒皮制品	故意	实刑为主
5	非法采伐国家重点保护植物罪	2	采伐红豆杉	故意	实刑为主
6	非法收购运输、加工、出售国家、重点保护植物制品罪	1	收购楠木制品	故意	实刑为主
7	放火罪	1	放火开荒	故意	实刑为主

整体看来，全市森林资源犯罪类型包括七种罪名。犯罪频率最高的犯罪行为分别是滥伐林木、盗伐林木，以及森林失火。三项罪行共有159例，在全市166例各类森林资源犯罪中，占比高达95.78%，具有常见性和普遍性。而犯罪频率较低的犯罪行为，均是属于不常见罪名。具体而言，全市森林资源犯罪，呈现出以下特点：

（一）犯罪分子文化程度偏低

根据我国相关法律法规的规定，砍伐林木必须履行报批手续，未经批准不得伐木作业。但犯罪行为人往往抱有"法不责众"的侥幸心理，看到别人没有履行审批手续伐木并未受罚，就想当然地认为采伐自己培植的林木无罪，结果导致犯罪行为发生。[1]从犯罪行为人的文化层次上来看，小学文化程度约占85%，初中文化程度约占10%，大专以上文化程度约占5%。从犯罪行为人的职业结构上看，农民约占94%，无业人员和个人工商户约占5%，林业协防人员约占1%。由此观之，犯罪分子的文化程度普遍较低。

（二）主观意图多为牟取利益

改革开放之前，森林资源犯罪案件的动机，主要是建造房屋。但是，当前犯罪人员的犯罪动机，主要是牟取林木资源蕴藏的经济利益。全市森林资源犯罪案件呈现出，从滥伐马尾松等一般林木到盗伐红豆杉等珍贵林木的发展趋势。由于近年来，全市房屋装饰产业迅猛发展，以致木材价格不断攀高。在某些不良木材商人唆使下，一些村民走上了滥伐林木的道路。诸多木材加工企业通过低买高卖从中牟利，逐渐发展成隐匿森林资源犯罪分子的聚所窝点。

---

〔1〕　参见吕忠梅等：《环境司法专门化：现状调查与制度重构》，法律出版社2017年版，第156页。

（三）客观行为多发生在远郊

据统计显示，全市森林资源犯罪多数发生在远郊，少数发生在城区。其中，修文、开阳、息烽的发案率将近 80%；清镇、乌当、花溪的发案率达到 17.3%；南明、云岩、白云、观山湖的发案率只有 2.7%。在郊区发生的罪行主要有：滥伐林木、盗伐林木，以及森林失火行为。在城区发生的罪行主要是非法出售重点保护植物制品，以及非法收购濒危野生动物制品行为。概而言之，全市森林资源犯罪主要分布在森林资源总量较高，以及社会经济发展水平相对较弱的县区。

二、检视反思：森林资源犯罪的原因追问

新近研究显示，在森林资源的全部价值总量中，生态价值占了 80%，经济价值只占 20%。森林资源在保持水土、防风固沙、调节气候等方面，具有不可替代的效用。[1] 从这个视角分析，盗伐林木罪等涉林犯罪的社会危害性，要大于普通盗窃罪。因此，深刻剖析涉林犯罪的成因具有必要性。

（一）林权制度不完备

我国立法确定了林木资源的两种所有权形态，一种是国家所有，另一种是集体所有。但是，法律的创生是一个不完全归纳的历史演进过程，这两种所有权形态固化的过往经验内容，已经无法回应当下的流变现象。因为，市场经济强调自由流通性，除了军用武器、淫秽物品等禁止流通物，金银珠宝、国家文物等限制流通物之外，只要法律没有明文禁止，林业资源就可自由交易。

---

〔1〕 参见［荷］斯宾诺莎：《斯宾诺莎文集 第4卷 伦理学》，贺麟译，商务印书馆 2014 年版，第 125 页以下。从社会伦理学的视角解读，社会环境与人类生存之间的内在联系。

但是，目前我国森林资源的所有权形态比较单一，没有规定个人所有。这种规定没有正确处理好"生态保护"和"合理利用"之间的关系，[1]不仅不能调动群众的生产积极性，而且不能满足市场经济的发展需要，也为森林资源犯罪留下了可乘之机。

（二）监管监督不到位

据《中华人民共和国森林法》等法律授权，我国县级以上林业主管行政部门，具有审批、监督、指导林业业务的行政职责；各个乡镇林业站具有林木采伐的监管责任；每一级政府具有对林业业务的指导权。因此，关联部门之间"各吹各号、各唱各调"，以致各个部门都具有监督管理权，但却始终无法监督到位。尤其在木材交易领域，监管薄弱成为森林资源犯罪的主要诱因。统计数据显示，虽然大量木材加工厂挂着企业牌子，但实际上却是无证违法营业，在一定程度上促使了全市森林资源犯罪逐年增加。

（三）追逐利益不忌惮

正如《史记·货殖列传》记载："天下熙熙，皆为利来；天下攘攘，皆为利往。"统计发现，在全市166例森林资源犯罪中，只有1例森林失火案属于过失犯罪，其余的165例都是属于故意犯罪，全是牟求森林资源的交换价值。可见，贵阳远郊地区经济发展相对滞后，"靠山吃山，靠水吃水"的传统思维根深蒂固，经济来源单一的村民，急切开发木材资源蕴藏的经济价值。按照2014年《国务院关于取消和调整一批行政审批项目等事项的决定》，全市陆续取消创办木材加工企业的审批制度，农林企业的市场准入门槛降低，由此催生了一批木材贩子，进而刺激了滥伐盗伐林木的违法行为持续增多。

---

〔1〕 参见孙佑海主编：《环境司法理论与实务研究》，人民法院出版社2014年版，第273页。

三、出路探索：森林资源犯罪的防控举措

我国经济发展正处于增长速度的换挡期、结构调整的阵痛期。因此，特别需要适用"绿色发展"理念引领社会经济健康发展。而森林资源作为生态链条中的重要环节，更与人类的生存发展休戚相关，全市如何防控日益增长的森林资源犯罪，是学界亟须研究的重要问题。

（一）实施精准扶贫，发展三农经济

贵州省作为全国贫穷面积最大、贫困人口最多的省份，脱贫攻坚任务繁重。虽然作为省会城市的贵阳市在脱贫方面的情况相对较好，但其远郊地区仍有贫困人口存在。这在一定程度上引发森林犯罪案件增加，经济来源单一的远郊村民，急切开发贩卖森林资源，改善其不佳的经济状况。因此，应当全面贯彻落实"精准扶贫"战略，大力发展"三农经济"。要针对不同的贫困区域、不同的贫困村民，有差异性地适用不同举措，对扶贫对象进行精确识别、精确帮扶、精确管理，进而全面发展"三农经济"。要加大对农业发展的财政补贴，激发农村实体经济活力，强化信贷资金投向农田水利建设，优化政策扶持农村企业，规划建设农业产业园区，引导经济贫困农民就近就业。扶贫不能只是单纯输血，还要重视造血功能的培育。

（二）强化教育引导，做好法治宣传

统计数据显示，贵阳市远郊地区是森林资源犯罪的高发区域。当地村民或是认为森林资源是无主物或者自主物，无需办证就可任意采伐；或是认为森林资源的经济价值高于生态价值，进而任意采伐贩卖。可见，远郊地区村民法律意识淡薄，容易导致森林资源犯罪产生。因此，各级林业主管行政部门、公检

法司等政法机关要切实做好教育引导，强化法治宣传。同时，可以通过恢复弘扬"乡绅文化"，促进本地村民提高法律意识。所谓"乡绅"，就是乡间的绅士，一部分是有公职而退休在乡者，另一部分是无公职的读书人。[1]"乡绅文化"既是瞿同祖先生笔下"中国社会"的优良传统，亦是费孝通先生笔下"乡土中国"的有益沉淀。乡绅群体有着高于普通村民的文化知识，有着担任公职人员的广阔视野。因此，可以充分发挥乡绅群体的思想教化功能，传帮带式的陶冶本地村民提高法律意识，避免滥伐林木犯罪无序发生。

（三）细化法律制度，完善护林联动

我国的林业法律法规大多数都是创设于 20 世纪，它们搭建了我国"依法治林"的四梁八柱，对我国生态文明建设发挥着有益作用。但是，随着社会经济的快速发展，这些陈旧的规章制度已经不能适用现在的管理需求。在管理上，我国的森林资源分为生态林、商品林、经济林，但却没有相关的林业法律法规与之相对应，以至在生态林和商品林混淆不清的林区，犯罪分子往往以"采伐商品林"之名，实施"滥伐生态林"之实，如此严重的法律留白，导致犯罪分子逍遥法外。因此，完善细化林业法律法规具有紧迫性。同时，还需构建内部执法联动体系，形成执法合力，有效改善"九龙治水各管各"的尴尬困境。建立以森林公安为骨干、其他护林员为补充的联动执法体系，减少对鉴定程序等中间环节的依赖，切实提高办案效率。特别是，全市"公务用车改革工作"全面铺开以来，基层林业护林人员无车可用，林业执法用车也被严格限制。这在一定程度上不利于偏远地区护林工作开展，需要从内部完善执法用车规定。

---

[1] 参见瞿同祖：《中国法律与中国社会》，商务印书馆 2010 年版，第 167 页。

（四）依法打击犯罪，形成有效威慑

构建外部沟通机制，形成监管合力。由林业部门牵头建立长效沟通机制，森林公安应当加强与检察院、法院等司法机关的密切配合。做到快速侦查、快速起诉、快速审判。依法从严打击涉林犯罪，形成有效威慑。尤为重要的是，需要依法从严打击公职人员涉林犯罪。据统计数据显示，有 6 例案件中的犯罪主体是地方干部。某些地方干部肆意破坏森林资源，在文化程度较低的本地村民中，引起了从众心理和跟风效应，社会危险性相对较大。同时，我国《中华人民共和国刑法》明文规定，盗伐林木罪和滥伐林木罪的主观罪过形式只能直接故意，而且是以非法占有木材为目的。但是事实上，有些犯罪行为并非是以非法占有木材的经济价值为目的。例如，犯罪分子以采矿采砂、垦荒耕地、建造房屋等为目的，肆意破坏森林资源。对于这些情况，在实务审判过程中，要根据犯罪情节，综合判断是否构成犯罪。

（五）提起附带民事诉讼，提高犯罪成本

修正后的《中华人民共和国民事诉讼法》第 55 条中增加一款规定，人民检察院在履行职责中，发现破坏生态环境和资源保护等损害社会公益的行为，可以向人民法院提起诉讼。同时，《中华人民共和国刑事诉讼法》第 101 条第 2 款规定，如果是国家财产、集体财产遭受损失的，人民检察院在提起公诉的时候，可以提起附带民事诉讼。这两个条款赋予检察机关在森林资源犯罪中提起附带民事诉讼的主体资格。但据统计显示，在近五年来贵阳地区的 166 例各类森林资源犯罪中，只有少数案例是由检察机关提起了附带民事诉讼。在"罪刑法定原则"这一颠扑不灭的公理辐射下，目前我国缺乏"赔偿林"刑罚制度，可以适当由检察机关附带提起民事诉讼，要求犯罪分子承担赔偿责任。在责任承担的形式上，既可要求犯罪分子恢复原状，补植养护等量树苗；亦可要求犯罪分子赔偿损失，折价赔偿林木价值。相应赔偿款项可用于修复被毁森林。同时，民事责任是否有效承担，还可以作为刑事裁判的酌定量刑情节。这样既能加重犯罪分子的赔偿负担，还能增加犯罪分子的违法成本。

结 论

综上，以发展经济为路径，一手强化法治宣传，完善护林联动，一手依法打击犯罪，提高犯罪成本，或是防控全市森林资源犯罪的参考思路。诚如联合国《人类环境宣言》中所言，人类既是环境的创造物，亦是环境的塑造者。面对"青山不在、绿水断流"的尴尬，我们必须要以"功成不必在我"的胸襟、"成就造福子孙"的担当，调研探索治理措施，有效遏制全市森林资源犯罪。

湄潭县生态环保行政执法工作调查报告

郑泽发*　　徐兴波**　陈敬勇***

环保行政执法工作是落实环境保护基本国策的重要环节，是实现生态文明建设的重要抓手。为规范行政执法行为，强化行政执法监督，于 2017 年 3 月下旬至 4 月上旬，我们采取走访调查、调取行政执法台账、听取行政执法单位领导及执法部门负责人汇报工作等方式，走访了湄潭县水务局、环保局、林业局、国土局、农牧局等八个生态环保行政执法部门，重点从执法行为规范、履行职能监管、部门间信息共享、职能交叉处理、行政执法与司法联动等方面开展调研，召开联席会议进行讨论。

一、2014 年以来湄潭县生态环保执法基本情况

通过此次调查了解，湄潭县生态环境保护职能部门，都能立足自身工作职责，积极服务和服从于县委县政府争创国家级生态县、国家卫生县城、国际生态休闲示范县、全国生态文明先进县、中国十佳宜居县的工作大局，为推进大生态建设作出了一定的贡献，取得了较好的法律效果、社会效果、生态效果，得到了广大人民群众的充分肯定。

＊　郑泽发，湄潭县人民检察院检察长。

＊＊　徐兴波，湄潭县人民检察院检委会专职委员、公诉部长。

＊＊＊　陈敬勇，湄潭县民事行政检察部副部长。

（一）森林执法情况

县林业局 2016 年查办行政案件 89 件（其中违法占用林地 26 件、滥伐林木 34 件）、2017 年查办行政案件 18 件（其中违法占用林地 1 件、滥伐林木 12 件）。县林业派出所 2014 年查办刑事案件 11 件 13 人（滥伐林木 8 件 8 人、非法采伐国家重点保护植物 3 件 5 人），2015 年查办刑事案件 14 件 18 人（滥伐林木 10 件 13 人，非法占用林地 1 件 1 人、非法采伐国家重点保护植物 3 件 4 人），2016 年查办刑事案件 23 件 32 人（均为滥伐林木），从办理的案件数据来看，查办案件数在大幅度上升，办案力度在加大，但从林业局查办的违法占用林地数据来看，刑事案件打击力度偏软，不利于森林资源保护。

（二）环保执法情况

新修订《中华人民共和国环境保护法》颁布以后，贵州省政府启动了"六个一律"环保"利剑"执法专项行动，湄潭县环保局结合湄潭的实际情况，先后制定了《环境保护大检查工作方案》《大气污染防治工作实施方案》，并精心安排环境保护执法大检查，下达整改通知书 202 份，对不依法整改的企业，果断下达行政处罚决定书，共立案查处生态环保违法案件 45 件，罚款金额达到 103 万元，其中有 2 个企业的法定代表人因违法排污被行政拘留，贵州某某水泥有限责任公司被责令停产整顿 15 天。

（三）河道执法情况

湄潭县被称为"云贵小江南"，水资源相对丰富，境内有一级支流 7 条、二级支流 9 条，其中，环城而绕的湄江河属于乌江的二级支流和湘江的一级支流，流经湄潭县 9 个镇、53 个村，有 10 条支流汇入，全长 151.7 公里，流域面积约占全县面积的61%。湄潭县实施了"十项行动"和"九个专项行动"，依法对河道周边养殖小区污染、违章建筑拆除、污水违法排放、垃圾污染、工业企业违法排污等问题进行了严厉整治，使县城集中式饮用水源地水质达标率保持100%、集镇集中式饮用水源地水质达标率100%，湄江河入城、出城断面水质均达到《地表水环境质量标准》Ⅲ类标准。另外还重点查处了非法捕捞水产品的行为，三年多来，共查处影响河道生态的案件132件，其中移送司法机关处理8件12人。

（四）城镇市容及环境卫生监管的情况

湄潭县创卫工作[1]在县委、县政府的集中统一领导下，严格执行网格化管理，包保到单位、包保到人。城管局按照其工作职责，每天组织清洁工、垃圾清扫车对县城主要街道进行清扫和维护，各街道办事处、镇依据地域管辖原则，严格负责其规划范围内的环境卫生监管和整治，在部门的共同努力和群众的积极参与下，湄潭城镇市容市貌得到明显改善，群众卫生意识得到很大提升，荣获全国文明卫生县城荣誉称号。但是，也存在着一些不文明的行为，据统计，2015年至2016年行政处罚共计36件。

（五）农业执法的情况

一是国土局查办的国土资源违法案件的情况。国土局实行案件分级查处制，即县国土局执法监察大队主要负责查办法人违法案件、较大的国土资源违法案件以及上级交办、转办、督办案件；镇、街道办国土所负责查办辖区内农村居民违法侵占国土资源的案件。2012年至2016年共查处违反国土资源案件1268件。二是农牧局查办的涉及农药、种子等的行政执法案件情况。2014年查办12件、2015年查办14件、2016年查办6

---

〔1〕 创卫工作，是开展争创国家或省级爱国卫生城市的各项有关工作的简称。

件。2015 年该局向湄潭县公安局移送了 1 件疑是假种子案件，后因蓖麻子的来源、鉴定等因素困难，未能成案，说明了本案的证据保全做得不够。

（六）生态环保"两法"〔1〕衔接的情况

一是制度建设情况。2015 年，由检察院牵头，联合公安、法院、国土、林业、环保、水务、农牧等十余个职能部门制定了《生态环境保护工作衔接机制》，2016 年又由检察院牵头，联合林业局、公安局、法院制定了《破坏森林资源违法案件处理流程工作暂行办法》，这两个文件制度，为"两法"衔接搭建了平台；二是"两法"衔接的执行情况。生态环保行政执法和司法的衔接在涉林案件、涉非法捕捞水产品案件中衔接相对比较集中一点，效果也最为明显。通过"两法"连接，打击生态违法的力度得到加强，恢复性司法进入了常态化。几年来，对破坏的林地强制违法者进行补植树木达 200 余亩，违法者交纳生态修复经费达 20 余万元（部分生态修复经费暂存于县林业局专户）；另外，县河道办联合公安、法院、检察院、县法制办、农牧局等部门共同编制了一本工具书——《贵州省湄潭县禁渔资料汇编》，用于指导渔业保护。上述成果的取得，都是执法人员发挥主观能动性、主动对接的结果，但其他部门在执行"两法"衔接上相对较差，刑事司法和行政执法还需加强，真正实现行政执法和刑事司法的无缝衔接还有很多工作要做。

二、湄潭县生态环保执法存在的问题

湄潭县的生态文明建设在大家的共同努力下，森林资源保

---

〔1〕 "两法"，是指刑事司法和行政执法。

护、河道生态保护、环境污染治理取得了可喜的成绩，森林覆盖率达 62.8%，先后荣获全国生态文明示范县、全国文明卫生县城等称号，但我们也应清楚，湄潭县的生态环保工作做得并不完美，生态环保执法工作还存在诸多问题。主要表现在以下几个方面：

（一）环保执法理念不能与时俱进，与法律法规要求存在差距

首先，执法队伍的法治理念模糊，没有将执法的意义贯彻好。环保执法的意义在于实现法律的保护价值；通常情况下执法价值表现在三个方面：一是依据法律法规对违法行为进行适当的处罚；二是依据环境侵害情况，督促对环保违法进行科学化治理，最终达到环境保护的目的；三是教育、指引大家养成自觉保护生态环境的意识。现在有相当多的环保执法部门在面对环境违法案件时，处理案件的方式是就案办案，处罚结案，这种处理案件的方式没有体现执法的真正目的，是值得商榷的。其次，有的环保执法机关不认真学习法律法规，对法律法规的规定不进行全面掌握。如城管局认为其执法依据为《贵州省城市市容和环境卫生管理条例》，没有上位法，事实上《中华人民共和国固体废物污染环境防治法》《中华人民共和国大气污染防治法》等相关法律中已经明确规定城管局的执法依据。再次，对法律规定的执行不全面。如林业局查办的涉林行政处罚案件，只注重了对违法行为的处罚，没有严格执行《森林法》《森林法实施条例》[1]中关于毁林进行生态修复的规定，这就是一种不全面执法的表现。公安、检察院、法院在依法处理刑事案件过程中，常常只重视刑法的相关规定，没有兼顾其他部门法关于生态保护、生态修复的法律规定，结果是案件处理了、违法者

[1]《中华人民共和国森林法》，简称《森林法》；《中华人民共和国森林法实施条例》，简称《森林法实施条例》。

被追究刑事责任，但生态保护、生态修复目的没有达到，这有悖于立法的价值取向。最后，个别执法单位执法主观能动性较差。如湄江河等流域时常有人违法搭棚、违法建房、违法设立排污暗管等，但从水务局查办的生态环保执法案件来看，仅依法查处了1件，说明水务局执行法律法规的主观能动性不足，执法力度有待加强。

（二）存在执法不规范的情况

一是执法程序不规范。如应当由农牧局依法办理的河道生态保护案件，在违法事实查清后，没有按照行政处罚法的规定完善相关法律手续，案件受理、立案、调查终结、作出行政处罚或不作行政处罚等相关法律程序不完备。二是执法内容不规范。农牧局在查办河道生态保护案件中，对违法事实查清后，仅要求违法者实施生态修复（非法捕捞水产品案），对违法者的违法事实没有进行恰当的处理（即对违法事实作出行政处罚），就认为案件已经处理完成。三是执法主体不规范。根据环保案件发生的情况看，由于镇、街道办事处、村委会接近污染现场、环境破坏现场，很多环保法律、法规、文件将镇、街道办、农村基层组织列为环境监管的责任单位，这种监管责任下沉到基层，固然对环境监管有好处，但是镇政府、街道办事处、村委会并不具备环保行政执法权，无权作出行政处罚决定，导致监管没人听，环境污染、环境破坏行为得不到有效制止。如针对县城周边乱倒垃圾的问题，湄潭县人民检察院于2016年、2017年分别给湄江街道办提出城市垃圾整治的检察建议，湄江街道办进行了清理整治，在乱倒垃圾的现场竖起了警示牌，但是后又出现垃圾堆积的现象。镇、街道办事处由于没有环境监管执法权，致使乱倒垃圾的人违法了却没有受到法律制裁而只能放纵乱倒垃圾行为的发生，环境污染继续存在。

(三) 环保职能交叉, 权责模糊, 缺少统筹协调

环保局、水务局、农牧局、城管局、镇、街道办等单位根据环保法律法规、文件规定, 有环保执法、环境监管、环境污染治理功能; 林业局、国土局两单位在林地使用、林地生态修复等方面, 依据森林法律法规、文件规定也都肩负着森林资源保护的职责。但是却没有明确环保执法、监管的牵头单位, 也没有明确专人负责统筹协调, 职能、职责的交叉, 最终导致环保执法、监管出现多个职能部门都可管、多个职能部门都不管, 单兵作战、各自为政、相互推诿扯皮的现象, 严重影响执法效能。例如, 乌江流域湄潭辖区网箱养殖造成的环境污染问题, 环保局、农牧局、水务局、交通海事依据各个职能部门的工作职责, 对哪个问题、哪个环节有执法权, 就需要环保局、农牧局、水务局、交通海事等单位对照法律规定, 各司其职, 加强协调, 才能促进环保执法的开展。又如湄江河县城段污水直排湄江河的问题。水务局对设立沟渠、暗管向湄江河排污有执法监管权, 但对污染产生的源头, 如企业违法排污、居民生活排污, 环保局、城管局依据工作职责拥有管辖权, 而水务局没有执法监管权。上游污染不治, 下游污染没法根治。正是由于环保职能交叉, 部门之间权责重叠, 缺少统筹协调, 才使环境污染案件处理困难重重。

(四) 环保执法队伍建设与执法的专业化不相适应

一是环保行政执法人员身份复杂。以城管执法为例, 执法者的身份有公务员、事业编制人员以及工勤人员 (且这部分人员占行政执法人员的比例很大), 这种执法人员的组成, 缺乏环保执法专业知识储备, 不利于执法的常态化、专业化。二是环保执法力量薄弱, 缺编、在编不在岗现象普遍且严重, 直接导致办案力度下降。以湄潭县农牧局农药、种子等执法 (综合执

法）机构为例，编制 11 人，在编 8 人，实际在岗只有 4 人（其中 2 人是事业人员），具有执法资格的人员少，致使近两年办案数大幅下降。另外，水务局、环保局、林业局等部门也同样存在上述问题。三是环保执法队伍不稳定，流动性大。环保监管、执法专业性很强，需要稳定的执法队伍，才能持续推进环保执法工作的开展。但现实中，如林业、农牧、水政执法等方面，都存在环保执法人员流动性大的问题，人员极不稳定，甚至有些部门行政执法资格证刚发下来，有执法资格的人就调离了行政执法岗位，为了解决执法力量不足的问题，又将没有执法资格的人调来行政执法，这种情况在镇、街道办的林业执法中尤其普遍，严重影响了行政执法权威性和严肃性。四是环保执法者缺乏专业的法律基础，环保执法人员很多是从其他部门调整来的，不熟悉部门法律法规和执法程序，导致环保执法工作推进比较困难。五是执法者的执法证名称、执法范围在镇、街道办出现混搭执法或超出执法证的执法授权范围执法，或者没有执法资格证的政府工作人员去进行环保执法。如拥有安全生产执法证的执法者去执法城市监管，这种情况若是不解决，会给环保执法者造成执法尴尬。

（五）环保行政执法部门之间横向联系、行政执法与司法之间的纵向联系机制不健全，信息共享不全、不及时，部门职能发挥不充分，监督制约不到位

一是环保局、农牧局、水务局、国土局、林业局等单位反映，由于工程建设、监管单位与生态环境监管部门信息共享不畅，导致所建工程项目环保设施建设不完善从而造成环境污染，耕地、林地遭到破坏，危害生态环境行为没有得到有效打击，生态修复不及时，给后期环境治理造成重大困难；二是由于湄潭县还未建设成立环保行政执法、刑事司法大数据共享平台，

信息壁垒还没有被打破，导致对于环保行政部门履职是否到位、执法程序是否规范、是否存在刑事案件移送等方面的问题跟踪监督不到位，"两法"衔接、监督"两法"统一实施得不到充分发挥。

三、对湄潭生态环保执法工作的意见建议

环保执法是一个长期的、动态的过程。随着经济社会的发展，人们对环境质量的要求会越来越高。为此，在环保执法过程中，我们既要立足当前，又要与时俱进，更要着眼未来。

（一）强化组织领导，健全完善机制

一是建议由县政府牵头成立县生态文明建设委员会，将纪委、检察院、法院、公安、国土、发改委、财政、建设、规划、林业、水利、环保等涉及生态环境保护相关部门纳入成员单位，适时督查各环保职能部门的履职情况、听取各环保职能的工作汇报、对可能涉及的生态环保问题进行评议，对环保执法工程中存的问题进行督促改正，提出合理化建议，全面统筹全县生态环境保护工作。二是研究制定切实可行的行政执法监督管理办法，进一步明确各个行政执法单位的职能，明确执法工作的职责权限、监督范围、工作程序，规范协调案件的范围。做到程序上衔接紧密，实体上处理有力，使从事执法工作的人员有章可循，做到依法执法，履职尽责，到位不越位，尽责不越权。三是将生态环保行政执法监督工作纳入各成员单位目标考核。由于环境监管、环保执法软弱，导致大量自然环境破坏、环境污染、环保违法案件的发生，为了改变这种现状，倒逼各职能部门改变过去有法不依、执法不严、违法不究、监管缺失的情况，督促各职能部门在抓建设的同时，还同时必须抓好监

管和执法，促进建设和执法两个轮子同时转，建议县政府将生态环保执法监管工作纳入各成员单位年终目标考核。

（二）强化执法队伍建设，提升执法能力

一是充实执法力量，建立稳定的环保执法队伍。严格落实省市有关行政执法人员配备的文件精神，认真清理解决在编不在岗的突出问题，切实保障环保执法人员编制，实现人、岗、编、责统一，杜绝领导随意调任干部现象发生，确保行政执法队伍稳定性；出台优惠政策重点引进专业强、素质高的法律人才，提高执法队伍素质。二是完善执法队伍准入制度，提升队伍整体素质。严格落实环保行政执法人员资格认证制度，推行持证上岗、定期轮岗、不合格者下岗，严格筛选，确保质量，提高执法队伍准入门槛；同时加强对执法人员的管理、培训，通过举办培训班、专题讲座等形式优化执法人员结构，全面提升执法队伍专业化水平。三是增加环保执法经费投入，配备必要的执法装备，如执法车辆、执法检测设备、通信工具等，以利于提高执法能力。

（三）下移环保行政执法重心，延伸执法权

环境监管、环境污染治理的第一线在镇、街道办事处，为了提高监管和环保执法的效率，建议县政府选择环保执法量大的镇、街道办，开展综合执法试点，县环保职能部门将环保监管、环保执法的部分职能下沉到镇、街道办事处，按照案件性质，归口管理，上级环保职能部门加强对环境监管和环保执法工作的指导和审批，有效解决镇、街道办事处环境保护"有责无权"的处境，这样更加有利于环保监管和环保执法，促进环境保护的根本改变。

（四）强化监督，形成内外监督合力

一是健全行政执法机关内部监督机制，严格做到立案、审批、执法等层级监督制度，确保行政执法规范化。二是健全行政执法监督体系，加强对执法单位内部和外部监督，注重与各行政执法单位、司法机关的联系沟通，推进人大法律监督、政协民主监督，主动接受新闻舆论监督，自觉接受人民群众的监督，形成执法监督合力。环保行政执法部门对环境违法行为的查处不能避重就轻，不能以罚代处，必须切实采取具体的、过硬的措施，把责任追究制度落到实处，要抓几个影响大、性质严重的典型案件进行曝光，抓典型，以点带面，形成全社会共同参与、共同监督的执法氛围。

（五）切实落实违法责任追究制度

一是要严格追究行政不作为、越权执法、执法犯法等不依法行政的相关人员责任，对在生态环保工作中因不履职、怠于履职、履职不到位而导致出现重大环境污染行为和问题的单位及负责人进行严肃处理，在干部政绩考核中实行"生态环保一票否决"制，以推动生态环境建设实现良性发展。二是要完善并严格执行行政赔偿制度，对行政执法行为侵犯人民群众合法权益的必须予以追究，保障百姓合法权益。

（六）加强环保执法的横向连接与纵向连接

一是充分发挥部门职能。环保职能部门在推进生态文明建设过程中，应当结合自身的工作职能，结合自身的生态建设工作实践，在工程建设和环保监管、环保执法过程充分发挥主观能动性，积极为县委、县政府、人大就生态建设方面的工作建言献策，做好县里重大决定的参谋助手。二是加强部门联动。定期召开联席会议，把联席机制的作用发挥到实处，实现各环保执法单位信息的及时共享、日常工作的及时交流以及案件的及时办理，并就联动工作中存在的问题，提出对策。三是构建"互联网+"绿色生态。建设生态环境保护大数据平台，促进生态环境质量、环境监管、环境行政执法、环境刑事司法等数据有效集成，实现生态环境数据互联互通和开放共享，提高生态环境综合治理科学化水平，提高生态环境监管的主动性、准确性和有效性。

（七）强化环保宣传，提升全民环保意识

目前环境污染与生态破坏已成为经济社会可持续发展的制约因素，提高人民的生态环保意识已迫在眉睫。为此我们应做到以下几点：一是加大新闻媒体宣传报道力度，通过媒体将环保理念渗透给群众，调动群众参与农村环境保护的积极性；二是加强环保政策教育，提高湄潭人民的环保法制意识；三是多开展环保宣传活动，营造珍爱环境的良好社会氛围。

贵州省生态环境犯罪治理现状、
存在问题及对策

杨　武[*]

摘要： 加强对生态环境资源的司法保护，是实现可持续发展的重要保障。而现行的环境保护法律存有较多的制度缺陷。本文在分析贵州生态环境犯罪现状和问题的基础上，从增强生态环保意识和建立相关执法工作机制；推动立法建设，规范生态环境犯罪治理的法律制度；狠抓司法办案，加大生态环境犯罪治理的查办力度；健全衔接机制，形成生态环境犯罪治理的强大合力的角度提出建议，以有效提升对贵州省生态环境犯罪的治理效果。

关键词： 生态环境犯罪　治理现状　问题成因　对策

党的十八大首次把生态文明纳入中国特色社会主义事业"五位一体"总体布局，把生态文明建设放在了更加突出的位置，为打击破坏生态环境犯罪提供了有力的支撑。贵州省地处长江、珠江两大流域的上游，是我国重要的生态安全屏障。受自然、地理以及历史等因素的长期影响，贵州省生态系统存在着天然的脆弱性，长期面临着繁重的生态治理任务。近年来贵州省破坏环境资源犯罪案件呈上升趋势，而这些案件背后所反映的特点、原因值得关注和深思，本文将结合贵州省生态环境

---

* 杨武，贵阳市开阳县人民检察院政策研究室主任。

犯罪治理现状，针对存在的问题及成因进行分析，提出一些预防和打击对策，以期为更好地保护贵州省环境资源提供参考。

一、近年来贵州省生态环境犯罪治理现状

（一）生态环境犯罪治理概况

一是省委、省政府高度重视生态环境犯罪的治理。近年来，贵州省委省政府坚持把建设生态文明作为实现贵州经济社会发展历史性跨越的根本途径，提出"保住青山绿水也是政绩"的理念。政法各机关按照省委、省政府环境立省的战略目标，积极开展破坏生态环境犯罪治理，成效明显。如省检察院下发了《贵州省检察机关关于发挥检察职能保障生态文明先行区建设的意见》，要求全省检察机关切实加大法律监督工作力度，建立健全保障生态文明建设的法律监督机制，依法打击和积极预防破坏环境资源的刑事犯罪和职务犯罪，积极支持行政执法机关保障生态文明建设的执法活动，为推进生态文明建设提供强有力的司法保障。二是成立专门机构，政法力量联动构建"保护网"。贵州省最大限度地发挥政法机关合力，保持对破坏生态环境违法犯罪的高压态势。首先，打破行政区划，设立 4 个生态保护审判庭和 5 个生态保护人民法庭，集中统一开展生态保护民事、行政审判工作。随后，贵州省高级人民法院成立生态保护审判庭，贵州省人民检察院成立生态保护检察处，贵州省公安厅成立生态环境安全保卫总队，集中管辖处理全省生态环境保护案件。这是贵州省率先在省级层面成立公检法配套的生态环境保护执法司法专门机构，形成覆盖重点生态功能区、重点河流流域和重点森林覆盖区的政法专门内设机构底线格局。三是严厉打击生态环境犯罪成效明显。贵州省获准建设全国生态

文明先行示范区，启动了为期半年的严厉打击破坏生态环境违法犯罪专项行动，最大限度发挥了政法机关合力，严打生态环境违法犯罪。2015年，贵州省检察系统在全国率先开展"生态·环境保护检察专项行动"，立案监督破坏生态环境资源犯罪671件，查办破坏生态环境资源背后的职务犯罪436人，同比上升204.9%；批准逮捕滥伐盗伐、非法采矿、污染环境等犯罪575件，提起公诉1787人，为十年来最多。同时，加强受损生态恢复的保护力度。发出检察建议2399份，补植454万余株，复绿4.47万亩，用检察建议促进"补植复绿"名列全国第一。

（二）发案特点

近年来，随着法律法规的不断完善，打击破坏生态资源犯罪的力度也正进一步加大，案件数量出现了逐年的递增，但总体打击情况仍不容乐观。一是案件以涉林犯罪为主。从查办案件情况来看，某市立案批捕的破坏环境资源类犯罪中，涉及非法占用农用地罪，盗伐、滥伐林木罪，重大环境污染事故罪和非法采矿罪等，其中盗伐、滥伐林木罪所占比例最大，占立案总数的78.2%。二是处罚较轻。破坏生态环境资源类犯罪案件的判决相对较轻，一般判处缓刑并处罚金，判处实刑的相对较少。如2015年以来，某县检察院办理的该类案件中判处缓刑的16件，判处实刑的才4件。三是证据搜集困难，办案存在困境。破坏环境资源的犯罪案件证据搜集相对困难，因此而导致的事实不清、证据不足的案件也多。如非法采矿、盗伐滥伐林木案件，犯罪分子很多属于流窜作案、越界作案，往往以小型采挖、盗伐为主，这种"蚂蚁搬家式"的开采和滥伐方式难以查处责任人员，或被查处抓获现行，但经鉴定的价值也无法达到立案追诉标准，或无法分清相关的责任。四是事前监管少，事后打击较多。破坏环境类犯罪案件一般都是发生事故或破坏结果后才被查处，前期监管少，预防措施不足，导致资源破坏更加严重，而事后打击已无法挽回损失。例如非法采矿的案件，非法采矿者都是从一点点开始采，但因为相关部门没有及时制止，导致开采规模越大，对自然环境破坏越大，而当事后要打击时，危害后果已经造成。五是破坏生态环境犯罪背后往往隐藏着职务犯罪。主要表现为渎职犯罪和虚列名目私分项目资金。检察机关在办案中发现，破坏环境资源保护犯罪案件背后往往存在环境资源保护相关管理部门部分工作人员的职务犯罪，主要表现为贪污、私分国有资产、滥用职权、玩忽职守等。

二、贵州省生态环境犯罪治理难的成因

（一）立法滞后

一是从立法而言，部分环境法律法规规定滞后，定罪量刑标准不够具体，缺乏可操作性。依据目前刑法规定，破坏环境资源保护罪的犯罪构成多要求客观方面要出现实际的危害结果，并且要明确证明犯罪行为与损害后果之间存在充分的因果关系才能追究行为人的刑事责任。这样的犯罪构成要件提高了破坏环境资源保护罪的门槛，导致有些破坏环境资源的犯罪难以得到应有的惩处。二是法律规定内容笼统。我国目前关于生态环境资源犯罪的法律法规内容比较笼统，相关的司法解释也较少。我国刑法中环境资源犯罪个罪之间的某些规定不协调，刑法对环境资源犯罪的规定还不完善。刑法对环境资源犯罪的规制主要体现在对社会关系的保护上，由于常被归属于多种类别，从而引起了刑罚应用时的衔接问题，使刑法执行遇到很大困难。三是保护范围过于狭窄。存在只规定结果犯，未规定危险犯，过多注重财产、人身的损害，而忽视了对生态的破坏，责任承

担上仍仅限于过错责任原则，刑罚体系不尽科学等问题。

（二）法治观念缺失，保护环境法律意识淡薄

部分行政执法人员法治观念薄弱，对环境保护的重要性认识不足，工作积极性不高，作风涣散，怠于履行职责；部分群众保护环境意识不强，不知道林业、土地、矿产等环境资源属国家或集体所有，以为自己种的树可以随意砍伐买卖，自己占有的土地可以随便变更用途，土地之下的矿产可以任意开采，对无证砍伐、滥伐、盗伐林木、非法收购、破坏耕地、非法采矿等行为的危害性认识不够，结果触犯刑法，受到制裁。一些群众面对滥砍、滥伐、破坏耕地、非法采矿行为，不向相关部门举报、反映，助长了犯罪行为人的嚣张气焰。

（三）监管监督缺失，缺乏规范

环境资源保护涉及环保、国土、林业、水务、安监等部门，在环境执法上，存在多部门都能管而又不愿管的现象，各部门监管职能交叠交叉，由于职能分工和相关问题的敏感性，在查处案件时经常出现推诿扯皮的情况，主管部门监管力度不够，无法形成有效的打击合力，不利于查处和追究破坏环境资源保护行为。如部分基层林业执法部门对采伐许可证申请、审批和发放审查不严，对采伐现场监管流于形式，对非法地下木材加工和交易市场打击不力，给违法分子滥伐林木、非法收购滥伐林木提供可乘之机，导致盗伐、滥伐林木现象屡禁不止。

（四）违法成本低致犯罪分子不惜铤而走险

破坏环境资源犯罪处罚较轻，过低犯罪成本致这类犯罪屡禁不止。某县提起公诉的破坏生态环境资源犯罪17件20人，仅3人被判处有期徒刑，其余17人均系缓刑；查办相关职务犯罪3件5人，都被免于刑事处罚。量刑偏轻、以罚代刑，违法成本与所获得的经济利益相比根本就不足以对犯罪分子产生震慑作

用，在守法成本高于违法成本的情况下，不少违法犯罪分子受到高额非法利益的诱惑铤而走险。

（五）缺乏强有力的公众约束

没有形成行政执法和刑事司法惩治破坏生态环境犯罪的合力，行政执法与刑事司法的衔接机制以及证据转化规则仍存在问题。危害生态环境犯罪的被害人一般较为分散，有的案件中甚至没有明确的被害人。公众有效监督的缺乏和及时救济的缺失，使得一些企业有恃无恐。

三、遏制贵州省生态环境犯罪的对策与建议

（一）落实环境立省战略，推动生态环境司法工作

一是坚持理念先行，统一司法标准。司法机关要统一思想，切实贯彻发展与生态双赢的司法理念，把握既有利于促进经济发展、又有利于保护生态环境的原则，既要服务经济建设中心，又要保护人民群众的生命权、健康权和财产权；统一司法标准，加强生态保护司法指导。在大力开展专题调研、广泛研究论证的基础上，制定破坏生态环境等犯罪量刑指导意见和民事审判赔偿标准与范围的有关规定，加强法律适用的统一性，做到罪刑适应，探索和推进破坏环境资源犯罪的量刑规范化，实现量刑标准统一。二是创新生态保护司法组织，提高司法能力。针对生态环境案件专业性强、处理难度大的特点，积极进行司法组织改革，整合和加强生态环保司法力量，将法律素养较高、司法经验丰富、有一定生态专业知识的司法干警充实到公安局生态保护分局、生态保护检察处和生态保护审判庭工作，确保生态保护司法力度。如贵州省贵阳市中院的环境保护法庭成立于 2007 年 11 月，2013 年更名为生态保护法庭；贵阳市、清镇

市检察院生态保护检察处和贵阳市公安局生态保护分局同时成立，生态保护的理念已经融入公、检、法部门，提高了生态司法保护能力。三是提高司法机关执法能力和保障水平。随着生态环境立法的逐步完善和深入贯彻实施，加强生态司法保护专业化建设已迫在眉睫。贵阳市生态保护"两庭"和"三局"的设立，使该市的生态文明司法建设能立足于法律的专业领域，在制度和程序方面对传统行政诉讼和民事诉讼有所突破，为健全生态环保司法机制和生态保护的立法提供实践基础。

（二）完善生态环境立法，健全生态保护法律制度

一是要完善现行刑事立法。首先，在犯罪构成的客观方面，尽量减少认定结果犯，更多地认定行为犯，增加对危险犯、过失犯的刑法责任追究，对一些诸如污染环境罪、破坏自然资源罪等罪名，要以行为犯来追究刑事责任，也就是说，只要危害行为属实，达到一定的持续时间、数量或程度，都应当追究刑事责任，以更加有效地保护生态环境。其次，增设相关附加刑。环境资源犯罪中的附加刑包括履行社区劳动，恢复植被、清除污染物，命令暂时停业、撤销从事某项活动的执照，公开其犯罪记录，等等。再次，将涉嫌犯罪案件移送程序法定化。如移送的具体条件、如何移送、移送的期限、受移送的机关都应当有具有可操作性的规定，严格界定行政执法机关拒不移送刑事案件和司法机关不依法接受案件移送的法律责任，以建立系统完备的案件移送制度，规范移送行为。最后，明确赋予行政执法机关依法获取证据材料的刑事诉讼法律地位。二是要完善与环境资源犯罪相关的法律法规，如行政管理法规和治安管理处罚条例等。环境资源犯罪的一个重要特征就是其行政从属性，刑法中规定的环境资源犯罪均以违反一定的行政法规为前提和基础，因此行政法规的完善就显得格外重要。三是做好司法解释

工作。刑法有关环境资源犯罪的条文中，有许多诸如"重大环境污染事故""情节严重"等模糊用语，司法机关应当尽快出台明确的司法解释，并公之于众，既指导和统一司法，又能让相关的单位和个人知道行为的尺度，从而具备法治社会的"可预期性"。

（三）充分发挥职能作用，严厉打击生态环境犯罪

一是强化打击职能。检察机关首先要强化批捕、起诉职能，提出量刑建议，对环境犯罪严惩不贷；其次要强化环境犯罪立案监督、侦查监督和审判监督，坚决防止和纠正对环境犯罪打击不力问题，依法监督纠正有案不立、有罪不究、以罚代刑等问题；最后要加强控告、申诉监督。通过多方位监督，确保将环境犯罪行为人绳之以法，提高环境犯罪成本。二是加大对生态环境犯罪的打击力度。建议环境、国土、林业、水务、安监、公安等相关部门联合开展专项打击行动。加大对违规排污企业、非法木材加工点、地下木材交易市场的查处、取缔力度，并将其制度化、常态化、长期化，对相关企业进行不定期检查，发现违法、违规加工点及排污企业，加大处罚力度；依法严厉打击破坏生态环境资源犯罪，提高犯罪成本。依法从重处罚盗伐、滥伐林木，非法收购、运输盗伐、滥伐林木，非法占用农用地，非法采矿等破坏环境资源保护的犯罪。建议立法机构通过立法提高破坏环境资源保护犯罪量刑幅度，加大处罚力度。人民法院依照犯罪情节和刑法规定严格适用缓刑，依法判处实刑。检察机关对法院处刑畸轻的案件依法提出抗诉，通过严厉的刑罚震慑违法犯罪分子。深入查办生态环境犯罪背后的职务犯罪。三是依法严惩发生在生态环境犯罪背后的贪污受贿犯罪及破坏生态资源环境、重大环境污染事故背后的渎职失职犯罪。近年来，危害能源资源和生态环境的情况仍然相当严重，环境破坏典型案件逐年增多，检察机关查办案件力度显著加大，查办案

件涉及土地资源、森林资源、矿产资源、城建规划、水电资源、道路交通、环境监管等多个领域。从检察机关查办案件的情况看，土地、矿产、林业、水源等领域能源资源和生态环境的违法犯罪案件之所以屡禁不止，与一些国家机关工作人员玩忽职守、滥用职权甚至徇私舞弊、官商勾结、钱权交易具有直接的关系。

（四）加大法制宣传力度，增强生态保护法律意识

一是要强化生态法制观念。多形式、多渠道、多层次地开展生态法制宣传，切实提高人民群众的生态意识和法制观念。有关生态保护的法律法规应当通过法制宣传平台加以宣传，让民众知法、懂法、守法，强化全民环境保护意识的养成。二是要树立预防为主、防治结合的环保观念。如可联系环保部门、司法机关和新闻媒体组织开展形式多样的以"查办破坏生态环境资源犯罪"为主题的法律宣传活动，让群众了解整治环境污染的相关法律法规和政策规定，提高公众的环保意识。可建立相应举报热线，接受群众咨询和举报，解决群众反映的环境问题。对查处的典型生态犯罪案件可适当在媒体上曝光，以震慑与预防生态环境资源的犯罪。三是完善司法便民举措，提升司法服务水平。建立生态环境案件绿色通道，实行快立、快审、快结、快执。加强环保案件诉讼指导和释明工作，实行诉讼风险提示和诉讼风险评估。加大生态案件巡回审判力度，就地进行审判和调解工作，努力将环保矛盾纠纷化解在当地。四是认真利用司法建议，强化生态管理成效。同时，妥善运用司法建议这一重要载体，认真分析生态案件中存在的自然资源及生态环境管理问题，及时向党委、政府献策建言，提出防治环境污染、保护改善环境、维护生态文明的司法建议，加强事后沟通回访，提高司法建议回馈率，促进政府环保政策的有序实施和

环保执法的有力开展。

（五）加强生态司法机制创新，强化司法保护生态措施。

一是与行政执法部门建立联动机制。加强与公安、环保、国土、林业等行政执法部门的配合，整合执法资源，建立联合执法机制，建立健全以信息共享、线索移送、共同配合、共同预防为主要内容的行政执法与司法衔接制度，形成合力。同时，要建立行政执法与刑事司法信息共享平台，实现"网上衔接，信息共享"，增强行政执法和刑事司法整体工作合力，共同打击危害生态环境和能源环境的犯罪。二是完善环境保护监管机制。提高环保部门从业人员素质，规范环境资源管理，公开环保项目申请、资金申领及使用流程，自觉接受群众监督，确保每一笔环保项目资金都有据可查、去有所踪；严格审批、审查制度，对企业排污标准、排污设备、污染物处理开展常规性监督、检查，严禁滥排乱放；加派人员对污染企业以及偏远地区森林、林业资源进行常规巡查、监管，发现盗伐、滥伐现象，及时处理。三是建立生态专家证言制度。由于生态类案件的专业性较强，涉及的司法鉴定比较多，加之环境污染的司法鉴定费用比较高，有的案件的鉴定费用会远远超过诉讼标的，并且鉴定周期较长。在这方面应探索建立生态专家证言制度，力求最大程度地缩短办案周期，降低诉讼成本。

参考文献：

[1] 闫廷娟主编：《人·环境与可持续发展》，北京航空航天大学出版社 2001 年版。

[2] 钱易、唐孝炎主编：《环境保护与可持续发展》，高等教育出版社 2010 年版。

[3] 杨妍、孙涛："跨区域环境治理与地方政府合作机制研究"，载《中国行政管理》2009 年第 1 期。

［4］徐鲲、李晓龙："连片特困地区生态环境治理路径探析——基于新区域主义的视角"，载《贵州社会科学》2014年第7期。

［5］刘锡秋："生态环境司法保护的概念和规律刍议"，载《时代主人》2012年第9期。

［6］刘爱军："生态文明与我国环境立法体系的完善"，载《法学论坛》2007年第1期。

［7］蔡守秋："以生态文明观为指导，实现环境法律的生态化"，载《中州学刊》2008年第2期。

唱响检察公益诉讼音　保护青山绿水

——白云区检察院公益诉讼的做法

贵阳市白云区人民检察院

　　白云区人民检察院在生态环境保护专项工作中，强化对生态环境资源的司法保护，全面履行法律监督职能，通过检察建议、提起诉讼等方式，督促行政机关依法履行职责。

　　办理的卢健文、卢华刑事附带民事公益诉讼案，获法院当庭宣判，是贵州省首例获法院宣判的刑事附带民事公益诉讼案件；办理的贵阳市首例获法院当庭宣判的艳山红镇怠于履职案件，不仅在全区拉开了农村垃圾乱堆放专项治理工作，使全区环境面貌大为改观，广大群众拍手称快，取得社会效果、法律效果、生态效果的统一，同时也为贵阳市基层检察院探索提起行政公益诉讼积累了有益经验，受到了省、市院领导的好评。开阳县、息烽县、观山湖区、南明区等检察院纷纷到白云区检察院学习交流经验，为此，白云区检察院在公益诉讼专项工作中名列全市目标考核第一名，因工作成绩突出获贵州省人民检察院提起公益诉讼工作先进集体和先进个人，并获得集体三等功。具体做法如下：

一、注重强化组织领导，确保案件的顺利办理

　　"万事开头难"，公益诉讼试点工作是一项全新的检察业务，

政策性强、专业性强、敏感性强，办案难度大，面对公益诉讼中无现成经验和规定可循的新情况、新问题，白云区检察院采取了以下措施：一是检察院党组早谋划、早部署、早行动，克服畏难情绪，摒弃等待观望思想，勇于推动公益诉讼试点工作；二是配齐配强队伍，将两名优秀干警充实到民行部门，另外还配备了一名辅助人员；三是强化检务保障，从经费、车辆、装备等方面优先配备，在经费较困难的情况下，支付鉴定机构鉴定费1.3万余元。

二、注重履行诉前程序，确保案件的质量

一是严格送达程序。工作中，始终强调检察机关在公益诉讼工作中监督者的地位，注重检察建议内容的针对性，强化诉前检察建议与公益诉讼请求的衔接，使诉讼请求与检察建议的范围内容一致。在检察建议中，明确要求相关行政单位在收到检察建议后一个月内将处理情况书面回复检察机关，并依法履行了送达程序。二是严格执行内部审批流程。白云区检察院就提起诉讼的案件多次到省、市院汇报案件办理情况。三是诉前程序效果好。都拉乡政府将垃圾就地推入地势低洼处并用泥土、砂石进行掩埋的处理方式侵占了部分林地，造成环境污染及破坏，对此，我院及时向都拉乡政府提出检察建议。该乡收到检察建议后，召开两次党委扩大会议制定清运措施和方案，由乡长亲自抓落实，并邀请白云区检察院和区环保局对清运工作进行现场监督和指导，经相关部门和白云区检察院认可后，都拉乡政府才将清运垃圾的23万元支付给外包公司。为此，白云区检察院在贵阳市生态环境保护检察工作现场推进会上进行了经验交流发言。

三、注重上下联动发挥一体化办案机制，确保办成"样板案"

一是省院按照"3+1+X"的办案模式，对每一件公益诉讼案件全程指导和参与。对案件中涉及的法律事实、法律适用、法律效果等问题，进行详细分析研究，提出调查核实方向、审查办理策略、庭审预案制定、沟通协调问题等指导意见。二是市院对案件严格把关。贵阳市院分管检察长多次直接参与案件讨论与汇报，研究梳理办案方案和策略。三是基层院作为案件办理主力，认真落实主体责任。分管副检察长亲自上阵，组织办案人员集中精力办理案件。第一，注重找准工作切入点，以点带面、点面结合打开公益诉讼工作局面。民行科干警克服人少事多的矛盾，多次深入辖区各乡镇走访调研并进行摸底排查，全面客观了解由于行政机关怠于履职使国家和公共利益遭到侵害的情况。建立公益诉讼工作台账，对工作动态做到心中有数，针对公益诉讼案件办理存在的线索发现难、证据收集难、鉴定评估难等问题，注重案件线索的排查，对案件线索逐一进行研判、调查核实，并对案件主体、案件证据、案件风险进行全面评估，根据评估及时做好沟通应对工作，并适时提出检察建议，督促行政机关依法履行职责。第二，注重案件基本事实证据的收集和固定。针对艳山红镇政府怠于履行垃圾管理职责，造成其辖区内刘庄村生活垃圾随意堆放，使环境遭到污染、社会公共利益遭受损害并且存在安全隐患等基本事实，白云区检察院先后60余次深入现场固定、完善证据，询问证人30人次，补充完善相关证据10份，拍摄照片100余张；同时邀请环境保护专家前往污染发生地，对现场环境进行勘验，作出环境影响评估意见，明确公共利益损害后果；对调查来的证据严格按照证据

"三性"的要求进行审查，确保每一项证据均具有客观性、合法性和关联性，具有充足的证明力，确保案件立得起、判得下、诉得赢。第三，注重案件类型的多样化。如获法院当庭宣判的卢健文、卢华刑事附带民事公益诉讼案，不仅是贵州省首例获法院宣判的刑事附带民事公益诉讼案件，还充分体现了检察机关在生态环境损害修复方面的法律监督作用。通过提起刑事附带民事公益诉讼，将不同的诉讼类型进行整合，既有效节约了司法资源，又使生态环境得到及时修复，该案为检察机关开展公益诉讼工作提供了丰富的样本，被评为贵州省检察机关提起公益诉讼试点工作典型案例。

四、注重沟通协调，确保案件的社会效果

一是与法院充分沟通。白云区检察院多次与清镇市法院就公益诉讼案件的违法事实是否成立、诉讼请求能否得到支持、证据是否确实充分等事项和如何实现办案效果、如何最大限度发挥该案的正能量等交换意见。如贵阳市首例获法院当庭宣判的艳山红镇怠于履职案件的成功办理，引起了相关职能部门对农村生活垃圾乱堆放、清运不及时等问题的高度重视，促进依法行政，保证了法律的正确实施，保护了国家利益、社会利益和个人利益。

二是与地方党委、政府充分沟通。白云区检察院诉艳山红镇人民政府怠于履行职责行政公益诉讼案件，作为贵阳市首例开庭审理的行政公益诉讼案件，社会影响大、关注度高，要顺利办理该案，必须得到地方党委、政府的理解与支持。在案件办理中，白云区检察院秉承办案尽量避免给当地党委、政府带来负面影响的工作思路，主动向地方党委、政府汇报，积极争

取党委、政府对检察机关开展公益诉讼工作的支持，为公益诉讼工作的开展营造良好环境。

三是与行政机关充分沟通。白云区检察院提起两件行政公益诉讼后，行政机关领导高度重视，立即进行整改，特别是艳山红镇人民政府不仅对检察建议提到的垃圾堆点进行整改清运，而且投入上百万资金，采取垃圾清运专业化外包、细化辖区内11个行政村的责任清单等长效机制，对全镇所属行政村、居委会垃圾乱堆乱放的现象进行全面有效的整改清理，使该镇村容村貌迅速得到极大的改观，受到群众的好评。自开展公益诉讼试点工作以来，白云区检察院共排查公益诉讼案件线索140余条，提出诉前检察建议的案件27件，向上级院报送审批案件4件，向法院提起诉讼3件，法院判决2件。

四是建章立制，注重内外联动。白云区检察院通过与区环保局、林业绿化局、国土资源局等11家单位签订《关于建立公益诉讼联动机制的实施意见》后，由行政机关提供线索的公益诉讼案件20余件，经调查研判后提出诉前检察建议的3件，向法院提起行政公益诉讼的1件。

公益诉讼是检察机关立足法律监督职能定位的职责担当，既有利于保护和改善生态环境，提高人民群众生活幸福指数，符合人民群众的殷切期盼，也有利于推进行政机关依法行政，推进法治政府建设，促进了贵州省生态文明建设的新发展。

切实发挥检察职能　构建生态环境保护网

徐兴波 *

　　湄潭县位于贵州省北部、遵义市东部，国土面积 1864 平方公里，辖 12 个镇、3 个街道、133 个村（居、社区），总人口 50 万人。湄潭县是黔北东部地区重要的交通枢纽，是久负盛名的"茶城""酒乡""烟县""粮仓"，素有"云贵小江南"之美誉，红军长征文化、浙大西迁文化、茶文化交相辉映，拥有全国农村改革试验区、中国名茶之乡、全国魅力农村十佳县、国家生态县、国家卫生城市等 20 余项国家级名片。近年来，湄潭县生态环境持续改善，大力实施了"清新空气""源头活水""增绿添彩""净土肥壤"等重大生态建设与保护工程，森林覆盖率提高至 63.9%，成功创建"国家生态县"和"贵州省绿化模范县"。

　　湄潭县人民检察院于 2014 年 5 月设立生态环境保护检察科，成为全市单独设立生态环境保护机构的四个县级检察院之一。近年来，湄潭县人民检察院认真履行生态检察职能，切实开展"生态环境保护检察专项行动"，查办破坏环境资源犯罪和背后的职务犯罪，先后有力配合有关职能部门深入开展了环境保护执法大检查、森林保护"六个严禁"、乌江河流域保护、饮用水水源保护、严厉打击非法占用林地等系列专项行动，适时发出检察建议书，为推进全县生态环境治理、推动生态环境持续改

---

* 徐兴波，湄潭县人民检察院检委会专职委员，公诉部长。

善、维护社会可持续发展做出了应有的贡献。

一、打防结合，构筑环境资源保护屏障

在办理生态环境保护领域案件的工作中，湄潭县人民检察院坚持以执法办案为中心，打击与预防并举，严厉打击破坏生态环境资源犯罪行为，提前介入做好犯罪预防，为全县生态环境资源构筑起保护屏障。

（一）从严打击危害生态资源刑事犯罪

突出打击重点，通过采取提前介入、捕诉联动、提出量刑建议等一系列措施，加大对盗伐、滥伐林木、非法占用农用地、非法猎捕、杀害珍贵野生动物等破坏环境资源犯罪的打击力度。对犯罪事实清楚、证据确实充分案件，依法快捕快诉。三年来，共批准逮捕破坏环境资源犯罪案件35件49人，提起公诉83件129人，其中滥伐林木案件47件65人、非法采伐国家重点保护植物案件8件11人、非法占用农用地案件3件3人、非法捕捞水产品案件20件38人、非法猎捕珍贵野生动物案件3件7人，非法收购珍贵野生动物案件2件5人。所有起诉至法院的案件均作出了有罪判决，环境违法犯罪受到极大震慑，环境破坏势头得到有效遏制。

（二）依法严惩环保领域职务犯罪

不断拓宽环保领域职务犯罪案件线索来源渠道，注重从群众反映强烈的领域，从新闻媒体披露的重大环境污染事故中摸排案件线索，深挖破坏生态环境背后的职务犯罪。三年来，湄潭县人民检察院共查办发生在环保领域职务犯罪案件5件15人，其中滥用职权案1件1人，玩忽职守案1件2人，贪污案3件11人，受贿案1件1人。案件的查处进一步规范了生态执

法，乱作为、不作为行为大幅减少，生态资金安全得到了有效保障。

二、强化监督，增强环境资源保护效果

依法运用立案监督、检察建议等手段，加大对环境资源保护的司法监督力度，督促环境行政执法机关、刑事司法机关依法履职，有效保护生态环境。

（一）加强对破坏环境资源犯罪立案监督

充分运用监督保护手段，认真抓好危害生态环境领域刑事犯罪立案监督工作，坚决纠正生态环境犯罪打击不力、有案不立、有罪不究、以罚代刑等违法现象。共监督公安机关立案侦查危害生态环境领域刑事犯罪案件15件23人，取得了良好的法律效果和社会效果。如湄潭县人民检察院监督立案的唐某等5人非法捕捞水产品一案，案发后，公安机关认为唐某等5人毒鱼行为证据固定难，且属新罪名案件，宜用行政处罚，便停止了案件调查。湄潭县人民检察院受理此案后，明确专人办理，从案件事实、现有证据、相关法律规定三个方面进行全面审查把关，认为唐某等5人的行为具备追究其刑事责任的法律要件，已涉嫌犯罪，即向湄潭县公安机关发出《要求说明不立案理由通知书》。在公安机关坚持行政处罚不予立案情况下，湄潭县人民检察院及时邀请公安机关办案人员、湄潭县河道办工作人员召开案件研讨会，通过认真学习相关法律规定、充分讨论案情及检察人员的耐心释疑，县公安局决定对唐某等人以涉嫌非法捕捞水产品罪立案侦查并移送湄潭县人民检察院审查起诉。经湄潭县人民检察院依法提起公诉后，县人民法院对该案5人以非法捕捞水产品罪作出有罪判决。中央电视台新闻综合频道

《新闻直播间》、贵州省电视台《百姓关注》、遵义电视台《直播遵义》对该案进行了报道。毒鱼案的立案监督，有力打击了破坏生态环境的行为，也为以后湄潭县查处该类案件提供了很好的范例。

（二）充分运用检察建议督促行政机关依法履职

一是通过向县政府发出检察建议，促成"湄潭县生态文明建设委员会"和"湄潭县环境保护督察整改工作领导小组"的成立，由县委书记和县长亲自挂帅，建立了长效生态环境保护管理机制。二是向林业、国土、环保等部门发出督促履职检察建议并得到了积极落实，督促环保部门追回排污费，督促林业部门对受毁林地"补植复绿"，生态修复检察工作得到了省检察院的充分肯定，工作经验在全省范围推广。三是通过提出检察建议，得到县委、省农委的高度重视，省农委批复在湄潭县湄江河、桃花江及角口水库、构皮滩水库等区域设立禁渔区，这是首次在湄潭县设立禁渔区，该批复为湄潭县河道治理提供了有力的政策支持和制度保障，为打击非法捕捞水产品提供了有力的执法依据。

三、整体联动，形成环境资源保护合力

在查处环境资源领域违法犯罪过程中，我们深刻地体会到，单凭某个部门、某个单位之力，无法从根本上解决破坏环境资源的问题。为此，湄潭县人民检察院建立整体联动工作机制，对内实行捕诉监防整体联动，对外加强同其他司法机关、行政执法机关的协调与配合，积极争取有关部门的理解和支持，共同做好生态环境保护工作。

（一）建立健全协作配合工作机制

由湄潭县人民检察院牵头，联合法院、公安、林业、环保、

农牧、河道办等部门，制定了湄潭县《破坏环境资源类违法犯罪案件处理流程工作暂行办法》《破坏水产资源及生存环境案件处理办法》《破坏环境资源类补植复绿费管理办法》等。这些制度的建立加强了司法机关与林业行政执法机关的工作衔接，加大了对破坏林业生态环境资源违法犯罪活动的打击力度，同时也有利于做好生态修复工作。

（二）检察机关内部密切配合，形成合力

在办理破坏生态类案件的过程中，公诉部、刑事检察部、民事行政检察部形成合力，收到破坏生态类案件时，及时向有关部门和案发地人民政府发出《检察建议书》，要求监督落实生态修复工作，制定切实可行的生态修复计划，并做好验收工作，对生态修复的山林，林业部门要加强管理，以确保生态修复的效果。

（三）积极探索出"谁破坏，谁修复"恢复性司法保护模式

在依法办案的过程中，秉持"谁破坏，谁修复"的原则，要求环境破坏案件的犯罪嫌疑人或其亲属对被毁林地进行"补植复绿"，让被毁林地得以尽快修复，实现办案的法律效果、社会效果和生态效果的统一。该做法得到了遵义市人民检察院、贵州省人民检察院认可并催生了一项新政策：贵州省人民检察院转发了《遵义市人民检察院关于支持鼓励破坏生态环境的犯罪嫌疑人（被告人）实施生态修复的意见》，决定在全省推广。今年以来相关部门督促向破坏生态环境的违法者追收生态修复费近 11.6 万余元、修复生态 305.4 亩，植物 21 000 多株；督促破坏水产资源及生存环境违法者购鱼苗 2100 斤到违法行为实施地投放，以恢复被破坏的水生态环境。如湄潭县检察院办理的周某某滥伐林木案，在审查起诉阶段，按照院领导的总体安排和部署，通过办案实现生态修复，避免以案办案，机械执法。

通过对其进行细致的思想工作，周某某为了有较好的悔罪表现，愿意积极做好被其毁坏林地的生态修复工作，并主动拿出 19 200 元交给第三方具体实施生态修复。湄潭县检察院依法向湄潭县林业局和湄潭县复兴镇人民政府发出督促依法履行职责的《检察建议书》，要求政府部门监督落实生态修复工程，将被毁林地尽快种上树，并将落实情况及时反馈湄潭县检察院。在湄潭县复兴镇林业站的监督下，周某某迅速与第三方签订了林地生态恢复委托实施方案，后经本院生态检察科、林业局、复兴林业站于 2016 年 3 月 25 日对生态恢复实施方案进行协商讨论，最后确定种植栾树，受委托方于 2016 年 3 月 29 日至 4 月 2 日组织人员对被毁林地进行补植，共计补植栾树 2110 棵。

（四）积极探索刑事附带民事公益诉讼

生态环境类案件，一般造成的都是生态破坏，损害了公益林或者河流所承载的维护和改善生态环境、保持生态平衡、保护生物多样性等生态功能，侵害了社会公共利益，应当承担民事责任，湄潭县检察院将积极探索对在起诉前未履行生态修复责任的犯罪嫌疑人提起公诉时，一并提起刑事附带民事诉讼的公益诉讼。

四、注重宣教，提升环境资源保护意识

为提升社会公众对生态环境资源保护的认识，形成宣传预防和打击生态环境犯罪的社会氛围，湄潭县检察院进一步延伸法律监督触角，积极创新宣传教育方式方法，着力打造多平台、多渠道的生态环境保护宣传体系。一是充分发挥湄潭县检察院检察联络工作站的优势，把生态检察工作的触角延伸到村镇、企业，号召并鼓励企业和群众积极参与生态保护工作。二是深入开展法治宣传"进校园、进乡村、进社区、进企业、进机关"活动,通过发放宣传资料、现场答疑等方式,给群众悉心讲解生态环境保护相关法律法规知识,提高群众生态环境保护意识,并鼓励群众积极举报破坏生态环境违法行为,形成群防群治的合力。三是通过湄潭县检察机关官方微博、微信,适时发布环境资源保护法律法规,向广大群众普及法律知识,传递环保理念。

生态文明建设任重道远,我们仍然面临着较大的困难和挑战,一是对破坏环境资源保护犯罪处罚较轻,犯罪成本过低致使这类犯罪屡屡发生;二是破坏环境资源犯罪存在"发现难、取证难、认定难"的侦办难题。在今后的工作中湄潭县检察院将立足工作实际,创新工作思路、认真分析研判措施,充分发挥打击、预防、监督、教育、保护检察职能,更好地为生态文明建设服务。

论生态环境犯罪惩治和预防

——以黔东南州中院案例为调查样本

邢芳威* 封贵平**

摘要： 对生态环境犯罪问题的研究尤其是实证调查研究是法学研究的应然之举。贵州省黔东南苗族侗族自治州虽然生态环境优越，但是近些年，该地区生态环境犯罪高发，并且呈上升态势，全州 16 县市法院年均受理生态环境犯罪案件数量尤其是涉及森林资源犯罪案件数量已占到贵州省同类刑事案件总量的近三分之一。如何减少和预防生态环境犯罪，关系到当地生态文明的建设。

关键词： 黔东南 生态环境 犯罪

贵州省黔东南苗族侗族自治州（以下简称黔东南州），坐落于贵州省东南部，地理位置上与湖南、广西接壤，下辖凯里、从江、丹寨等 16 个县市，州首府在凯里市。该地区拥有风景秀丽的山水和丰富的生态环境资源，少数民族中以苗族、侗族居多，具有特色的民族风情。黔东南州地域面积约为 3 万平方千米，地形以山地为主，农业耕地面积狭小，可以一句话总结为"九山半水半分田"。该地区拥有雷公山、云台山等自然植被保护区 27 个，森林面积多达 180 多万公顷，全州森林覆盖率达到

---

* 邢芳威，贵州民族大学 2014 级法律（法学）专业研究生。

** 封贵平，贵州民族大学马列学院副院长、教授、硕士生导师。

62%。在丰富的动植物资源中，有秃杉、篦子三尖杉、银杏、鹅掌楸等国家重点保护树种 37 种；野生动物有上千种，其中包括彪豹、中华鲟、娃娃鱼等十多种国家重点保护动物。流经该地区的清水江、都柳江、舞阳河等三条重要河流归属于长江和珠江上游流域。该地区还有丰富的矿产资源，特别是重晶石的储量占到全国的 60%，同时，还拥有金矿等稀有金属矿藏。

虽然黔东南州生态环境优美，资源丰富，但生态环境犯罪同样高发，全州 16 县市法院近几年年均受理生态环境犯罪案件数量尤其是涉及森林资源犯罪案件数量已占到贵州省同类刑事案件总量的近三分之一，可见黔东南州生态环境犯罪问题在贵州省具有突出的代表性。

一、黔东南州生态环境犯罪概况简析

本文以法院卷宗为基础，通过法院办案系统，比较客观全面地收集到了 2011 年至 2015 年 5 年间黔东南州 16 县市基层法院及州法院审理的生态环境犯罪案件基本情况，以下通过六个方面对黔东南州生态环境犯罪案件进行总结和分析。

（一）案件数量分析

表 1　2011 年~2015 年黔东南州生态环境犯罪案件数量统计

年份	2011 年	2012 年	2013 年	2014 年	2015 年
生态环境犯罪案件数量（件）	234	206	245	355	417
全年刑事案件数量（件）	1813	2036	2240	2401	2678
占比	12.91%	10.12%	10.94%	14.79%	15.57%

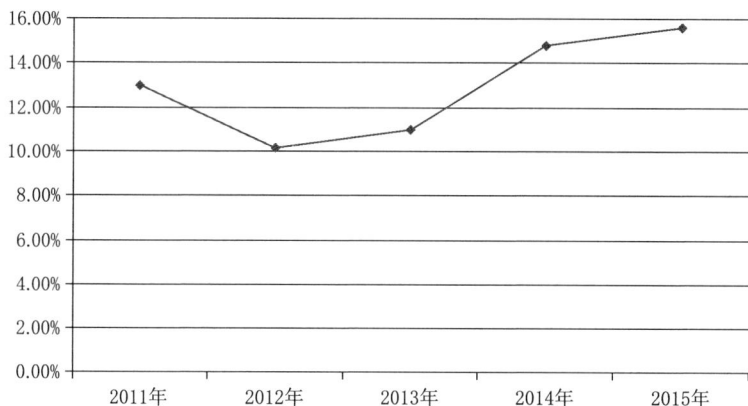

图1 2011年~2015年黔东南州生态环境犯罪数量占比走势图

从以上图表可以看出，2011年至2015年，黔东南州生态环境犯罪案件高发，其数量大体上呈上升趋势，每年案件数量均占到当年刑事案件总数的10%以上，尤其是在2014年，生态环境犯罪案件数量上升110件，占到当年刑事案件总数的14.79%，比2013年提高3.85个百分点，并且在2015年依然保持平稳上升的态势。2014年贵州省开展打击生态环境犯罪专项活动以来，随着执法力度的加大，更多的生态环境犯罪案件浮出水面，导致了2014年以来生态环境犯罪案件数量大幅增长。

（二）案件类型分析

表2 2011年~2015年黔东南州生态环境犯罪案件类型统计

案件类型	2011年		2012年		2013年		2014年		2015年	
	案件数（件）	占比	案件数（件）	占比	案件数（件）	占比	案件数（件）	占比	案件数（件）	占比
滥伐林木	162	69.23%	125	60.68%	164	66.94%	201	56.62%	237	56.83%

续表

案件类型	2011 年		2012 年		2013 年		2014 年		2015 年	
	案件数（件）	占比	案件数（件）	占比	案件数（件）	占比	案件数（件）	占比	案件数（件）	占比
盗伐林木	32	13.68%	24	11.65%	27	11.02%	48	13.52%	59	14.15%
非法收购、运输盗伐、滥伐林木	0	0	0	0	0	0	5	1.41%	6	1.44%
国家重点保护植物及制品	11	4.70%	28	13.59%	28	11.43%	65	18.31%	72	17.27%
珍贵、濒危野生动物及制品	0	0	1	0.49%	1	0.41%	2	0.56%	2	0.48%
渎职犯罪	1	0.43%	5	2.43%	7	2.86%	9	2.54%	10	2.40%
失火、放火	31	13.25%	23	11.17%	20	8.16%	18	5.07%	22	5.28%
非法采矿	0	0	0	0	0	0	0	0	2	0.48%
非法狩猎	0	0	0	0	0	0	1	0.28%	1	0.24%

案件类型	2011 年		2012 年		2013 年		2014 年		2015 年	
	案件数（件）	占比	案件数（件）	占比	案件数（件）	占比	案件数（件）	占比	案件数（件）	占比
非法占用农用地	0	0	0	0	0	0	6	1.69%	5	1.20%
污染环境	0	0	0	0	0	0	0	0	1	0.24%

注〔1〕

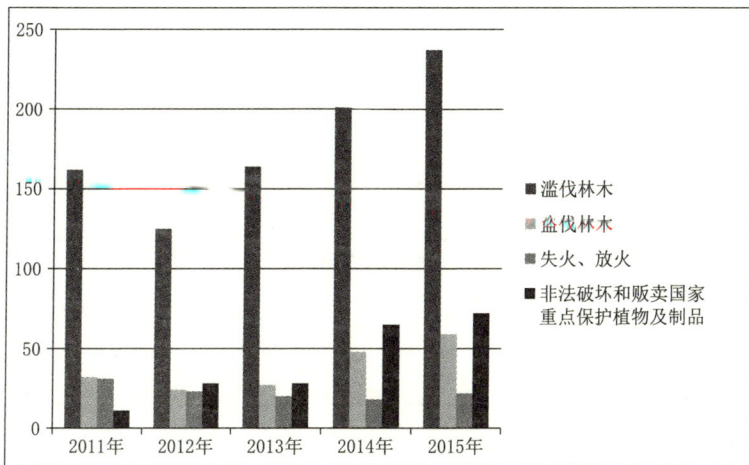

图 2　2011 年~2015 年黔东南州主要生态环境犯罪类型数量图

---

〔1〕 表 2 中案件类型"国家重点保护植物及制品"包括"非法采伐、毁坏国家重点保护植物"和"非法收购、运输、加工、出售国家重点保护植物、国家重点保护植物制品"两种案由；"珍贵、濒危野生动物及制品"包括"非法猎捕、杀害珍贵、濒危野生动物"和"非法收购、运输、出售珍贵、濒危野生动物、珍贵、濒危野生动物制品"两种案由。"占比"指该类型案件数量占当年生态环境犯罪案件总量的比例。

由上述图表可以看出，在黔东南州生态环境犯罪案件类型中，滥伐林木、盗伐林木等传统犯罪仍然是该类犯罪的主流，每年这两项传统生态环境犯罪所占比例保持在 70% 以上至 85% 以下，并且在这五年期间，滥伐林木、盗伐林木犯罪绝对数量基本呈上升趋势；在传统生态环境犯罪案件数量不断上升的同时，由于市场需求，犯罪分子为牟取暴利，特别是在关于非法破坏和贩卖国家重点保护的植物物种及其制品方面的犯罪数量只增不减——由 2011 年的 11 件上升到了 2015 年的 72 件，其中由 2013 年的 28 件快速上升为 2014 年的 65 件；因失火、放火造成的毁林案件虽然在犯罪数量稳中有降，在每年生态环境犯罪总量中所占比率不断下降，但放火、失火案件始终占据生态环境犯罪案件第四的位置。

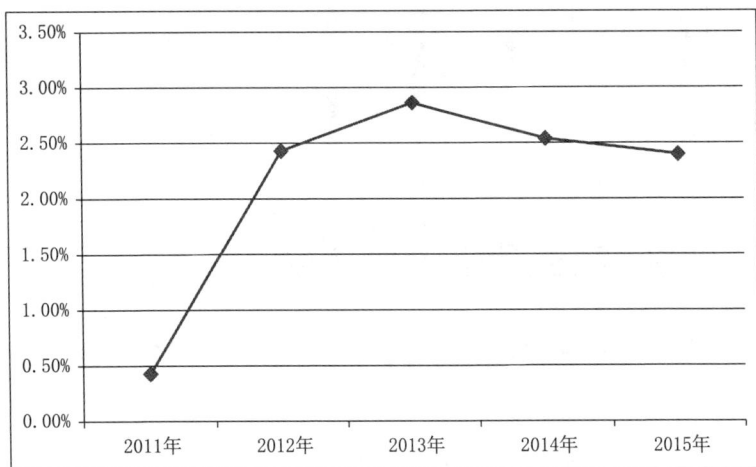

图 3　2011 年~2015 年黔东南州涉生态环境渎职犯罪案件比例走势图

在黔东南州生态环境犯罪案件中，涉及破坏生态环境的渎职犯罪案件比例在 2011 年至 2013 年逐年上升，并在 2014 年和

2015 年保持稳定，所占当年生态环境犯罪案件数量的比例由 2011 年的 0.43% 上升至 2015 年的 2.40%。因此可见，在生态环境执法领域，存在执法人员渎职的情况，同时由于检察机关加大了打击涉及生态环境的渎职犯罪的力度，一些之前没有被发现的渎职犯罪行为逐渐暴露出来，渎职犯罪发案率也相应提高。

涉及"珍贵、濒危野生动物及制品"即"非法猎捕、杀害珍贵、濒危野生动物"和"非法收购、运输、出售珍贵、濒危野生动物及珍贵、濒危野生动物制品"犯罪的案件时有发生。通常涉案动物种类繁多，数量庞大，比如在生态环境犯罪典型案例肖某非法收购、出售珍贵、濒危野生动物案中，其非法收购的野生动物中属国家二级重点保护动物的物种包括鹰类动物 18 只、隼科动物 6 只、小灵猫 2 只，国家"三有"动物物种豹猫 2 只、果子狸 9 只、黄鼬 1 只、棘胸蛙 357 只、乌梢蛇 115 条、王锦蛇 321 条、尖吻蝮蛇 8 条，给当地野生动物资源造成重大的损失。

此外，在 2014 年至 2015 年期间，相对于本地区传统生态环境犯罪案件类型来说，出现了一些新型的犯罪行为，如违法采矿、对农用地的非法占用，无证非法狩猎、污染环境等，并且这些犯罪的发生呈现上升的趋势。比如 2015 年审结的贵州省凯里市麻江宏发硅业有限公司水污染案件，致使该公司生产区外甘溪河水体重金属严重超标，严重污染环境，对当地生态环境造成巨大的影响。

由上可知，黔东南州生态环境犯罪类型以盗伐林木、滥伐林木等传统生态环境犯罪为主，但新型生态环境犯罪如涉生态环境渎职犯罪案件不断出现，并且部分类型有快速上升的趋势。

（三）量刑情况分析

依据《中华人民共和国刑法》（以下简称《刑法》）及相关司法解释对量刑的规定，结合黔东南州生态环境犯罪案件量刑总体情况，本文将黔东南州生态环境犯罪案件的量刑分为四个层次：一是"3 年以上有期徒刑"；二是"3 年以下有期徒刑"（不包括缓刑）；三是"有期徒刑缓刑"；四是"有期徒刑以下刑罚"，其中第四部分包括拘役、管制、单处罚金 3 种刑罚。

表3　2011 年~2015 年黔东南州生态环境犯罪案件量刑情况统计[1]

刑年\案件	2011 年		2012 年		2013 年		2014 年		2015 年	
	件	占比	件	占比	件	占比	件	占比	件	占比
3 年以上有期徒刑	20	8.55%	13	6.31%	16	6.53%	28	7.89%	29	6.95%
3 年以下有期徒刑	38	16.24%	26	12.62%	26	10.61%	51	14.37%	46	11.03%
有期徒刑缓刑	143	61.11%	145	70.39%	181	73.88%	251	70.70%	303	72.66%
有期徒刑以下刑罚	33	14.10%	22	10.68%	22	8.98%	25	7.04%	39	9.35%

---

[1] 表中"占比"指的是该层次案件数量占该年生态环境犯罪案件总量的比例。

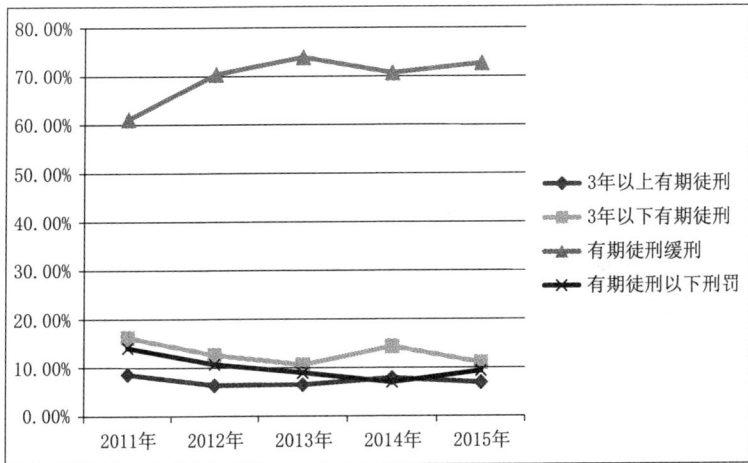

图 4　2011 年~2015 年黔东南州生态环境犯罪量刑情况走势图

从以上图表情况看，2011 年以来，黔东南州生态环境犯罪判处 3 年以上有期徒刑、3 年以下有期徒刑以及有期徒刑以下刑罚的比例差别不大，但可以明显看出被判处 3 年以上徒刑的案例不是很多，最多在 2011 年，只占到当年该类案件总数的 8.55%，而判处 3 年以下有期徒刑实刑的案件比例，从 2011 年的 16.24%下降到了 2015 年的 11.03%，有期徒刑缓刑案件比例却由 2011 年的 61.11%上升到了 2015 年的 72.66%。从中可以看到，黔东南州法院对于生态环境犯罪判决结果，以非实刑刑罚为主，5 年间非实刑刑罚案件占全部生态环境犯罪案件总量的 75%到 82%之间。

虽然刑罚以"教育为主，惩罚为辅"，但黔东南州生态环境犯罪以非实刑惩罚为主的判决结果，使得生态环境违法犯罪成本较低，带来的直接影响不是生态环境犯罪案件的逐渐下降，而是生态环境犯罪案件的屡禁不止，且显示出不断上升的势头。

（四）主体情况分析

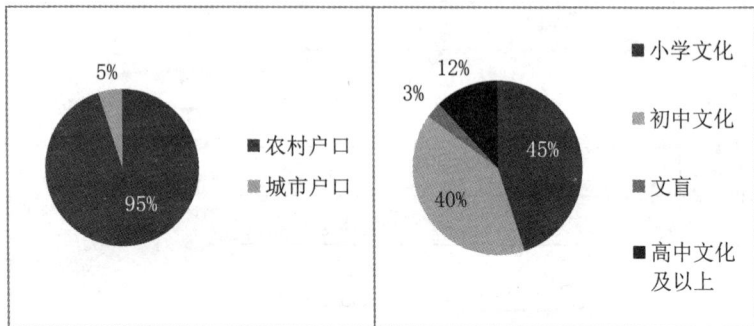

图5　2011年~2015年黔东南州生态环境犯罪自然人
主体身份和文化程度分布

我国《刑法》确立了单位也能成为生态环境犯罪的主体，且在犯罪的惩罚方式上，采取双处罚的模式，一方面对单位判处罚金，另一方面对直接负责的责任人员判处刑罚。而具体到黔东南州生态环境犯罪案件上来说，该地区以自然人犯罪为绝大多数，单位犯罪主要为滥伐林木犯罪。从上图可知，在涉及生态环境犯罪人员职业身份上面，农民身份涉案高达95%；涉案人员文化程度方面，文盲、小学、初中文化占到破坏生态环境犯罪案件犯罪总人数的88%以上。

由此可见，黔东南州生态环境犯罪是以自然人犯罪为主，且犯罪人整体文化素质较低，绝大多数是务农人员。

（五）主观方面分析

在黔东南州所有生态环境犯罪案件中，犯罪人主观上以出售盈利为目的而犯罪的案件占90%以上，因自用需要而滥伐林木的案件不到5%；在涉生态环境职务犯罪方面，犯罪人主观方面则是为了帮助他人逃避惩罚或者以谋求工资以外的非法利益为目的，例如天柱县石洞镇林业站原站长龙某在查办其辖区滥伐林木案的过程中，明知木材商所滥伐林木的数量巨大，依法应受刑罚处罚，却为了镇政府和林业站的利益，隐瞒案件、以大化小、虚报或者不报数目，致使案情无法被发现或者法律责任被规避，并在得知木材商有可能继续砍伐木材的情况下，玩忽职守，对工作怠慢、严重不负责，纵容了木材商将木材全部采伐，致使生态环境遭到重大的破坏，国家受到重大损失，被天柱县检察院以徇私舞弊不移交刑事案件罪和玩忽职守罪提起公诉；此外，犯罪人主观上因过失导致的失火犯罪数量也不少。

由此可知，黔东南州生态环境犯罪除失火犯罪以外基本为故意犯罪，目的上多以获得金钱利益为主。

（六）客观方面分析

在黔东南州破坏森林资源犯罪中，滥伐林木犯罪破坏林木面积数量少则十几立方米，多到上千立方米不等，且少数罪犯系多次犯罪。如 2013 年黎平县吴某等 5 人滥伐林木案，5 被告人无证采伐杉木蓄积量达 1490.2715 立方米，分别获刑 4 年至 6 年零 6 个月不等，其中吴某曾因同样罪名被两次判处缓刑。

从案发地点看，基本上都发生在农村闭塞边远地区，或在县与县交界地区，或在省与省交界地区。像贵州和广西、湖南交接地带，这些地方距离交通主干道较远，行为人在此作案后不容易被发现，也更容易销赃。

从案件性质看，犯罪类型比较单一，滥伐林木、盗伐林木案件占据很大比重，其他涉及珍贵野生动物和国家重点保护植物的犯罪案件也为数不少。其中，滥伐林木犯罪通常表现为：一是利用林业部门监管上的漏洞，采取证少伐多的方式滥伐林木，即办理少量采伐指标，实际大量超材积采伐，构成犯罪；二是向林业主管部门提交采伐许可申请，同时也缴纳相关费用，但在取得审批许可之前，未批先砍，或者虽取得许可，但无视采伐证的规定，违反时限和数目，对林木滥伐导致犯罪；三是向他人购买青山后，自认为地处边远，执法人员查处不易，怀着侥幸心理任意采伐构成犯罪，或者因为手续难办时间过长，交税繁琐等，干脆铤而走险，滥伐林木；四是在家务农人员法律意识差，法律知识获得途径较少，认为自己付出了劳动，树就属于自己，自己的财产任由自己处理，无需遵守相关法律规定，殊不知自己的行为应在法律允许的范围内实施，经常无证采伐其自留山、责任山上的林木，因而犯罪。

综上，黔东南州涉林犯罪往往造成较大的生态破坏，且案发地点多在隐蔽偏远地区，犯罪类型主要涉及盗伐林木、滥伐林木犯罪。

二、黔东南州生态环境犯罪问题成因

（一）社会制约因素

1. 经济发展水平低，群众收入少是黔东南州生态环境犯罪案件多发的重要原因。黔东南州虽然生态环境优美，资源丰富，但是经济发展水平较低。全州共有16个县市，在这16个县市当中，除了州首府凯里和镇远县，剩下的14个县至今仍然属于国家开发扶贫重点县。参照国家标准，全州依然有近150万人属于贫困人口，贫困人口占全州常住人口的比重在40%以上；属于重点贫困乡镇的共有151个，占全州乡镇总数的47%。[1]全州经济发展产业仍然以第一产业为主，第二、第三产业发展缓慢。黔东南州少数民族众多，分布范围广，包括苗、侗、汉、

---

〔1〕 参见"黔东南州'十二五'规划纲要实施情况"，载 http://www.qdnzfgw. gov.cn/info/1035/1140.htm，最后访问日期：2016年10月24日。

布依、水、瑶、壮、土家等 33 个民族，截至 2015 年的数据显示，黔东南州户籍人口共有 473 万多人，少数民族总人口占整个黔东南州总人口的 82%，其中苗族的人数最多，占全州总人口的 42.7%，另一个人口较多的是侗族，占比接近 30%。[1]大量的少数民族居住在山区，仅依靠微薄的土地养家糊口，并且农业生产相关基础设施比较差，农业经营基本不具备市场化、产业化条件，现有的农业专业合作社往往也是规模非常小、数量少。在该地区多种因素的限制下，农民收入大大低于国家平均标准，贫困问题依然突出。

黔东南州山区群众"靠山吃山，靠水吃水"的思想观念根深蒂固，黔东南州广大的林区和山区生产力普遍落后，丰富的林业资源自然为村民所重视，砍伐和变卖树木成为其快速获得经济来源的重要途径。另外，受退耕还林补助资金不足、退耕还林政策覆盖面窄等原因的影响，林区群众存在生活困难和长远生计问题，部分回归到上山伐林的旧路。

2. 经济利益的驱动。面对经济发展落后、人民收入水平低的现状，部分人员在经济利益为第一追求的价值观影响下，禁不住巨大利益的诱惑，打起了掠夺生态环境资源的主意，因此走上犯罪道路。

黔东南州是林业大州，近年来木材市场价格上扬，木材加工厂遍地开花，木材供不应求，有些木材加工企业通过各种渠道大肆违法收购来源不明的木材，诱使部分采伐者无视法律乱砍滥伐林木进行交易，其中也包括国家重点保护植物。甚至部分木材加工企业和经营木材的老板直接串通，参与其中进行违法采伐。此外，随着人民生活水平的提高，部分人对"野味"

〔1〕 参见"黔东南州情简介"，载 http://www.qdn.gov.cn/dmqdn/qdngk/2016 05/t20160530_479905.html，最后访问日期：2016 年 11 月 28 日。

的需求扩大了野生动物交易的市场。黔东南州野生动物物种丰富，野生动物地下交易活跃，利润巨大。在如此巨大的利益诱惑下，不断有人违反法律的规定，滥杀、滥伐、非法运输、出售、非法买卖珍稀动植物及其制品，对当地的生态环境造成极大的破坏。上文中提到的肖某非法收购、出售珍贵、濒危野生动物案很好地证实了这一现象。

3. 群众环保意识低。黔东南州为少数民族地区，教育水平较为落后，居民受教育水平低。从上文调研分析可以看出来，绝大部分犯罪人受教育水平在初中层次以下。教育的缺失，加剧了人民对生态环境保护法律法规的漠视，也使得人民的生态环境保护意识难以提高。黔东南州山区相当一部分农民环保意识低，法律意识不强。比如说，不知砍伐自家林木也需要办理采伐许可证，亦不知猎杀、出售珍贵野生动物行为的违法性；案发后，在公安人员通知其到指定场所接受调查时均表现配合，法院处理时犯罪人也多被认定为自首；但当司法机关依法追究其刑事责任时，他们却难以理解，有时甚至出现暴力抗法的行为。他们意识不到自己犯了罪，认为砍些树、打个野味不至于受到刑罚。同时，村民森林防火意识差是造成森林失火的主要原因。部分山区村民不顾各级政府在森林火灾高发高危时期发布的森林防火的禁令和规定，在野外炼山种树、焚烧杂草，或者在春节、清明上坟祭祖时不慎引发火灾。

（二）执法制约因素

黔东南州生态环境执法方面存在的一些问题也是造成该地区生态环境犯罪如盗伐林木、滥伐林木、渎职等高发的原因之一。

1. 行政审批不人性化。从上文中可知，黔东南州滥伐林木犯罪案件数量年均占生态环境犯罪案件总量的 60% 左右，滥伐林木犯罪为何频繁发生？行政审批时间过长是部分滥伐林木犯罪形成的原因。农民砍伐树木一般在农闲季节，但采伐证办理与农民农闲时间不能衔接。如农民农闲时想采伐林木，但采伐证还没有批，等到证批下来，又到了农忙季节，因此经常导致未批先砍或者不按证上规定的时间采伐林木的现象产生。其次，黔东南州市县每年核发砍伐证有一定的限额，部分基层政府出于对招商引资项目或税收等考虑，把砍伐指标向木材经销商倾斜，从而使农民获得的指标较少。限额制难以满足群众的日常生活所需，而群众如若急于建新住宅或者翻修房屋，往往是在砍伐证未批下来之前便"无证砍伐"。

2. 主管部门监管不力。在追逐利益的驱使下，一些企业打着"重点项目"的幌子，不顾生态环境影响，轻视法律，做出毁坏林地、非法排污等行为，而作为生态环境保护和监管的政府执法部门，往往以地方经济发展为借口逃避自己的职责，任由一些破坏生态环境的违法行为存在。负责生态环境的保护和监管工作的主要是政府部门，涉及各个职能部门，需要各个职能部门的参与和互相合作，如环保、国土资源、林业、农业、财政、规划等众多行政执法机关，容易形成执法主体多、管理分段、多头执法的现象，各行政执法机关协调配合不够，甚至出现扯皮推诿的情况，导致众多生态环境违法犯罪的行为得不到及时发现。黔东南州生态环境个别主管部门就存在这种现象，比如部分林业主管部门在发放林木采伐证后，未按规定认真执行事后监督的职责，从而致使一些心存侥幸的人，出现办证少、砍伐多，不按采伐证规定的数量、强度、时间、范围进行采伐的现象。因此，环境主管部门监管不力，在一定程度上纵容了生态环境犯罪分子的犯罪行为。

3. 部分执法人员素质低。在生态环境保护和监管部门的执法队伍中存在着部门执法人员素质低、法制观念淡薄情况。有的国家工作人员特别是不少担负着生态环境保护和监管职责的基层执法者——比如在黔东南州涉生态环境渎职犯罪中常见的山区护林员——很多为临时招聘人员，对于生态环境保护方面的法律法规，他们知之甚少，素质低，法律意识不强，人情世故大于法律观念；生态环境保护和监管工作的难度大，工作条件艰苦，工资和福利保障较少，也会导致一些人对待工作往往得过且过，甚至以权谋私，走上渎职犯罪的道路。再者，基层执法人员工作地点分散，难以监管，且集中培训学习难以成行，缺少法制教育和思想的引导，也会导致一些人为谋取个人的利益，不惜牺牲生态环境；或者丧失工作积极性，怠于履行自身的职责，放纵了生态环境犯罪行为的发生。[1]

综上，社会层面上，群众收入低和当地群众生态环境保护意识的不足，容易使他们为了眼前的利益而不惜触犯法律，以牺牲环境为代价，换取一时的财富，走上生态环境犯罪的道路。执法层面上，行政审批手续的繁冗，行政执法机关监管不力以及执法人员素质的不高，导致黔东南州盗伐林木犯罪、滥伐林木犯罪、渎职犯罪等案件的高发。在这些因素的共同影响下，黔东南州生态环境的保护面临着严峻的形势，如果不能得到较好的解决，生态环境犯罪将依然高发，生态环境将会遭到更大的破坏。

三、惩治和预防生态环境犯罪的建议

从黔东南州中级人民法院调研结果来看，由于各种因素的

---

〔1〕 参见周天京："生态环境渎职犯罪的典型生成及预防机制研究——基于网络资料的实证"，载《贵州法学》2014 年第 9 期。

影响，黔东南州生态环境犯罪呈现出逐年增长的态势，如何解决好生态环境犯罪问题，事关该区环境的保护、生态的和谐和社会的长远发展，更关系着该区域的可持续发展。如何惩治和预防生态环境犯罪，本文结合黔东南州的样本作以下建议，意在抛砖引玉。

（一）加大生态环境犯罪打击力度

生态环境犯罪对生态环境带来严重危害，在生态环境犯罪高发的现实情况下，依法保持对生态环境犯罪打击的高压态势，是遏制生态环境犯罪不断上升的有效手段。开展对生态环境犯罪的打击工作并不是某一个部门就能完成的，它需要不同部门各司其职、相互合作。

对于负有生态环境保护和监管职能的行政部门，在保证严格履行职责的前提下，要制定合理有效的监督机制。一方面在外部，对容易产生生态环境犯罪的领域重点关注，划分责任到人，利用定期和随机检查的手段，不断加大监督的力度，使违法犯罪分子没有犯罪的空间；另一方面在内部，要坚持对负有职责的国家公务人员自省和自查，一旦发现生态环境渎职犯罪，决不姑息。在这些行政部门里面，尤其是公安机关，要加大对生态环境犯罪的侦查力度，只要是有人敢进行生态环境犯罪，就要坚决依法查办。

检察机关在打击生态环境犯罪上，一是要充分发挥检察的职能，对负有生态环境保护和监管的行政部门和公务人员，加大监督的力度；再就是对生态环境犯罪案件要快速反应，在犯罪事实清楚、证据充分的基础上，提高批捕和公诉的效率。

司法审判机关对于生态环境犯罪案件要严格依照法律审判。对达到刑法规定的数量、应被判3年以上徒刑的犯罪，尽量减少监外执行和缓刑。对于犯罪情节较轻，可以宣告缓刑的罪犯分子，虽然不能对其判处实刑，但应当适当加重其经济制裁，判处较重的罚金刑。这样可以加大生态环境犯罪成本，从而威慑和减少生态环境犯罪行为的发生。

各个机关除各司其职外，还应当加强合作，互通信息，共享资源，共同筑起一道打击生态环境犯罪的铜墙铁壁。比如，对影响较大的重大生态环境犯罪案件，检察院和法院两机关可提前介入，固定证据，做到快速批捕、快速公诉、快速宣判，更加有效地教育群众，震慑犯罪。[1]还有，行政机关还可以对法院审理生态环境犯罪提供智力支持，这样不仅能够缓解审判人员生态环境知识储备不足的压力，还能更有利于案件审理的公正高效。

（二）强化生态环境保护社会职能

1. 提高群众收入水平。良好的社会保障体系能够解决群众的后顾之忧。黔东南州为少数民族地区，经济欠发达，务农人口较多，在现有的状态下，国家各级财政应加大对当地人民的投入，建立完善的社会保障体系，加强关系民生的教育、医疗卫生、养老等事业的建设。在黔东南州推行"退耕还林"政策的大趋势下，在退耕还林规划中，要制定符合实际情况的补助政策，并且要扎实做好政策兑现工作，加大对退耕还林地区的支持和补助。通过发展旅游、特色农业等新形式产业，多渠道拓宽农民致富道路，切实提高农民的经济收入和生活水平。深化地区扶贫，要尽快让依然在贫困线下的人民群众走出贫困。因此，要大力发展经济，不断提高群众收入水平，从根本上减少为经济利益而进行生态环境犯罪的行为。

2. 加强生态环境保护宣传和引导。生态环境的保护，要提

---

[1] 参见袁本朴："严惩生态环境犯罪 护航贵州绿水青山"，载《人民检察》2016年第4期。

高公众的环保法律意识，加强环保法律知识的宣传。通过各种形式和途径加强环保法律法规的宣传，政府公务人员和普通民众应摆脱错误的生态环境观念。生态环境的保护人人有责，人人有份，与每个人的生活息息相关，生态环境的保护不仅是政府的责任，更是我们每一个人应尽的义务，每个人都应为生态的保护做出自己的贡献，努力形成良好的生态环境保护的社会氛围。宣传和普及生态环境保护法律知识，不仅可以加强全社会的环保意识和观念，而且还能加强对环境保护的法律法规的学习和理解。最主要的一点，通过多方宣传和教育，结合媒体的力量，可以形成强大的生态环境保护力度，可在一定程度上鼓励和促使企业履行应尽的社会责任，也可监督环境监管部门严格按照法律来纠正和惩罚破坏环境的违法行为。相关政府部门，应加大力度深入开展环境保护和惩罚警示教育活动，让全社会参与其中，摒弃以环境为代价提高经济的错误思想，引导和鼓励群众参与生态环境保护，提高积极性，使保护环境成为全社会的自觉行动，继而保护生态环境的任务会变成全社会的责任，得到公众的理解和支持。只有这样对环境污染的行为才能及时得到发现和制止。

（三）规范相关职能部门执法

1. 简化行政审批手续。林业部门要不断完善行政程序，逐步完善工作程序，提高工作效率，严把审核关。此外，各地也要结合实际，适量增加村民必需的生产生活林木采伐目标，并简化自用木材采伐审批程序，既为村民提供了便捷全面的服务，满足其用材需求，另一方面又能提高村民护林、育林的热情和积极性。

2. 着力治理整顿木材收购市场。有收购才有贩卖。调研中发现，黔东南州木材收购市场管理比较落后，由此带来的巨大经济利益是破坏森林资源案件屡屡发生的根本原因。只有严格规范管理木材市场，才能从根源上阻止破坏森林资源刑事案件高发的势头。一方面规定木材加工企业收购木材应实行实名登记制度。出售者、数量、采伐地点等要进行如实登记，未按规定登记的，责令其及时予以纠正，情节严重的，吊销工商营业执照。另一方面，林业主管部门要加大对木材加工企业的日常监督和检查力度。一经发现其有违法收购木材行为的，应当及时依法作出相应处理，涉嫌犯罪的，应依法移送相关法律部门，追究其相关的法律责任；另外在检查中，如若发现相关人员有隐瞒案情，或者相关责任人员玩忽职守，徇私舞弊构成犯罪的，应依法追究其相关责任，承担相应法律制裁。

3. 加强执法队伍建设。目前生态环境保护和监管涉及的行政机构众多，工作重点不突出、相互推诿、难以协调等问题使对破坏环境的违法犯罪行为难以及时进行打击和惩罚。因此，应当设立一个统一协调指挥的行政机构或者赋予一个单一部门独立行使生态环境保护和监管的职能，统筹整合监管力量。对于基层执法工作人员，应提高相关福利待遇和尽力解决工作中遇到的困难，为其工作提供坚实的保障；同时严格规范生态环境保护和监管执法行为，结合生态环境执法的特点，对相关司法人员有针对性地进行培训，增加其有关环境保护法律知识的储备，提高其专业素质和业务能力，让他们做到执法一丝不苟，无滥用职权、玩忽职守的行为发生。

4. 建立环境保护黑名单制度。建立健全环境违法行为失信惩戒机制，有利于把权力放在阳光下，防止腐败行为的发生；有利于全社会的监督，减少职权滥用行为的发生；也有利于预防和打击犯罪违法行为的发生，促使全社会每个人都能以保护环境为己任，养成良好的社会责任感。环保局、水利局、公安机关、监察机关、法院等生态环境执法和司法部门要信息联动，以某一部门为主导部门，建立环境保护黑名单制度，对于生态环境违法犯罪的个人、企事业单位进行惩戒，增加其违法犯罪成本。对进入环境保护黑名单的个人可以限制其从事与生态环境相关的工作，再次进行生态环境犯罪加重其刑法；对进入黑名单的企业在行政许可、公共采购、评先评优、金融支持、资质等级评定、财政补贴专项资金等方面采取综合惩戒性措施。[1]进入黑名单的个人、企事业单位主动改善生态环境、实施有效整改，有机会通过信用修复程序恢复提升信用评价等级。

参考文献：

1. 张远煌主编：《犯罪学》，中国人民大学出版社 2015 年版。

2. 蒋兰香：《环境刑法》，中国林业出版社 2010 年版。

3. 冯军等：《破坏环境资源保护罪研究》，科学出版社 2012 年版。

4. 赵秉志主编：《环境犯罪及其立法完善研究——从比较法的角度》，北京师范大学出版社 2011 年版。

5. 周峨春、孙鹏义：《环境犯罪立法研究》，中国政法大学出版社 2015 年版。

6. 马倍战：《环境犯罪案件实务指南》，法律出版社 2013 年版。

7. 王树义："论生态文明建设与环境司法改革"，载《中国法学》2014 年第 3 期。

8. 焦艳鹏："生态文明视野下生态法益的刑事法律保护"，载《法学评论》2013 年第 3 期。

9. 王树义、周迪："生态文明建设与环境法治"，载《中国高校社会科学》2014 年第 2 期。

---

[1] 参见刘辉："生态环境司法保护的困境与出路——我国大陆地区生态环境司法保护若干问题研究"，载《法制与社会》2012 年第 28 期。

10. 郭敏峰："刑法视角下的生态环境法律保护"，载《东南学术》2013 年第 6 期。

11. 王树义、冯汝："我国环境刑事司法的困境及其对策"，载《法学评论》2014 年第 3 期。

12. 周天京："生态环境渎职犯罪的典型生成及预防机制研究——基于网络资料的实证"，载《贵州法学》2014 年第 9 期。

13. 袁本朴："严惩生态环境犯罪 护航贵州绿水青山"，载《人民检察》2016 年第 4 期。

14. "黔东南州'十二五'规划纲要实施情况"，载 http://www. qdnzfgw. gov. cn/info/1035/1140. htm，最后访问日期：2016 年 10 月 24 日。

15. "黔东南州情简介"，载 http://www. qdn. gov. cn/dmqdn/qdngk/201605/t20160530_ 479905. html，最后访问日期：2016 年 11 月 28 日。

新时代生态文明建设的法治保障

——以十九大报告精神为指引

王小波[*]

摘要：我国的生态文明建设已经进入了新时代，十九大报告对生态文明建设作出了一系列重要论述、科学论断和安排部署。在新的历史时期，生态文明建设离不开法治的保障，应运用法治思维和法治方式，探索推进新时代生态文明建设的法治路径和措施，完善相应的法律法规，着力构建生态文明建设的地方立法体系，依法行政，树立全民生态文明建设理念，增强环境保护意识，推动生态文明法治化建设深入发展，为美丽中国奋斗目标的实现做出不懈努力。

关键词：新时代　生态文明建设　法治保障　十九大报告

党的十九大报告指出："建设生态文明是中华民族永续发展的千年大计"，直接关系到人民的福祉和民族的未来。在十九大报告中，有关生态文明建设的内容所占篇幅很大，分量很重，其中，"生态文明"一词被提及 12 次，"绿色"一词被提及 15 次，"美丽"一词被提及 8 次。十九大报告专门就生态文明建设做出的一系列重要论述、科学论断和安排部署，标志着生态文明建设进入了新时代。生态文明建设走法治化之路是必然选择，

＊ 王小波，博士，凯里学院科研处副处长，知识产权与法治研究中心主任，兼任南开大学客座研究员，贵州民族大学硕士生导师。

运用法治方式和法治思维切实推进生态文明建设进入新阶段已成为广泛共识。[1] 按照最严生态法治观的要求，要用最严密的法治为生态文明建设提供保障，当务之急是要构建生态文明法治建设的地方立法体系，依法行政，增强全民环境保护意识，以法治思维和方式推动生态文明建设。

一、生态文明建设进入新时代

（一）生态文明建设走向新时代

"生态文明"第一次被写进党的全国代表大会的报告是在十七大，建设生态文明成为实现全面建设小康社会奋斗目标的新要求之一。党的十八大把生态文明建设纳入中国特色社会主义事业"五位一体"总体布局，"美丽中国"首次成为生态文明建设的宏伟目标。自十八大以来的五年时间里，以习近平同志为核心的党中央以高度的历史使命感和责任担当，坚持绿色发展，着力推进生态文明建设的理论、实践和制度创新，党中央不仅提出绿色发展的新理念，而且作出一系列顶层设计、决策部署和制度安排。2013 年 5 月 24 日，中共中央政治局进行第六次集体学习，习近平总书记指出："只有实行最严格的制度、最严密的法治，才能为生态文明建设提供可靠保障"。以两个"最严"闻名的生态"法治观"，充分表达了以习近平同志为核心的中央推进生态文明建设的坚决态度和坚定决心。同年 7 月 20日，生态文明贵阳国际论坛年会召开，习近平总书记在贺信中提到"走向生态文明新时代，建设美丽中国"。11 月，党的十八届三中全会提出要加快建立系统完整的生态文明制度体系。

---

〔1〕 参见陈松松："关于加强生态文明法治建设的思考"，载《广西社会主义学院学报》2015 年第 1 期。

2014 年 10 月召开的党的十八届四中全会则要求用严格的法律制度保护生态环境，这是对"最严"生态法治观的进一步贯彻落实。2015 年 10 月召开的十八届五中全会上，习近平总书记提出绿色发展新理念，成为指导我国发展全局的重要理念之一，也是我国推进生态文明建设的核心理念。在这些重要会议精神的指引下，五年来，我们国家大力推进生态文明建设，生态环境保护工作发生了历史性、转折性重大变化，取得的成效令世人瞩目，为我们走进生态文明新时代，建设美丽中国奠定了坚实基础。

（二）十九大对生态文明建设做出重大部署

从十九大报告的内容来看，生态文明建设部分着墨颇多，生态文明建设的地位显著提升，为我们绘就了一幅新时代美丽中国的宏伟蓝图。报告第一部分回顾了五年来生态文明建设取得的不凡业绩；报告第三部分将生态文明建设纳入新时代中国特色社会主义思想的基本内涵，并要求在各项工作中全面准确贯彻落实，将"坚持人与自然和谐共生"作为十四个基本方略之一；报告第四部分将"生态环境根本好转，美丽中国目标基本实现"纳入第一个阶段（从 2020 年到 2035 年）的奋斗目标，将"生态文明全面提升"纳入第二个阶段（从 2035 年到 21 世纪中叶）的奋斗目标；报告第九部分全部内容都是关于生态文明建设，从四个方面对"加快生态文明体制改革，建设美丽中国"进行了全面部署。

十九大报告坚持并创新性地运用马克思主义基本原理，把握大势、总揽全局，作出了中国特色社会主义进入新时代的重大判断，我国的发展进入新的历史方位。在十九大报告中，不仅"生态文明""绿色"和"美丽"这些词汇被多次提及，而且首次出现"为把我国建设成为富强民主文明和谐美丽的社会主义现代化强国而奋斗"这一表述。社会主义现代化的建设目标中增加了"美丽"一词，表明了生态文明建设地位的提升，奋斗目标更加明确。十九大报告就生态文明建设做出的这些新论断和安排部署，标志着我国的生态文明建设已经进入了新时代。

我们国家今后面临的生态文明建设任务仍然很艰巨，可谓任重道远。根据十九大作出的重大政治论断，我国特色社会主义已经进入新时代，社会主要矛盾已经转化。生态文明建设事业也不例外，人民日益增长的美好生活需要包括对优美生态环境的需要，环境质量变化只是环境问题的表象，发展的不平衡和不充分才是环境问题出现的主要原因、根本原因。而环境问题的解决途径，则依赖于平衡发展和充分发展，这正如十九大报告所指出的："我们要建设的现代化是人与自然和谐共生的现代化"，我们不但要满足人民日益增长的美好生活需要，还要满足优美生态环境需要。

对于已经步入新时代的生态文明建设，十九大报告指出了环境问题的现状，包括各类污染排放导致的大气、水、土壤、农业面源等的污染，固体废弃物和垃圾，以及水土流失、荒漠化、石漠化、地质灾害等。十九大报告分析了环境问题的产生原因，包括破坏生态环境行为，以及过去对于生态环境保护的忽视，人类对大自然的伤害等。十九大报告从生态文明建设的理念、千年大计、基本国策、体制改革等不同角度指出了解决环境问题的路径。十九大报告对于生态文明建设的重视程度之高，目标之明确，决心之大，力度之强，前所未有。十九大报告作出的这些重大判断和部署，对于今后一段时期我们推进生态文明建设具有极其深远的意义，是新时代生态文明建设的指导思想和行动纲领，是我们建设美丽中国的根本遵循和指南。

二、构建生态文明建设地方立法体系

建设生态文明，在党中央、国务院做出顶层设计后，任务落实关键靠地方。在生态文明建设地方立法方面，国内多地尽管已有较大发展，但仍存在大量问题，表现为生态环境保护责任的追究制度和环境损害的赔偿制度还不完善，违法成本过低、收益过高导致违法的驱动力强，等等。这方面可以借鉴贵州省的经验，贵州省高度重视法治在生态文明建设过程中所起的保障作用。多年以来，贵州省高度重视绿色发展，持之以恒地实施生态立省战略，全面推进生态文明先行示范区和绿色贵州建设，在生态文明的体制和机制创新方面作了一系列有益探索，成效明显，目前与生态文明建设相关的法规近 80 件，有的则对全国性的上位法进行补充细化，有的以解决贵州省生态环境保护的实际问题为导向。贵州省内多个地级行政区划单位也都将生态文明建设作为本地政府的重要工作任务来对待。2014 年 7 月 1 日，《贵州省生态文明建设促进条例》正式施行，这是我国第一部省级地方性生态文明建设法规，该条例设立生态保护"红线"，同时实行自然资源资产审计、生态补偿和环境污染第三方治理等制度，为生态文明建设提供了范式。近年来，贵州省加快了在生态文明建设重点领域的立法步伐，2016 年 7 月颁布《贵州省大气污染防治条例》，2017 年 1 月实施《贵州省水资源保护条例》，8 月就《贵州省水污染防治条例（草案）》公开征求意见，接下来还将进一步开展环境影响评价、环境噪声污染防治、循环经济发展等领域的立法，有的已进入正式立法程序，同时不断完善土壤、森林、湿地保护、能源资源节约、生态修复等方面的地方性法规规章，全省生态文明建设的法规规章体系框架基本成型。"生态环境良好""生态产业发达"的"贵州模式"逐渐形成，成为全国生态文明建设中的一个典范。

从贵州等省的经验做法来看，科学地进行地方立法要做到以下几个方面：（1）对照国家制定的耕地、水资源以及森林、草原等的保护管理制度，出台相应地方性法规、规章，进行认真落实。（2）及时总结和提炼地方生态文明建设中出台的政策、措施，条件成熟后可以上升为地方立法。（3）积极实施环境影响评价制度，增强制度执行力，将保护生态环境的这道制度屏障使用好，适时制定和完善有关"三废"排放标准的地方性法规。（4）强化生态文明建设工作的考核评价制度，通过地方性法规增加干部保护生态环境方面的考核评价权重，实施绿色GDP干部考核制度。（5）强化生态环境保护责任追究制度和环境损害赔偿制度。使地方性政策法规和产业发展规划的实施处于人大和司法的严格监督之下。（6）充分行使民族地方立法权，加快生态自治立法。学者姚霖指出，"少数民族文化中蕴藏了丰富的生态制度文化"。[1]民族地区应充分发挥民族区域自治制度的优越性，将生态法治理念融入各自治州的政治、经济、文化、社会发展之中，建构体现民族地方特色，以依法治国和生态文明建设为导向，以自治条例、单行条例为主要规范形式的生态保护法律体系。

三、依法行政，以法治思维和方式推动生态文明建设

在十九大报告中，统一行使行政执法职责是生态环境监管体制改革的内容之一。一直以来，生态文明行政执法难、环境

---

〔1〕 姚霖："生态文明建设不应忽视对少数民族生态文化的采撷"，载《云南民族大学学报（哲学社会科学版）》2014年第6期。

执法力度弱的问题困扰着各个地方，成为生态文明建设中的一块短板，生态环境保护的执法机制存在很多问题，执法不规范、不严格等现象大量存在，缺乏科学性和有效性。如在产业投资环境审批方面，或受利益驱动，或出于地方保护主义，存在把关不严，随意审批的现象。企业废气、废水、废渣排放超标的现象仍然不容忽视，在企业环评验收环节，不按验收标准测评和打分，存在责任监管不到位、执法力度弱等问题，诸如此类的生态文明行政执法漏洞较多。按照十九大报告提出的"坚持依法治国、依法执政、依法行政共同推进"的要求，解决生态文明行政执法难的问题，须从以下几个方面努力：

（一）强化领导干部法治思维，依法行政，推动生态文明建设

十九大报告在论及提高党的执政能力和领导水平时，对"全面增强执政本领"做了具体要求，其中之一是党员干部要坚持"法治思维"。所谓法治思维，在本质上区别于人治思维和权力思维，其实质就是各级领导干部想问题、作决策、办事情，必须时刻牢记人民授权和职权法定，必须严格遵循法律规则和法定程序，必须切实保护人民权利和尊重保障人权，必须始终坚持法律面前人人平等，必须自觉接受监督和承担法律责任。领导干部在推进生态文明建设方面，必须具备以下法治思维：

一是法律至上。党员干部分析问题、开展工作要始终把合法性放在第一位，所有思考和决策都必须围绕合法性展开，严格按法律办事，法无授权不可为，法定职责必须为。二是权利本位。在生态文明行政执法时，既要重视并采取切实有效措施保障行政相对人的正当权利，又要杜绝滥用职权，损害群众的利益，坚持积极依法履行政府职能。三是公平正义。在生态文明行政执法时，以公平正义为衡量标准，对合法的生态权益诉求依法维护，兼顾当前与长远、全局与局部，经得起法律的检

验和社会的监督。

（二）做好生态文明行政执法体制的顶层设计，规范执法，健全行政执法体制

做好顶层设计，创新环保部门生态环境保护执法方式，完善执法保障体系。要合理渗入现代文明元素，采用生态修复、改良和保护等措施，保持农村"天蓝、山清、水绿、地净"的优美环境，体现天人合一、人与自然和谐相处的境界。[1]

（三）创新执法手段，转变政府职能

政府部门应当创新执法手段，购买环保服务，试行第三方治理，有效运用大数据技术，推行信息公开，采取信用约束等多样化的治理手段。在行政执法过程中，应该积极承担政府生态责任，即为满足可持续发展的需求而运用政治、经济、教育、法律等手段，积极地履行其生态保护的职责与义务。[2]

四、树立全民生态文明建设理念，增强环境保护意识

国家大力推进生态文明建设，离不开广大人民群众的支持。十九大报告要求"坚持全民共治""构建政府为主导、企业为主体、社会组织和公众共同参与的环境治理体系"，以着力解决突出环境问题。广泛发动人民群众，形成生态文明建设人人参与的局面，切实践行绿色发展理念，生态文明建设才能落到实处。

（一）加强生态文明理念的宣传和教育

要把生态文明教育纳入国民素质教育体系，加强对干部的

---

　〔1〕　参见何丽芳："美丽乡村建设中的传统生态文化传承与发展"，载《中南林业科技大学学报（社会科学版）》2015年第4期。

　〔2〕　参见〔美〕理查德·T.德·乔治:《经济伦理学》，李布译，北京大学出版社2002年版，第126页。

生态文明教育。让每个人都谨记习近平同志的谆谆告诫，环境就是民生，青山就是美丽，蓝天也是幸福。像保护眼睛一样保护生态环境，像对待生命一样对待生态环境。[1] 指导生态文明建设领域各级社会组织的成立，引导其健康、有序地发展，将生态文明建设领域中各类民间组织和广大志愿者的积极作用发挥出来。

（二）加强法治教育，树立全民生态法治理念

日本学者曾说：“法不是只靠国家来加以维持的，没有使法成为作为法主体的个人的法秩序维持活动，这是不可能的。”“大凡市民社会的法秩序没有作为法主体的个人的守法精神是不能维持的”。[2]《中共中央国务院关于加快推进生态文明建设的意见》要求“充分发挥新闻媒体作用，树立理性、积极的舆论导向，加强资源环境国情宣传，普及生态文明法律法规、科学知识等，报道先进典型，曝光反面事例，提高公众节约意识、环保意识、生态意识，形成人人、事事、时时崇尚生态文明的社会氛围”。[3] 要使广大人民群众知晓并自觉遵守保护生态和自然的各种法律法规，增强环境保护意识。

（三）在高校开设生态教育课程，推进生态文明教育

第一，充分利用高校中生态文明教育的各类资源，加强相关师资队伍建设，开展扎实的生态文明教育。将各专业与生态环境学科相融合，开设新学科，弥补高校在生态文明教育的空

---

〔1〕 参见“习近平的‘两座山论’有了顶层设计”，载《学习中国》2015 年 9 月 12 日。

〔2〕 ［日］川岛武宜：《现代化与法》，申政武等译，中国政法大学出版社 1994 年版，第 19 页。

〔3〕 “中共中央国务院关于加快推进生态文明建设的意见”，载《光明日报》2015 年 4 月 25 日。

白。[1]

第二，大学应重视"生态人"的塑造，在此基础上，提倡将"生态教育"的课程融入大学教育中，并让生态文明成为校园文明的有机组成部分。[2]鼓励省内各级各类学校开展绿色校园建设，启发学生以校园生态环境为研究对象，进行相关课题研究。

总之，新时代的生态文明建设任重道远，需要全社会的共同参与、共同努力。务必牢固树立法治理念，运用法治思维，通过制定、完善法律法规，构建完备的生态法治体系。注重生态文化环境打造，提高广大人民群众的生态法治意识，以法治治理方式规范、引导和保障生态文明建设，使我们天蓝、地绿、水清的美好家园长期保持下去。

---

[1] 参见张晓鸽："生态文明纳入通识课程　清华推进生态文明教育"，载《京华时报》2015 年 8 月 4 日。

[2] 参见朱善璐："大学应在生态文明建设中起先锋作用"，载《贵阳日报》2014 年 7 月 12 日。

破坏矿产资源罪司法实务状况之分析[1]

——以 1291 件案例为蓝本

王　伟*

内容摘要：通过对 2011 年~2016 年 1291 件破坏矿产资源司法案件进行分析，目前矿产资源司法实务存在案件数量逐年上升、案件以非法采矿罪为主、案件地域分布不均衡、犯罪主体以自然人为主、"情节严重"认定标准多重、处罚偏轻、刑罚辅助措施运用不足、附带提起民事诉讼案件数量不多的特点，主要是因为《中华人民共和国刑法修正案（八）》(以下简称《刑法修正案（八）》) 降低了入罪门槛、立法的缺陷、各地重视程度不同、对破坏矿产资源的生态危害后果认识不足等原因造成的，为此要增强对环境法益的保护，加强刑法的预防功能，完善立法，增强处罚的有效性。

关键词：矿产资源犯罪　司法实务　分析

矿产资源是人类生活资料与生产资料的主要来源，是人类生产和社会发展的重要物质资料，是国家所有的宝贵财产，是

---

〔1〕　基金项目：本文是 2017 年贵州省教育厅高校人文社科研究项目 (2017ssd20) 和 2016 年贵州省哲学社会科学规划课题（16GZYB07）、2016 年贵州省教育厅教学内容与课程体系改革项目《案例与法》课程教学模式改革研究与探索（项目编号：SJJG201604）阶段性研究成果。

* 王伟，法学博士，贵州大学法学院副教授。从事环境法、能源法的教学、研究工作。

社会主义现代化建设的重要物质基础。由于矿产资源是非可再生资源，其储量有限，因此，对于矿产资源的合理开发利用和保护对于社会的可持续发展具有重要意义。多年以来，受利益驱动的影响，我国非法采挖和滥挖滥采矿产资源的现象屡禁不止，造成矿产资源的严重破坏。为了加强对矿产资源的保护，《中华人民共和国矿产资源法》（以下简称《矿产资源法》）对非法采矿的行为和破坏性采矿的行为规定了要承担的法律责任。作为法律保障的最后一道屏障，《中华人民共和国刑法》（以下简称《刑法》）分则第六章第六节"破坏环境资源保护罪"第343条专门规定了破坏矿产资源犯罪。所谓破坏矿产资源犯罪，就是对各种严重破坏矿产资源的危害行为的统称，是环境资源犯罪的重要类型。具体而言，破坏矿产资源罪主要包括非法采矿罪和破坏性采矿罪两个罪名。破坏矿产资源罪的司法实务状况如何，其反映出什么特点，对于完善我国矿产资源犯罪的法律规制有何意义，本文通过从中国裁判文书网查到的2011年至2016年间1291件已经审结生效的破坏矿产资源罪的案例（其中一审案件1205件，二审案件81件，重审案件3件，再审案件2件）对这些问题进行探讨。

一、矿产资源犯罪司法实务态势

（一）破坏矿产资源罪的案件数量逐年上升且上升幅度大

从下图中可以看出，我国破坏矿产资源罪的案件数量在逐年上升，2011年只有2件，2012年12件，2013年73件，2014年激增至301件，2015年436件，2014年和2015年案件增长的速度非常快，尤其2014年案件增长速度是上一年度的3倍多，到2016年增长速度相对平缓，有467件。

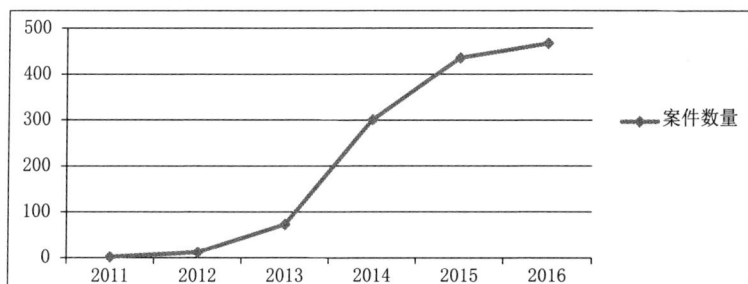

图1

（二）破坏矿产资源罪的案件以非法采矿罪为主

在1291件案例中，以非法采矿罪定罪的案件有1290件，以破坏性采矿罪定罪的只有1件。可以看出，司法实务中，破坏矿产资源罪基本上就等同于非法采矿罪。

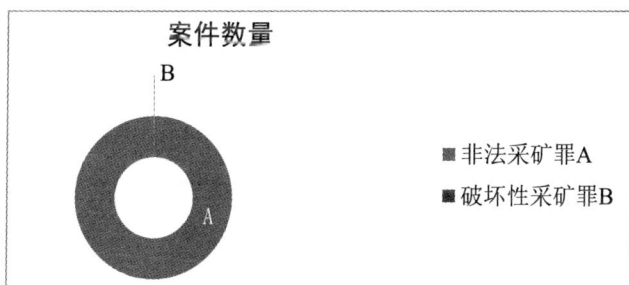

图2

（三）破坏环境资源刑事案件地域分布不均衡

除港澳台以外，全国31个省、自治区和直辖市中，有27个省、自治区、直辖市审理了破坏环境资源刑事案件，其中审理案件位列前四位的省份分别是浙江、广东、福建、河南，分别占到全国该类案件的12.6%、11.62%、8.44%、7.29%，即这四个省审理的破坏环境资源刑事案件占了全国同类案件的近五分之二。

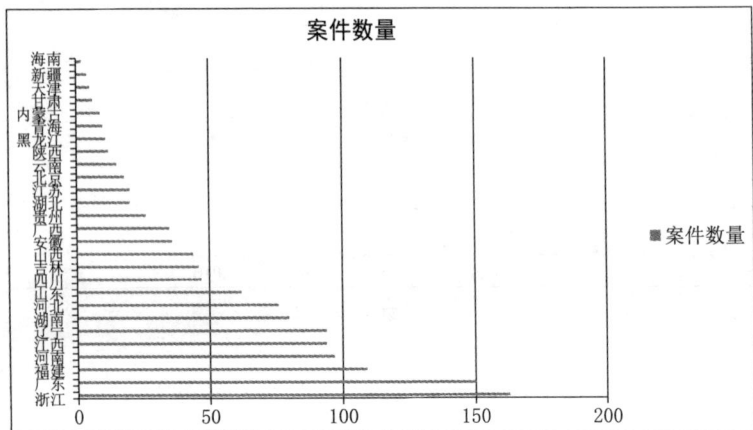

图 3

（四）破坏矿产资源入罪的主体相对集中

在 1291 件破坏矿产资源罪的案件中，只有 20 件案件涉及单位犯罪，占整个案件数量的 1.55%。可以看出，破坏矿产资源刑事案件的主体主要是个体劳动者、农民等。说明自然人对非法采矿和破坏性采矿的违法性认识是不足的。

（五）非法采矿"情节严重"的判断标准多重但以矿产价值作为主要的认定标准

2011 年《刑法修正案（八）》第 47 条规定，"……未取得采矿许可证擅自采矿，擅自进入国家规划矿区、对国民经济具有重要价值的矿区和他人矿区范围采矿，或者擅自开采国家规定实行保护性开采的特定矿种，情节严重的，处 3 年以下有期徒刑、拘役或者管制，并处或者单处罚金；情节特别严重的，处 3 年以上 7 年以下有期徒刑，并处罚金"。即"情节严重"是判断非法采矿行为是否构成犯罪的标准。如何认定非法采矿行为"情节严重"呢？各地法院的判断标准是多重的，但是可以看出，对非法采矿行为是否构成"情节严重"，还是以矿产价值的多少为主要的认定标准。

表1

"情节严重"认定标准	案件数量	占总案件数量的百分比
矿产价值	836	64.76%
矿产价值+经责令停止违法行为不停止	199	15.41%
非法获利	108	8.37%
矿产价值+破坏生态后果	29	2.25%
矿产价值+破坏生态后果+发生群体事件	5	0.39%
矿产价值+实施违法行为次数	11	0.85%
实施违法行为次数+生态破坏后果+经责令停止违法行为不停止	1	0.1%
造成人死亡	2	0.2%
矿产价值+多次被行政处罚	12	0.9%
矿产价值+非法采矿持续时间	1	0.1%
开采数量+经责令停止违法行为不停止	1	0.1%
经责令停止违法行为+非法采矿持续时间	1	0.1%
开采量	4	0.3%
开采数量+危及他人采矿安全	1	0.1%
多次被行政处罚	7	0.5%
责令停止违法行为不停止+开采持续时间+非法获利+其他损失	1	0.1%
责令停止违法行为不停止	22	1.7%
矿产价值+开采持续时间+责令停止不停止	3	0.2%
矿产价值+超时、超量、超低于开采	2	0.2%
矿产价值+人死亡	5	0.4%
多次非法采矿	1	0.1%

续表

"情节严重"认定标准	案件数量	占总案件数量的百分比
违法所得+责令停止不停止	13	1%
明知他人违法仍参与非法采矿	8	0.6%
责令停止不停止+矿产价值+安全事故	1	0.1%
非法开采持续时间+环境破坏	1	0.1%
责令停止不停止+破坏公共安全	1	0.1%
矿产价值+非法采矿持续时间+环境破坏	4	0.3%
责令停止不停止+销售数量+人死亡	3	0.2%
生态后果	8	0.6%

（六）破坏矿产资源犯罪的刑事处罚偏轻

在 1291 件破坏矿产资源犯罪的案件中，最后被判处刑罚的自然人有 2342 人，其中免除刑事处罚的有 30 人，占总人数的 1.3%；单处罚金的有 88 人，占总人数的 3.8%；其余 2224 人被判处管制、拘役或有期徒刑等主刑和并处罚金，其主刑和罚金刑的具体状况如下：

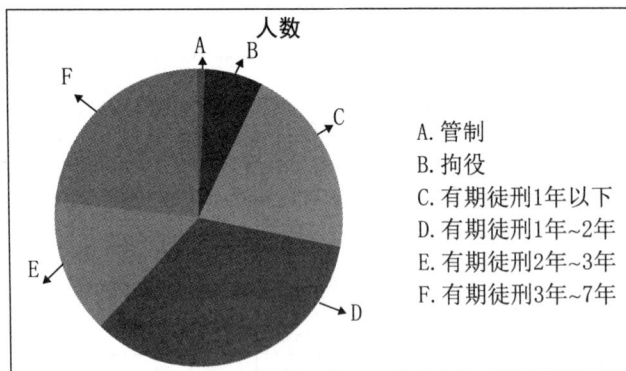

A. 管制
B. 拘役
C. 有期徒刑1年以下
D. 有期徒刑1年~2年
E. 有期徒刑2年~3年
F. 有期徒刑3年~7年

图 4

在这 2224 人中，判处有期徒刑 1 年～2 年的最多，有 754 人；其次是判处有期徒刑 1 年以下的有 462 人；判处有期徒刑 2 年～3 年的有 327 人；判处有期徒刑 3 年～7 年的有 517 人；判处拘役的有 144 人；判处管制的有 20 人。可以看出，判处有期徒刑 2 年以下及管制、拘役的人数就占到总人数的 62.1%，刑期相对较轻；且在判处主刑的 2224 人中，缓刑的人数就达到 1326 人，占总人数的 59.6%；同时对这 2224 名罪犯并处的罚金刑也偏轻。

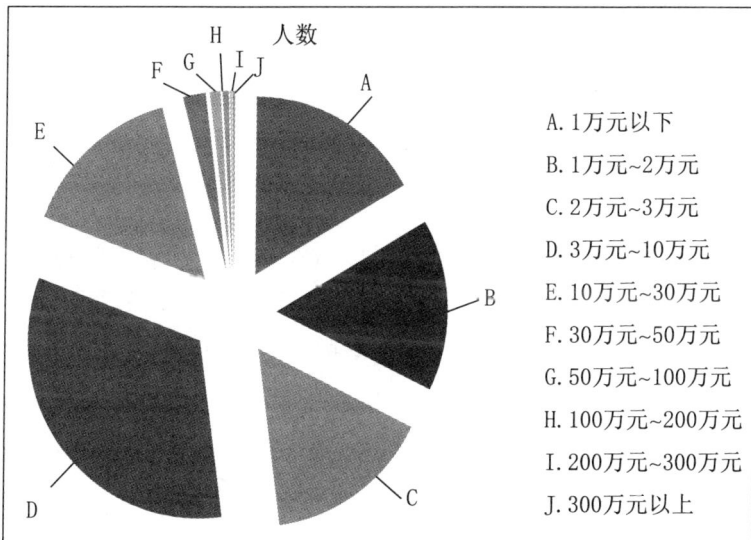

A. 1万元以下
B. 1万元~2万元
C. 2万元~3万元
D. 3万元~10万元
E. 10万元~30万元
F. 30万元~50万元
G. 50万元~100万元
H. 100万元~200万元
I. 200万元~300万元
J. 300万元以上

图 5

在这 2224 名并处罚金的罪犯中，并处罚金 3 万元～10 万元的最多，有 759 人，占总人数的 34.12%；并处罚金 1 万元以下的有 384 人，占总人数的 17.27%；并处罚金 1 万元～2 万元的有 361 人，占总人数的 16.23%；并处罚金 2 万元～3 万元的有 362 人，占总人数的 16.28%。也就是说，并处罚金 10 万元以下的就占了被处罚人数的 83.9%，这与被破坏的矿产资源价值相比是非常轻微的处罚。

（七）环境刑罚辅助措施运用不足

所谓环境刑罚辅助措施，又称为环境犯罪补充性处罚方法，是指对环境犯罪人所采取的刑罚之外的旨在恢复被犯罪行为破坏的环境、救济被犯罪行为减少的自然资源的非刑罚处罚措施。[1]对于非法采矿和破坏性采矿行为，不仅破坏矿产资源，同时在开采的过程中还会扰动地表，破坏地表植被，造成水土流失等生态问题。但在1291件案件中，只有32件案件规定了环境刑罚辅助措施，例如要求被告提交生态环境治理金或者土地复垦费、补栽树木、平整沙坑，积极修复被破坏的环境，但从比例来说还是比较低的。

（八）相关机构对破坏矿产资源犯罪提起附带民事诉讼的案件数量不多。

按照《中华人民共和国宪法》《中华人民共和国物权法》《矿产资源法》等相关法律的规定，矿产资源属于国家所有。矿产资源因犯罪行为遭受破坏，代表国家公权力的机关应该就被破坏的矿产资源对违法犯罪行为人提起附带民事诉讼，要求其赔偿所造成的矿产资源损失。但在1291件案件中，提起附带民事诉讼的案件只有12件，且全部是检察机关提起。

二、破坏矿产资源罪司法态势原因分析

（一）《刑法修正案（八）》降低了非法采矿罪的入罪标准使司法案件数量增加

按照《刑法》的规定，要构成非法采矿罪，必须同时具备

---

[1] 参见蒋兰香：《环境犯罪基本理论研究》，知识产权出版社2008年版，第298页。

三个条件：一是未取得采矿许可证擅自采矿的，擅自进入国家规划矿区、对国民经济具有重要价值的矿区和他人矿区范围采矿的，擅自开采国家规定实行保护性开采的特定矿种；二是经责令停止开采后拒不停止开采；三是造成矿产资源破坏。在实践中，"经责令停止开采拒不停止开采"的条件难以满足，一是由谁做出"责令停止开采"的决定以及"责令停止开采"的方式、手段、具体期限、救济方式等法律没有明确规定；二是行政监管部门由于路途遥远、经费不足、人手欠缺，对破坏矿产资源的行为取证难度大，[1]非法采矿行为人往往和执法人员玩起"猫和老鼠"的游戏，导致破坏矿产资源司法案件立案效率低，司法程序介入矿产资源保护受到限制。[2]而《刑法修正案（八）》对非法采矿罪的规定做了修改，将"经责令停止开采后拒不停止开采，造成矿产资源破坏"的要件修改为"情节严重"；将加重处罚情节"造成矿产资源严重破坏"修改为"情节特别严重"。这些修改，降低了非法采矿罪的入罪门槛，加大了对破坏矿产资源行为的打击力度，这也是从 2012 年开始，破坏环境资源犯罪司法案件急剧增加的最主要的原因。

（二）破坏矿产资源犯罪立法的不完善造成司法实践中破坏性采矿罪闲置的现状

破坏矿产资源犯罪实际包含两个罪名，一是非法采矿罪，二是破坏性采矿罪。两个罪名有许多相似之处：首先犯罪客体是一样的，都侵犯了国家保护矿产资源的管理制度；其次，犯罪对象一致，都是矿产资源；第三，犯罪主体均为一般主体；

---

〔1〕 参见李丽莹："非法采矿罪之新探讨——以《刑法修正案（八）》为视角"，载《商品与质量》2011 年第 S4 期。

〔2〕 参见刘媛媛："非法采矿罪的立法困境及其破解——以《刑法修正案（八）》为视角"，载《郑州大学学报（哲学社会科学版）》2013 年第 5 期。

第四，犯罪的主观方面均为故意。按照国家相关法律规定，开采矿产资源，不仅要求开采者要事先取得采矿许可证，而且要求开采者按法律法规的要求，在许可证许可的范围内，合理、科学地开采矿产资源，以达到矿产资源利用价值的最大化。目前根据法律的规定，非法采矿罪和破坏性采矿罪的区别在于是否取得采矿许可证，至于是否使用了破坏性的开采方式，并不是非法采矿罪和破坏性采矿罪的根本区别。非法采矿罪是无证开采，破坏性采矿罪是有证滥采。其实，在未取得采矿许可证、无开采计划、无地质信息资料等条件下开采，都是使用破坏性方法开采矿产资源，造成矿产资源破坏的行为方式。也就是说，破坏性采矿实质是属于非法采矿的一种重要方式。正因为法律对非法采矿罪和破坏性采矿罪规定的不科学造成了在司法实践中破坏性采矿罪的数量极其少，破坏性采矿行为很少进入司法程序的现象。[1]

（三）破坏矿产资源犯罪案件地域分布不均衡与各地对保护环境的重视程度密切相关

破坏矿产资源犯罪案件地域分布不均衡，原因是多样的，不过案件数量的多少与当地矿产资源数量多少并无必然联系。例如2011年~2016年六年间，破坏矿产资源案件只有区区的6件。但是据新闻报道，位于甘肃的祁连山国家级自然保护区，违规开发矿产资源活动频繁，2015年就被国家环保部约谈，约谈后，甘肃省政府虽然开始整改，做了一些工作，但没有解决根本问题。2017年2月，中央环保督察组再次进入祁连山进行专项督察，指出祁连山生态破坏的问题，虽然有体制、机制、政策等方面的原因，但根本原因是甘肃省委省政府思想认识有

---

〔1〕 参见康纪田："论破坏性采矿罪的地位及转向"，载《中共贵州省委党校学报》2013年第3期。

偏差，不作为、不担当，未坚决贯彻党中央的决策部署，对中央确立的"五位一体"的总体布局和新发展理念认识不深刻，片面追求经济增长和眼前利益。作为下位法的《甘肃祁连山国家级自然保护区管理条例》和作为上位法的《中华人民共和国自然保护区条例》存在冲突，将上位法规定的"禁止在自然保护区内进行砍伐、放牧、狩猎、捕捞、采药、开垦、烧荒、开矿、采石、挖沙"等10类活动缩减为"禁止狩猎、垦荒、烧荒"等3类。[1]而浙江之所以审理破坏矿产资源案件多，主要是因为当地重视，浙江省委省政府提出"五水共治"大方针，在这个背景下，许多在河道非法采砂的行为被以非法采矿罪追究责任，保障了河道防洪以及水工程、水生态环境的安全。

（四）矿产资源开采后的高回报性造成破坏矿产资源犯罪主体自然人多的现象

近年来，我国社会经济快速发展，对矿产资源的使用量急剧增加，造成矿产资源的价格暴涨。以稀土为例，数据显示，2017年1月~5月份以来，稀土出口累计2.2万吨，同比增长12%，稀土及制品出口累计3.8万吨，同比增长16%，而国内也在呈现出一种供不应求的现象。[2]矿产品价格的暴涨，使得一些人，尤其是较为贫困的人，在暴利的驱使下，用简单的方式，非法开采矿产资源，造成矿产资源的破坏。

（五）未及时出台司法解释对"情节严重"的判定标准作出规定是造成实践中"情节严重"认定标准多重的原因

《刑法修正案（八）》规定"情节严重"是构成非法采矿

---

[1] 参见"央视焦点访谈：面对伤痕累累的祁连山，他们应该负责！"，载 http://news.qq.com/a/20170721/016903.htm，最后访问日期：2017年9月18日。

[2] 参见"稀土价格暴涨的背后"，载 http://news.chemnet.com/detail-2439808.html. 最后访问日期：2017年9月18日。

罪的标准，但何谓"情节严重"没有明确规定，造成司法实践中个案对"情节严重"的判定标准多重，这容易出现"同案不同判"的现象，影响法律的权威性。各地法院以"矿产价值""矿产价值+经责令停止非法采矿行为拒不停止"以及"非法获利数额"作为认定"情节严重"判断标准的居多，尤其是以"矿产价值"作为认定标准的最多。其实，单一的认定标准都有其局限性，例如非法获利数额并不等同于矿产资源所遭受破坏的价值，例如（2016）闽0902某案件中，被告非法采矿获利24万，经鉴定破坏的矿产资源价值高达169万！以所破坏的矿产资源价值作为判断"情节严重"的标准，也有一个问题，开采矿产的价值更多体现和反映的是一种财产权利，其是个易变数，容易受市场因素的影响。[1]2016年11月28日，《最高人民法院、最高人民检察院关于办理非法采矿、破坏性采矿刑事案件适用法律若干问题的解释》对"情节严重""情节特别严重"的认定标准作了明确规定，以后实践中认定标准多重的现象会得到改善。

（六）对破坏矿产资源行为危害后果认识不足是导致处罚偏轻的原因

非法采矿和破坏性采矿等破坏矿产资源的犯罪行为，不仅仅是侵犯了国家对矿产资源的所有权，更主要的是，在非法采矿和破坏性采矿中，往往对生态环境造成破坏，例如为了采矿，砍伐树木、毁坏林田，造成植被严重破坏、水土流失等。而在实践中，往往更多地注重破坏矿产资源所带来的经济损失，对其所造成的生态环境破坏的危害后果认识不足，就导致了对破坏矿产资源犯罪行为的刑事处罚偏轻的现象，同时也缺乏让犯

---

〔1〕 参见兰蔚生："非法采矿罪量刑应以'矿量'为标准"，载《检察日报》2016年4月18日。

罪人恢复生态环境、赔偿生态环境损失的要求。

三、破坏矿产资源犯罪司法态势带来的启示

（一）增强对环境法益的保护

一直以来，对于破坏环境资源犯罪所侵害的客体，学术界有不同的观点，如公共安全说、经济秩序说、环境保护制度说、环境权说、双重客体说、复杂客体说等，[1]但一般来说，之所以规定破坏环境资源犯罪，是因为破坏环境资源的行为危害了人类的生命、健康、财产权利和社会管理秩序。具体到破坏矿产资源而言，该行为损害了国家对矿产资源的所有权、破坏了国家矿产资源管理制度。而非法采矿和破坏性采矿行为，不仅仅是侵犯了国家对矿产资源的所有权，更重要的是开采活动造成了植被破坏、水土流失、土壤水源污染等生态后果。很多地方非法采矿和破坏性采矿之后，由于土壤缺乏植被保护，水土流失日益严重，甚至引发山体滑坡、泥石流等地质灾害，同时原始野蛮的开采方式还易造成地表塌陷、房屋毁损。因此为了更好地保护环境，刑法应增强对环境法益的保护，一方面要加大对破坏矿产资源犯罪的处罚力度，另一方面要注重使用经济手段对因非法采矿和破坏性采矿所被破坏的生态环境进行恢复，将刑事惩治与生态恢复紧密配合和衔接，使刑法不仅惩治犯罪，同时也使人类生存的环境更加和谐、美好。

（二）加强刑法的预防功能

刑法的基本功能是预防犯罪。但是破坏环境资源的犯罪不同于普通犯罪，其具有潜在的危险性，生态损害的后果一旦造

---

〔1〕　参见赵秉志等：《环境犯罪比较研究》，法律出版社 2004 年版，第 32～43 页。

成往往难以挽回。因此对于破坏环境资源的犯罪，刑法不仅要惩罚已经造成危害的犯罪行为，还要尽可能遏制危害后果的出现或蔓延，要体现预防功能。由于经济利益的巨大诱惑，人们往往贪婪地开采矿产资源，矿产资源本身是一种没有任何自我意识的客观存在，也非常容易遭受人类行为的侵害，因此，刑法对此犯罪行为应鲜明地体现出预防性。[1]目前，破坏矿产资源犯罪是结果犯，构成犯罪需要破坏矿产资源的行为"情节严重"，[2]为了更好地保护矿产资源，避免刑法介入的时间滞后，防止出现不可逆转的不利影响，可以将破坏矿产资源犯罪规定为行为犯，[3]消除人们实施这类行为时的投机心理。

（三）完善立法对破坏矿产资源犯罪的有效规制

司法实践中，破坏性采矿罪一直处于一种尴尬地位，以"破坏性采矿罪"罪名宣判的案件数量很少，正如本文前面所分析的，原因在于现有立法规定并没有显示出"非法采矿罪"和"破坏性采矿罪"的本质区别，而仅仅将是否有采矿许可证作为区分两个罪的关键。其实，无证也有以破坏性方法开采矿产资源的情形，实质上破坏性采矿罪是包含在非法采矿罪中的。建

〔1〕 参见赵秉志：《环境犯罪及其立法完善研究——从比较法的角度》，北京师范大学出版社 2011 年版，第 34 页。

〔2〕 2016 年 12 月 1 日实施的《最高人民法院、最高人民检察院关于办理非法采矿、破坏性采矿刑事案件适用法律若干问题的解释》规定，实施非法采矿行为"情节严重"的情形包括：开采的矿产品价值或者造成矿产资源破坏的价值在 10 万元~30 万元以上；在国家规划区、对国民经济具有重要价值的矿区采矿，开采国家规定实行保护性开采的特定矿种，或者在禁采区、禁采期内采矿，开采的矿产品价值或者造成矿产资源破坏的价值在 5 万元~15 万元以上的；两年内曾因非法采矿受过两次以上行政处罚又实施非法采矿行为的；造成生态环境严重损害的；达到上述标准 5 倍以上的为"情节特别严重"。可以看出，目前我国对破坏矿产资源犯罪规制的是结果犯。

〔3〕 参见王瑞、王志英："河道非法采砂对公共安全的危害及对惩治办法的思考"，载《水利建设与管理》2015 年第 5 期。

议修改法律，将"非法采矿罪"和"破坏性采矿罪"整合为"破坏矿产资源罪"，只要有破坏性开采矿产资源的行为，都应该追究其刑事责任；如果破坏性开采行为引发了矿区塌陷、穿水、冒顶、地下水抽干、泥石流、山体滑坡、洪水等地质灾害，应该加重处罚。

（四）完善处罚措施增加处罚的有效性

目前司法实务中对破坏矿产资源犯罪的处罚偏轻，为了增加处罚的有效性，一是明确罚金刑的范围，目前罚金的数额不高，可以以所破坏的矿产资源的价值为基础，处以一定比例或者倍数的罚金，杜绝"巨额的开采利润与微薄的罚金"现象，增强刑法的惩治和威慑功能；二则增加资格刑，剥夺犯罪人享有的开发矿产资源的资格。[1]

结　语

作为不可再生资源的矿产资源，是国民经济发展重要的物质基础，其合理利用对于经济社会的可持续发展具有重要意义。加大对破坏矿产资源犯罪行为的打击力度无疑是保护矿产资源的重要方式。法律指导司法实践，司法实践促进法律的完善，二者共同作用，更好地发挥保护矿产资源的作用。

---

[1] 参见王璐昕："《矿产资源法》的修改建议——从法律责任角度出发"，载《法制与社会》2014年第23期。

环境犯罪非刑罚措施研究

张　超*

摘要：环境犯罪中适用非刑罚处罚措施取得了良好的法律和社会效果，但是在立法和司法实践中存在着法律地位、决定机关不明确和适用较少的问题，本文从非刑罚处罚措施的概念和意义出发，介绍国内外的立法和司法实践，对环境犯罪非刑罚处罚措施的立法和司法适用提出建议，以期更好发挥其功能，保护环境。

一、问题的提出

随着我国经济社会的快速发展，随之也引发了环境污染的问题。特别是近几年发生了大量的环境污染事件，可以说，目前我国的环境形势比较严峻。除了通过民事、行政等手段对污染环境的行为进行惩处外，我认为刑法也应该发挥其特定的作用。我国刑法在 1997 年修订的时候，在刑法分则第六章"妨害社会管理秩序罪"中增设了一节"破坏环境资源保护罪"，表明了对环境保护的重视，是我国环境保护在刑法上的一大进步。但是通过对刑法分则条文的观察，可以发现对于环境犯罪的惩罚主要是通过规定刑罚的方式，刑罚大多数是 3 年以下有期徒刑，对于情节（特别）严重的，处以 5 年到 10 年有期徒刑或者处以 10 年以上有期徒刑，另外在一部分条文中还规定了处罚金

---

* 张超，贵州大学法学院 2016 级硕士研究生。

或者没收财产。可以说刑罚手段对于惩治犯罪和预防犯罪有不可替代的作用，但是在环境犯罪中我们也发现采取刑罚的处罚措施无法让被破坏的环境得到恢复。近年来，在司法实践中，法院审理一些环境犯罪的案件时，在判决中运用了非刑罚处罚措施，非刑罚措施的适用对于环境的恢复以及对于受害人的补偿有着积极的作用。所以有必要对环境犯罪非刑罚处罚措施的概念和意义以及适用进行探析，在此基础上提出建议，以期对环境犯罪的预防起到一定作用。

二、环境犯罪非刑罚处罚措施的概念和意义

（一）概念

《中华人民共和国刑法》（以下简称《刑法》）第 37 条规定：“对于犯罪情节轻微不需要判处刑罚的，可以免予刑事处罚，但是可以根据案件的不同情况，予以训诫或者责令具结悔过、赔礼道歉、赔偿损失，或者由主管部门予以行政处罚或者行政处分。”也就是说对于犯罪情节轻微不需要判处刑罚的行为人可以给予以上 5 种制裁措施，这被认为是刑法关于非刑罚处罚措施的规定。对于非刑罚处罚措施的定义，学者们有不同的表达方式。“所谓非刑罚处罚，是对应当承担刑事责任或有人身危险性的犯罪人，以刑罚之外的刑事制裁措施来实现刑法防卫社会的目的。”[1]蒋兰香教授认为，环境刑罚辅助措施又称环境犯罪补充性处罚方法，是指对环境犯罪人所采取的刑罚之外的旨在恢复被犯罪行为破坏的环境，救济被犯罪行为减损的自然资源的非刑罚处置措施，包括教育性处罚措施、民事性处罚措施

---

〔1〕 吴献萍：“环境犯罪非刑罚化的证成与价值”，载《求索》2011 年第 10 期。

和行政性处罚措施三类。[1]从以上表述可以看出，所谓的非刑罚处罚措施就是指除刑罚的主刑和附加刑以外的制裁措施。

（二）意义

1. 完善了刑法关于环境犯罪的刑事责任方式，有利于预防环境犯罪

从刑法的角度来说，环境犯罪侵犯的法益或者造成的后果关系到了人类的生存与发展，所以在惩处犯罪行为人时不得不考虑对生态环境的恢复。环境犯罪中行为人主要是为了追求经济利益，其人身危险性较其他犯罪更小，过去单纯地判处刑罚确实让行为人受到了应有的处罚，但是被破坏的生态环境却得不到恢复，并且大量的环境犯罪都是单位犯罪，对单位只能处以罚金刑，这对其来说是无关痛痒的。《刑法》第37条确实规定了非刑罚的方法，但很难适用于环境犯罪中，所以非刑罚的处罚方式能够完善刑罚的缺陷。对环境犯罪采用非刑罚处罚措施有利于环境生态的恢复，也对犯罪行为人及其身边的人起到教育和警醒的作用，有利于惩治和预防环境犯罪。

2. 有利于恢复受破坏的生态环境

环境犯罪与传统的犯罪不同，单纯地采用刑罚的方法还不能发挥补救被破坏的环境生态的效果，而非刑罚处罚措施可以适用于对被损害环境的恢复，最终达到对被侵害的法益的弥补。有学者认为非刑罚方式能以较少的司法成本弥补刑罚的不足，发挥其消除环境犯罪后果的持续危害和恢复环境权益的功能，是我国环境刑事责任发展的必然。[2]大自然虽然有一定的自我

---

〔1〕 参见蒋兰香："环境刑罚辅助措施研究"，载《河南省政法管理干部学院学报》2008年第3期。

〔2〕 参见雷鑫、郑君："论环境刑事责任实现方式的发展趋势"，载《中南林业科技大学学报（社会科学版）》2010年第2期。

调节的能力，但环境犯罪行为人为了追求经济利益破坏了环境生态的平衡，造成环境的污染，在追究其刑事责任时可以考虑非刑罚处罚措施，注重对生态环境的恢复。

3. 体现了刑法的谦抑性

刑法在所有部门法中是最为严厉的法，所以它是处理问题的最后手段。只有当民法、行政法等其他部门法不能提供有效的解决方式时，才由刑法来调整。环境污染是随着社会和科技的发展而产生的，是发展的必然结果，所以对于很多行为不能一概认为使其犯罪化就可以得到解决，要同时兼顾社会发展的需要。现代社会中虽然很多行为对生态环境具有极大的危险性，但是对这些具有危险性的行为不能一概持否定态度，因为很多行为是社会发展所必需的，是有益的，比如大型重化工业、核工业、转基因等高端工程、航天业、高速交通工具等的发展，一旦失事就会给环境带来重大破坏，但该危险是社会发展必需的危险，是发展的代价或成本。另外，有些学者研究认为对于环境犯罪目前的处罚过轻，没有达到惩罚和预防环境犯罪的目的，建议刑法加重对环境犯罪的处罚。笔者认为这种观点没有注意到环境犯罪产生的原因和特点。刑罚也不是万能的，一味加重刑罚会增加司法成本，给国家司法资源带来负担。非刑罚处罚措施体现了刑法的谦抑性原则，在追究环境犯罪行为人的刑事责任时要考虑到环境犯罪的原因和特点，适用非刑罚处罚措施。

三、国内外立法和司法实践

目前，我国的环境形势可以说非常严峻，环境犯罪不断发生，对生态环境和人民生活都造成了重大的威胁和侵害。法院在对一些环境犯罪的判决中对被告人适用了非刑罚措施，促进了生态的恢复，实现了良好的社会效果。在前面我们分析过，环境犯罪不同于传统犯罪，环境犯罪行为人的主观恶性小、人身危害性较小，犯罪主体主要为单位，在犯罪主体是自然人的犯罪中，行为人的职业主要是农民。环境犯罪以上的特点决定了非刑罚的处罚方式。

环境问题目前已是一个世界性的热点和难点问题，各国高度关注环境犯罪的惩治和预防问题。国外关于环境犯罪非刑罚处罚措施的刑法规定和司法实践给了我国良好的启示。澳大利亚新南威尔士州的《环境犯罪与惩治法》中就规定了关于环境犯罪的非刑罚处罚措施，《环境犯罪与惩治法》在第四章专门规定了'复原、赔偿和损害的恢复'，其目的是通过支付相关费用或者履行某种义务，恢复被环境犯罪破坏的环境法益。[1]《俄罗斯联邦刑法典》中也规定了关于环境犯罪的非刑罚处罚措施，如第254条毁坏土地罪规定："处数额为过去最低报酬200至500倍或被判刑人2个月至5个月的工资或其他收入的罚金，或处3年以下剥夺担任一定职务或从事某种活动的权利，或处2年以下的劳动改造。"也就是说法院在裁判环境犯罪的案件时可以判令被告人恢复被破坏的生态环境。美国诉卡迪尼尔案中，被告同意接受1年有条件的缓刑，在缓刑期间，负责把由于该公司倾倒4.5万加仑磷酸而被毁坏的沼池恢复成原样，对雇员进行环境法知识培训。[2]通过以上分析我们可以发现国外对于环境犯罪规定了诸如"劳动改造""禁止担任一定职务"等非

---

〔1〕 参见蒋兰香："环境刑罚辅助措施研究"，载《河南省政法管理干部学院学报》2008年第3期。

〔2〕 参见蒋兰香："环境刑罚辅助措施研究"，载《河南省政法管理干部学院学报》2008年第3期。

刑罚措施来预防环境犯罪，为我国非刑罚处罚措施的规制和司法适用提供了借鉴。

在我国的司法实践中，全国各地的法院已经开始探索适用对环境犯罪被告人采取非刑罚措施来恢复被破坏的环境，取得了良好的效果。2002年，湖南省临武县法院判处滥伐林木的被告人王某某有期徒刑3年，缓刑4年，并且令其在缓刑期内植树3024株，成活率要求在95%以上。2008年12月15日，李某某、刘某某等人在沪宁高速公路无锡市锡山区梅村段盗伐防护林中意杨树19棵（10年树龄）计3.9立方米。2009年6月18日，无锡市锡山区人民法院依法判处被告人李某某有期徒刑1年6个月，缓刑2年，并处罚金人民币2500元；判处被告人刘某某有期徒刑1年，缓刑1年6个月，并处罚金人民币2000元。同时，判决被告人李某某、刘某某共同补种意杨树19棵（相同树龄），并从植树之日起管护1年6个月。补种树木及管护期间，由无锡市锡山区农林局负责监督。[1]贵州省是我国自然资源非常丰富的省份之一，同时旅游业也是全省发展的支柱之一，环境保护任重而道远。2007年11月20日，贵州省贵阳市中级人民法院环境保护审判庭和清镇市人民法院环境保护法庭成立，在审理环境犯罪的案件中探索适用非刑罚处罚措施。清镇市人民法院以被告人郎某某犯盗伐林木罪，判处有期徒刑2年，并处罚金人民币1000元；同时判处被告人郎某某赔偿被害单位贵阳市乌当区水田镇安多村民委员会经济损失人民币6453.50元，并于判决生效后90日内在案发地补种树苗145株。判决生效后，清镇市人民法院环境保护法庭于2008年3月12日将郎某某从监

---

〔1〕 参见雷鑫、郑君："论环境刑事责任实现方式的发展趋势"，载《中南林业科技大学学报（社会科学版）》2010年第2期。

所提出，到案发地种树。[1]从以上两个案例我们可以看出，法院在判决中首先对被告人适用缓刑，然后同时适用非刑罚处罚措施，使生态环境得到恢复，比起单纯的判处刑罚，其对被告人的惩治和环境犯罪的预防达到了更好的效果。

四、非刑罚处罚措施立法及司法问题

（一）法律定位不明确

考察我国的立法现状，对于环境污染违法行为的惩治和预防，我国在《中华人民共和国环境保护法》《中华人民共和国大气污染防治法》《中华人民共和国水污染防治法》《中华人民共和国矿产资源法》《中华人民共和国森林法》《中华人民共和国土地管理法》等法律中规定了大量民事的和行政的非刑罚处罚措施。如前所述，我国《刑法》第 36 条和第 37 条规定了非刑罚处罚方法，同时，第 64 条规定"犯罪分子违法所得的一切财物，应当予以追缴或者责令退赔；对被害人的合法财产，应当及时返还；违禁品和供犯罪所用的本人财物，应当予以没收。没收的财物和罚金，一律上缴国库，不得挪用和自行处理。"总结以上的规范内容，有学者对其进行了分类：（1）教育性的辅助措施，如赔礼道歉、公开悔过等；（2）民事性辅助措施，如恢复原状、赔偿损失等；（3）行政性辅助措施，如限期治理、勒令解散等；（4）没收性的辅助措施。[2]目前我国《刑法》对于环境犯罪适用非刑罚措施还没有规定，只是在总则中规定了

〔1〕 参见舒子贵："环境犯罪适用非刑罚措施探析"，载《贵州警官职业学院学报》2008 年第 3 期。
〔2〕 参见蒋兰香："环境刑罚辅助措施研究"，载《河南省政法管理干部学院学报》2008 年第 3 期。

非刑罚处罚措施，但是以上的非刑罚处罚措施难以发挥其恢复性功能，无法实现惩治和预防环境犯罪的作用。总的来说就是非刑罚处罚措施的法律地位或者说环境犯罪的非刑罚处罚措施的法律地位还没有得到确定，这也导致了理论界对于非刑罚处罚措施这一概念的巨大争议。非刑罚处罚措施符合我国当前宽严相济的刑事政策，可以辅助刑罚措施的适用，从而更好地发挥刑法在惩治和预防环境犯罪中的作用，所以可以在《刑法》中明确其地位，从而促进其在司法实践中的适用。

（二）决定适用的主体不明确

非刑罚处罚措施的性质虽然有争议，但比较主流的观点都认为其是刑事责任承担方式的一种，那么由哪个机关来决定其适用呢？理论界有观点认为法院、检察院和公安机关都可以适用，理由是《人民检察院刑事诉讼法规则》第 373 条规定"人民检察院决定不起诉的案件，可以根据案件的不同情况，对被不起诉人予以训诫或者责令具结悔过、赔礼道歉、赔偿损失。对被不起诉人需要给予行政处罚、行政处分或者需要没收其违法所得的，人民检察院应当提出检察意见，连同不起诉决定书一并移送有关主管机关处理。"产生上述争议的原因就是立法不明确，所以应当在立法时作出相应的规定。

（三）非刑罚处罚措施适用少

虽然我国《刑法》明文规定了非刑罚处罚措施，同时在司法实践中法院针对环境犯罪适用了一些诸如恢复环境的非刑罚处罚措施，并且达到了很好的效果，但是由于在实践中各地法官水平不一，不敢大胆适用非刑罚处罚措施，一般就直接适用刑罚措施。但是非刑罚处罚措施其实是对刑罚的补充，在环境犯罪中能够使被破坏的环境得到恢复，然而在司法实践中这种适用是非常少的。

五、建议

（一）明确法律地位

在刑法立法中规定环境犯罪非刑罚处罚已经成为当今世界各国的立法趋势。环境犯罪具有多样化和复杂化的特点，而非刑罚处罚措施可以有效地惩治和预防环境犯罪，所以有必要明确环境犯罪非刑罚处罚措施的法律地位，同时需要厘清环境犯罪非刑罚处罚措施的概念、适用对象和范围等。

（二）明确决定主体

本文认为决定适用环境犯罪非刑罚处罚措施的主体应该是人民法院。行为人在环境犯罪中的行为已经构成了犯罪，人民法院在审理环境犯罪案件过程中，对犯罪情节轻微，不需要判处刑罚并免予刑事处罚的被告人，并且法官认为被污染的环境有恢复的可能性的，可以单独也可以附加对被告人决定适用非刑罚处罚措施。

（三）加大适用

应加强对环境犯罪非刑罚处罚措施的适用。环境犯罪非刑罚处罚的适用在司法实践中取得了很好的法律效果和社会效果，前面已经提到了环境犯罪的复杂化和多样化，同时行为人的主观恶性也比较小，非刑罚处罚措施能够更好地惩治和预防环境犯罪。但是也应该注意到环境犯罪对法官提出了更高的要求，法官审判时需要结合环境法的相关知识，所以应加强对法官的专业能力的培养。

环境犯罪防控研究

——以大数据分析为视角

陆琳宏*

摘要： 在第五次信息革命推动和社会生产力不断进步的双重作用下，互联网和移动智能终端广泛地运用于人们的日常生活，并且在数年间产生的数据是以前几个世纪之和还有余。生态环境犯罪作为一种新型犯罪具有犯罪现象隐蔽性、犯罪后果潜伏性、犯罪方式多样性、因果关系复杂关联性等特点。鉴于此，以大数据视角为切入点分析当前环境犯罪突出问题，以孙子兵法大局观和医学循证理论为治理方法并提出合理对策治理生态环境犯罪，使生态环境犯罪得到有效控制。通过运用两大治理方法和大数据分析治理生态环境犯罪符合在十九大中关于治理生态环境的政策，同时也为未然生态环境犯罪开创治理先河。运用大数据分析生态环境犯罪热点治理是现今社会必然选择。

关键词： 大数据应用　生态环境犯罪　兵法思想　医学循证

一、问题的提出

大数据作为这个时代的产物引领着这个时代的发展，对国

---

* 陆琳宏，贵州大学法学硕士研究生，研究方向：刑法学。

家政治、经济、文化、社会、生态等领域信息资源有着强大功能，对于社会治理和国家安全有着关键性作用。大数据泛指大规模、超大规模的数据收集，因可从中挖掘出有用价值信息而备受关注。《华尔街日报》将大数据时代、智能化生产和无线网络革命称为引领未来繁荣的三大技术革命；世界经济论坛也指出：大数据为新财富、价值堪比石油。习近平总书记指出，数据是新的石油，是 21 世纪最为珍贵的财产，大数据是工业社会的"自由"资源，谁掌握了数据，谁就掌握了主动权。[1]从习近平总书记的谈话可以看出，大数据作为一种资源正在巧妙地改变世界格局，作为一种新生力量，中国理应顺应时代主流，掌握大数据的话语权。目前世界各国都将大数据作为新一轮竞争制高点的重要举措。对此，2015 年第十八届五中全会明确指出，实施国家大数据战略，加快建设数据强国；国务院特别制定了《促进大数据发展行动纲要》，大数据上升为国家核心战略；同时《中华人民共和国国民经济和社会发展第十三个五年规划纲要》把大数据作为一项重要内容并明确指出，要把大数据作为基础性战略资源，全面实施促进大数据发展行动，加快推动数据资源共享开放和开发应用，助力产业转型升级和社会治理创新。通过国家发布的政策可以看出，大数据已然升级为国家战略性目标。生态环境犯罪作为一种新型犯罪正在蚕食着我国生态环境。当前，国内生态环境犯罪对象主要集中在滥砍滥伐森林植被、重大环境污染、非法占用农用地等犯罪。据统计，20 世纪初至 20 世纪 70 年代中期期间，世界发生公害事件达 65 起，公害受害者多达 48 万人；20 世纪末至 21 世纪初期，

---

〔1〕 参见张凌、郭彦主编：《大数据时代下的犯罪防控——中国犯罪学学会年会论文集》（2017 年），中国检察出版社 2017 年版，第 8 页。

受害者达 300 余万人。[1]国内对生态环境犯罪研究的主要层面在引起生态环境犯罪的原因、生态环境破坏现状以及如何预防生态环境犯罪；同时，国内学者普遍都以单一形式研究而没有结合多学科、边缘化方式研究生态环境犯罪。由于多种原因，对生态环境的破坏并没有得到有效的遏制，环境污染、资源破坏在不断加剧，由于生态环境犯罪具有严重的社会破坏性，所带来的损害后果是其他犯罪不可比拟的。为此，笔者利用大数据的海量数据资源分析生态环境犯罪特征，以"云计算"的数据化应用平台分析所收集到的数据，并以分析出的数据和科学边缘化学科结合模式进而提出自己的立意。

二、大数据视角下生态环境犯罪定位

1. 控制当下：已然生态环境犯罪的定位识别

定位在犯罪学中的含义是对犯罪热点的分析与把握，根据犯罪热点所呈现出的犯罪聚集区域进行治理；对犯罪聚集区进行治理就是犯罪热点的聚集。对生态环境犯罪进行精确定位必须在海量收集数据的基础上进行。[2]

大数据时代的到来为控制已然生态环境犯罪提供了一种新的防控手段和对精确识别已然生态环境犯罪提供新的发展机遇。首先，数据可分析量多样化。数据的多样性要求公安机关充分挖掘数据，根据城市建设情况、森林资源使用程度、生产排放废水污染度等领域和本地生态环境犯罪做出精准的预防模型。

---

〔1〕 参见王树义主编：《可持续发展与中国环境法治——生态安全及其立法问题专题研究》，科学出版社 2007 年版，第 82 页。

〔2〕 参见姚林："大数据时代下的警务战略"，载《北京警察学院学报》2014年第 4 期。

同时也融合生态环境犯罪的不同角度及其位置的不同侧面，弥补"犯罪黑数"所造成的数据短缺。从另一方面说，传统的数据资源与第三方海量数据资源的结合建构，从而实现集合化发展，是当前犯罪防控科学化在大数据时代必经之路。其次，数据内容可操作性强。表层信息的收集和提取是传统收集方式，对表层信息的潜在价值捕获是运用大数据分析的必然选择。"破窗"指标是指运用社会媒体效应对标的信息内容进行挖掘，通过"破窗"指标的研究发现，生态环境犯罪与某些经济犯罪存在着四种正相关犯罪特征，同时也与高犯罪区域存在着犯罪负相关。同时，公安机关还可根据网络热点话题搜索和讨论以及网友所发布的个人情感、用户关联关系挖掘、社区群体特征等方面数据，充分了解隐蔽的环境犯罪位置、规模、强度以及公众感受，更为细致地探明环境犯罪生成的缘由和发展动态，以及预测出未然的环境犯罪趋势。因此，公安机关可以利用"破窗"指标精准控制已发生的生态环境犯罪，并与其他区域协作治理。最后，数据及时的实效性。大数据的海量运存克服了普通数据采集周期长、更新速度缓慢、数据运算技术差等弊端。大数据思维采用一种"因果→相关"的分析模式。海量数据的运用以及丰富的数据内容促进了各种数据之间的碰撞，同时采用一种超大规模碎片化模式提取数据之间的规律性，这种超越式分析方式是小数据所不能预设和提取的。因此，在这种模式的处理下，数据信息能得到充分的及时使用。同样地，一种新的犯罪行为的出现如果用小数据收集，那么很可能在数据的及时性上存在时间的间断，如果用大数据收集方式进行处理，由于数据海量运存，那么及时性和实效性是不言而喻的。

大数据的可分析多样性能以多种角度、多种方式分析生态环境犯罪热点；运用大数据内容强操作特点把已经发生的生态环境犯罪进行分类整合，并把每一种犯罪的成因、特点、手段进行分类，以便为未然生态环境犯罪热点做出可靠性预测；数据的及时有效性让公安机关可以现实地、快速地了解到此种犯罪所带来的危险性，并根据其危险性作出预防措施。如下表：

表1

重大环境污染案	非法占用农用地案	盗伐、滥砍林木案	非法采集破坏矿山案	其他
6.7%	18%	65.5%	5%	4.8%

——数据来源裁判文书网

上表是2013年~2016年期间全国生态环境犯罪案件类型占比。其中盗伐、滥砍林木占比65.5%，占比量超过50%，这其中既有生态环保意识差的原因，也有为了经济收入而故意犯罪的原因。在这里也看出，目前生态环境犯罪热点集中在盗伐、滥砍林木犯罪上，因此，采取严厉措施防止犯罪扩大是当前的关键工作。

2. 预测未来：未然生态环境犯罪预测

当前社会犯罪的预防模式依然以被动预防为主，主动预防为辅。在大数据的时代下，生态环境犯罪预防应以主动预防为主，凸显犯罪预防的价值。主动预防步骤分为：

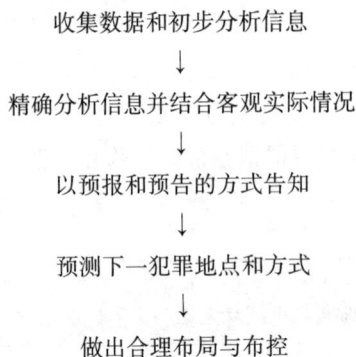

收集数据和初步分析信息

↓

精确分析信息并结合客观实际情况

↓

以预报和预告的方式告知

↓

预测下一犯罪地点和方式

↓

做出合理布局与布控

图1

由于犯罪热点以一种聚合的形式分布，因此对于预防新型犯罪采取此种方式更有助于提升犯罪治理效率。大数据为生态环境犯罪预防提供了一种新的预测素材，同时扩展了可预测数据范围。同时"回归方法"也表明，对于未来犯罪风险的预测不能只考虑过往的犯罪数据，而要以广泛的数据内容为基础。生态环境犯罪在不断变化，我们的防控手段也在不断地变化，大数据具有一种明显的动态特征，在预测材料数据和预测活动的实施的间隔时间越来越短。主动数据、被动数据被广泛收集并加入预测流程，通过"云计算"操作系统分析得出不同时间点的节点变化情况和不同区域的空间变化并及时作出调整。通过对已然生态环境犯罪的历史数据的持续性跟踪和"云计算"控制系统下的时时控制，"现时预测"方式已初步形成。其控制系统如下图：

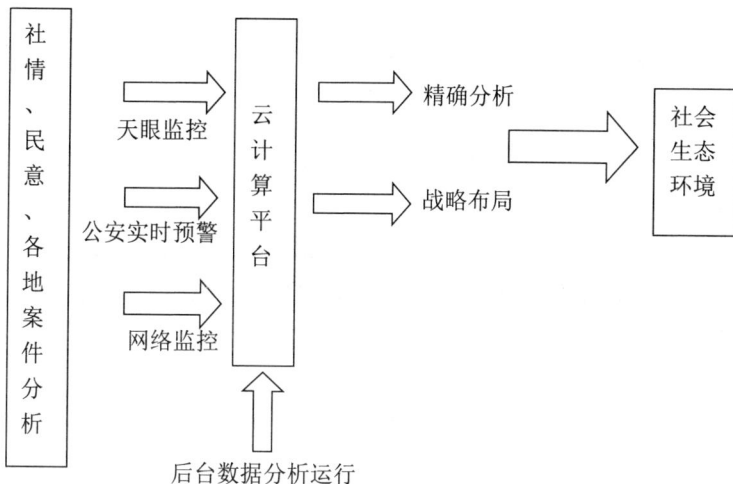

图2

其中数据来源占比为下表：

表2

来源	社情、民意	网络监控	社会舆情监控	各地案件总结	其他
数据来源占比	15.5%	30.8%	20.5%	22.4%	10.8%

通过海量数据收集和"云计算平台"的数据处理，能够精准地根据已然发生的生态环境犯罪热点预测未然可能发生的生态环境犯罪热点。

三、大数据视角下生态环境犯罪治理

在前文提到过生态环境犯罪热点呈聚合形式出现，为此，对于此种犯罪热点采取古代兵家思想在宏观上进行防控和医学

"循证"理论、"破冰壁垒"协作控制模式微观处理方法进行预防，能有效地控制当前生态环境犯罪的趋势，并根据防控所得出的数据进行再次精确分析预防新生态环境犯罪热点。

1. 运用《孙子兵法》兵家战略观点树立宏观生态环境犯罪热点防控

生态环境犯罪日益增重，破坏范围大、持续时间长、治理价值高是生态环境犯罪的显著特征。生态环境犯罪日益恶化不单单是一个地区的恶化，而是一片区、一省或者多省之间都会受到牵连，这是一个犯罪系统的重要标志。"兵战"是一种军事行动，在古代战场何方充分熟悉兵法，何方将获得获胜；在现代社会，战场上的兵法变成了信息化、数据化，谁掌握了数据化，谁就有话语权。同时，战争是战时的军事行动，而现代的战争——信息化和数据化的兵法又可称为准军事化行动。

《孙子兵法》中的谋略可表现为战略、战役、战术三个结构层次。[1]毛泽东曾指出战略是指导全局的指导型策略问题，战略问题是研究战争全局的规律性东西；英国军事学家利德尔·哈特把战略看作是最合理和最有效的战略形式，其目的就是要使战斗行动尽量减少到最低限度；苏联军方则把战略看做是一种关于为一定阶级的利益服务的武装斗争规律的科学知识体系。[2]把生态环境犯罪热点当作是一场战略，就得树立治理性战略，树立战争的全局观。战役是指为达到战略目的而服务的，通过大数据的充分运用、分析和"云计算"的运算系统处理、社会综合治理方式的建构等一系列立体化防控体系，能高效地实施战役，防控生态环境犯罪热点。战术，《中国人民解放军军语》

---

〔1〕 参见冯树梁：《中国犯罪学话语体系初探》，法律出版社2016年版，第4页。

〔2〕 参见冯树梁："生态犯罪学论纲"，载《河南公安高等专科学校学报》2007年第5期。

的解释是兵团或者部队、分队在较短的时间和较小的空间内进行的有组织的作战行动；瑞典军事学家克劳塞维茨指出，战术是战斗本身的部署和实践。因此，战略思维决定战斗的方向，具有全局性和关键性；战役所实施的手段是为了战略得以最大发挥；战术是研究局部问题的，局部隶属于全局，受全局制约。三者关系是相辅相成的。在对生态环境犯罪热点的防控中，应首先树立严厉治理的战略思想，以"严格风险布控"为战术，利用大数据资源和现代计算机监控系统分层次、分梯次制定防控预案，进行"超前布控"。其战略图如下图：

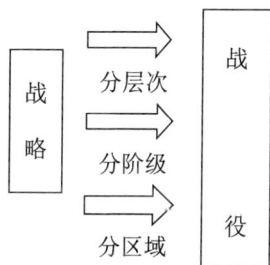

图3

2. 坚持"循证"理论

社会由人组成，是人的紧密结合体。"循证"医学是指依据现有最好的证据做出临床决策，即应在现有的最好的临床研究依据基础上做出，同时也结合个人的临床经验。[1]结合犯罪学的理论，"循证"是指依据在社会中对犯罪热点建立"研究影响政策"的机制，通过机制作用于人的身上而反射出此机制是否更多、更实质、更直接使用研究成果与分析成果。大数据时代生成海量数据，同时也加快数据的采集和研究，基于大数据和

---

〔1〕 参见李光伟："有关循证医学的思考"，载《中华内科杂志》2004年第11期。

云计算的数据分析和挖掘技术的深刻开展，提高了数据的使用效果并且加快了数据的追踪和决策精确度。通过挖掘出的数据进行分析进而根据社会形势所作出的治理防控政策必须作用于人身上才能得出政策是否合理和有效。因此，应建立"数据→调查→分析→价值评估→生态环境热点治理→新问题"的社会预防模式。其过程如下图：

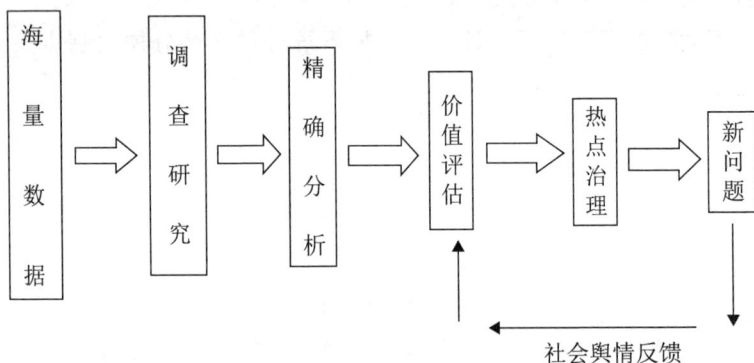

图 4

3. 打破"数据壁垒"，加强大数据共享

由于体制的关系，各公安机关的调查数据并不会共享，进而在对生态环境热点进行治理过程中会出现数据防控弱化、警务机制配合度低的情况，与此产生的是治理方式不同、单独实行战斗水平参差不齐，并没有形成一个有机整体开展对其热点的治理。麦肯锡指出，人们对海量数据的挖掘和运用，预示着新一波生产率的增长和消费盈余浪潮的来临。大数据时代的到来，首先应该充分掌握海量数据，其次应该通过对杂数据的分析探寻出有用的数据。但"数据壁垒"的存在使得各机关之间在共享数据上是隔断的，严重影响着可利用数据资源。由于生态环境犯罪是一种新型犯罪，那么在治理和预防中各地更要实行数据共享战术，因此，公安机关在侦破生态环境犯罪中应实行数据共享，充分利用大数据良好的治理手段并结合本地实际情况做出高效的治理方案。

结　语

拥抱大数据，树立大数据思维，深化大数据应用，特别是对新型犯罪热点的防控，有利于国家治理体系和治理能力的现代化。美国经济学家维克托在《大数据时代》中提到：未来，数据将会像土地、石油和资本一样，成为经济运行中的根本资源。但与此同时，也要警惕大数据所带来的个人隐私权侵害和网络信息被恶意入侵危险。未来生态环境犯罪热点防控应形成以大数据为基点，以"云计算"系统为操作平台，以"循证"模式为辩证理论的新型生态环境犯罪防控体系。

参考文献：

[1] 张凌、郭彦主编：《大数据时代下的犯罪防控——中国犯罪学学会年会论文集》（2017年），中国检察出版社2017年版。

[2] 王树义主编：《可持续发展与中国环境法治——生态安全及其立法问题专题研究》，科学出版社2007年版。

[3] 姚林："大数据时代下的警务战略"，载《北京警察学院学报》2014年第4期。

[4] 冯树梁：《中国犯罪学话语体系初探》，法律出版社2016年版。

[5] 冯树梁："生态犯罪学论纲"，载《河南公安高等专科学校学报》2007年第5期。

[6] 李光伟："有关循证医学的思考"，载《中华内科杂志》2004年第11期。

打击生态环境犯罪的新思考

——以贵州省生态环境犯罪为视角

李 荟*

生态环境如我们大众所了解的，是影响人类生存与发展的一切环境的总称，如水资源、土地资源、生物资源以及气候资源的数量与质量，是关系到我们整个社会和经济持续发展的复合生态系统。现如今，我们不得不面对人心惶惶的 PM2.5、日益减少的森林植被面积、突然浑浊的水源、变质的土壤以及日渐消失的重点保护植物……我们的生态环境正在遭受着不同程度的破坏。

一、生态环境犯罪概述

生态环境犯罪有广义和狭义之分。广义的生态环境犯罪既包括《中华人民共和国刑法》（以下简称《刑法》）第六章第六节中的破坏环境资源保护罪，也包括分散在其他章节中的破坏环境和资源的犯罪。狭义的生态环境犯罪仅指《刑法》第六章第六节中的破坏环境资源保护罪。[1]但是现在来看生态环境犯罪不仅仅包括上述提到的这一类直接危害生态环境的犯罪，

---

* 李荟，贵州民族大学 2016 级法律（非法学）硕士。

[1] 参见高青山："我国生态环境犯罪的司法障碍与突破"，载《法制与社会》2011 年第 8 期。

最高人民检察院发布了 15 个生态环境犯罪的案例，其中有 6 个属于间接危害生态环境的职务犯罪，因此我们现在所说的生态环境犯罪分为两类，一类是直接危害生态环境的犯罪，这一类犯罪被规定在我国刑法的第六章第六节；第二类犯罪是间接危害生态环境的职务犯罪，比如贪污受贿类犯罪以及渎职类犯罪，罪名包括贪污罪、受贿罪、滥用职权罪、玩忽职守罪、环境监管失职罪、非法批准征收征用、占用土地罪、动植物检疫失职罪等。

生态环境犯罪一直被国家重视，司法机关也严厉打击此类犯罪。主要是因为此类犯罪具有以下特点：第一，具有极大的社会危害性。生态环境犯罪所造成的危害结果通常是不可逆转，生态环境一旦遭受破坏就较难恢复，对人们的生产生活造成十分巨大的影响，并且许多危害结果需要一个相当长的周期才会突显出来，被发现后一般也会错过最佳恢复时间段。第二，隐蔽性强。生态环境犯罪的案发周期长，一般危害行为具有持续性，危害结果又较难发现。并且许多生态环境犯罪是单位犯罪，个别地方政府包庇犯罪行为的现象十分严重，在认定生态环境犯罪时往往又必须依据十分专业的环保知识，加上多数是在乡村发生，村民的法律意识相对薄弱，使得此类犯罪不太容易被发现。第三，犯罪认定十分复杂。生态环境犯罪涉及庞杂的环保法律和复杂的专业知识，客观现实的复杂性和多样性也决定了认定此类犯罪因果关系十分复杂，对犯罪所导致的直接损失与间接损失的测算即使通过专业技术手段也较难量化。

二、贵州生态环境犯罪现状及原因分析

贵州省是一个林木多、耕地少、矿产资源丰富、水资源丰

富的省份，但是由于地理位置的特殊性，属于独特的喀斯特地貌，生态系统较为脆弱。随着社会不断发展，人口不断增加，加上早些年人们的环保意识差，从而导致现在贵州省生态环境存在几点比较严重的问题：第一，森林质量差、林种结构不合理，森林防护效应弱；第二，水土流失严重；第三，石漠化严重；第四，地表水、地下水污染严重；第五，空气污染严重；第六，矿产资源过度开发。不只是贵州省，在全国许多地区都面临着不同情形不同程度的环境污染问题，面对如此多严峻的问题，我国早在几年前就已经提出了要积极进行生态文明建设，严厉打击生态环境犯罪的口号。在2017年10月，生态环境的问题又一次被重点强调，党在十九大会议中提出，我们的目标不只是建立"富强、民主、文明、和谐"的中国，也要建立一个"美丽的中国"。全国都越发地重视生态环境保护问题。

可是，尽管近几年对于生态环境犯罪的打击程度加大、范围更广，但是生态环境犯罪的事件还是高频发生。2016年7月27日，贵州省人民检察院首次发布了贵州省生态环境保护检察工作的白皮书（以下简称白皮书），指出从2014年1月到2016年6月，贵州省检察机关共受理审查起诉生态环境犯罪案件3067件涉及4848人，立案查办相关职务犯罪910人，立案监督879件，并且指出涉林类案件2780件涉及4474人，占总人数的92.29%，其中滥伐林木罪案件1613件涉及2469人，约占总人数一半。从检察机关提起公诉的一审判决案件来看，判处三年及三年以下有期徒刑、管制、拘役等轻刑案件2449件涉及3568人，占总人数的95.3%。根据贵州省人民检察院发布的白皮书，近年来贵州省生态环境犯罪有以下特征：①涉林案件高频发生，成为生态环境犯罪的重要打击对象；②刑罚量刑较轻，打击力度相对薄弱；③相关职务犯罪逐年增加，行政机关不作为现象严重；④犯罪主体多为农民。

笔者认为造成贵州省生态环境犯罪产生以上现象的原因，与现行立法和贵州省的社会实际情况等是息息相关的。首先，贵州省有丰富的森林资源，拥有多个林区；其次，贵州省经济基础相对薄弱，许多山区农民的经济状况十分贫困，导致人们由于经济压力大而产生了犯罪的念头，在利益的驱使下，出现了大量盗伐林木、非法占用农用地来种植烟草等现象；再次，贵州省山区的人民由于缺乏法律教育，法律意识十分淡薄，常常不知其已经触犯法律，或者无法判断自己的利益是否遭受侵害；最后，因为贵州省目前在大力发展经济，个别行政机关在假借"大力发展城镇化"的名义，进行不合规范的修路以及拓荒，许多犯罪分子与行政机关勾结，行政机关从中获取利益，导致盗伐、滥伐林木犯罪案件高频发生，职务类犯罪也是与日俱增。

三、打击生态环境犯罪的新对策

针对上文所提到的犯罪高发原因，笔者认为有关部门应该结合贵州省的实际情况，制定新对策，才能严厉打击生态环境犯罪，还老百姓一片绿水青山：

（一）调节量刑标准，降低入罪门槛

生态环境犯罪与一般的刑事犯罪是有不同之处的，由于其具有隐蔽性且危害性极大，因此我们更应该着重于事前的防范，为了体现事前防范的价值理念，并且真正达到事前防范的效果，笔者认为当前我国的生态环境犯罪立法应该进行适当调节，主要从以下两方面入手：

1. 调节量刑标准，使量刑更加合理

根据白皮书的统计，贵州省生态环境犯罪呈现轻刑化的特点，多数案件的刑罚都在有期徒刑三年以下，并且适用缓刑的案例较多，罚金刑处罚力度较轻。比如在2015年的剑河县，犯罪分子杨某砍伐了1126株阔叶林，最后对杨某判处一年零六个月，缓刑两年，并处罚金5000元，虽然之后检察机关发出督促有关单位对杨某处以"补植复绿"的检察建议，但是实际导致的损失与量刑裁决是不对等的，阔叶林对保持水土涵养具有重要作用，"补植复绿"所补植的杉木作为成材期较短，用途广的经济价值高的林种其对于生态环境的作用与天然阔叶林无法相比。不仅如此，在2015年贵州省检察院公布的5大典型案例中，就有4例案件所判处的有期徒刑在两年以内，并且有4例案件适用缓刑。通过观察可以发现，在司法实践中生态环境犯罪，通常判处一年左右的有期徒刑并且还伴随适用缓刑，而缓刑的适用大大降低了自由刑的打击力度，使得警示作用大打折扣。不仅如此，罚金5000元的判决并未能使犯罪分子吸取教训，如杨某一般的多数犯罪分子，都是因为经济利益的驱使。当可能遭受的经济处罚远远大于可能获取的经济利益时，就会大大降低该类犯罪案件的发生。贵州省具有丰富的森林资源，不少犯罪分子认为成片地砍伐树木其经济价值十分可观，且量刑较轻，使得犯罪分子心存侥幸。可见，在如此倡导打击生态环境犯罪的同时，生态环境犯罪仍然高发与我国现阶段的立法局限是分不开的，因此为了能够真正打击此类犯罪，防止案件的再发生，我们就应该通过调节刑罚的量刑力度来予以警示。

因此笔者建议，我国生态环境立法应该调节量刑标准，加重刑罚力度，较少适用缓刑，并且扩大罚金刑的适用，才能有效做到生态环境犯罪的防患于未然。

2. 扩大生态环境犯罪罪名，引进危险犯，降低入罪门槛

根据贵州省林业厅的相关调查，贵州省的湿地正在面临严

重的威胁，多年来，尽管人工湿地在不断建造，但是贵州省仍然减少了近十万亩的湿地面积，工业污染、物种入侵、过度捕捞等使得湿地面临巨大威胁。但是由于牵涉部门广、法律法规不完善的问题使得对于湿地污染问题的治理也存在许多困难，因此笔者认为对湿地的保护也应该列入刑法的范畴，这是刻不容缓的一件事。为了真正做到保护生态环境，我们应该尽力弥补立法上的空白。

根据现行《刑法》，生态环境犯罪目前涉及森林资源、土地资源、水资源等，属于生态环境犯罪的罪名主要集中在第六章第六节，大致有 15 个。但是生态环境犯罪还包括一些渎职类犯罪，比如"违法发放林木采伐许可证罪""环境监管失职罪"等。但是实际上，我们的生态环境犯罪已经不只是对社会管理秩序的侵害了，还包括侵害人身健康、财产利益，等等。为了司法实践的需要，笔者认为应该将所有涉及生态环境犯罪的罪名整合为一个单独的章节。

在 2011 年《中华人民共和国刑法修正案（八）》（以下简称《刑法修正案（八）》）修订时将《刑法》第 338 条的"污染环境罪"中的"造成重大污染事故"改成了"严重污染环境的"，这是环境犯罪立法的一大进步。《刑法修正案（八）》以及 2016 年《最高人民法院、最高人民检察院关于办理环境污染刑事案件适用法律若干问题的解释》中对"严重污染情形"和"从重处罚"等的规定，表明危险犯将逐步引入环境犯罪中。以往的环境犯罪只有"行为犯"和"结果犯"，贵州省涉林案件比重如此之高，有一部分原因是因为许多潜在危害结果并未显现，由于现在仍然有许多罪名以危害结果和严重情节作为入罪标准，因此许多犯罪行为极难被发现或者并未达到入罪指标，但是其导致的生态环境破坏是很严重的，这严重违背了罪责刑相适应的基本原则。

因此，严厉打击生态环境犯罪应就迫在眉睫的生态环境问题，尽快地制定相应的法律法规，让环境问题实现真正的有法可依。并且，降低入罪门槛，引进危险犯，将潜在的危害结果作为入罪标准，才能使得生态环境得到有效的保护。

（二）积极进行普法宣传教育，大力发展农村经济

贵州省山区老百姓由于长期居住在偏远山区，教育水平落后，加上相关单位普法力度不够，法律意识淡薄，常常不知犯何罪，认为自己不过是砍掉了自己家门前的几棵大树，或者去采摘了路边的野花野草，仅此而已。贵州省锦屏县人民检察院在 2015 年汇编、印发了《锦屏县人民检察院生态环境保护宣传手册》2000 册，分发给村民进行学习，使得人民群众的生态保护观念更加深入。但是普法教育不止于此，要想法律落到实处，普法教育应该更具有针对性，形式需要更加丰富多样，才能使生态环境保护的意识更加深入人心，根据贵州省实际情况，笔者建议普法宣传教育可以大致分为以下几种形式：

（1）定期进行普法宣传，对于盗伐林木、滥伐林木案件高发地区，比如较为偏远、经济较为落后的山区，基层法院或者检察院组成普法专项小分队，分发宣传册，并且在村内建立起普法互助组，积极宣传法律知识。

（2）定期开展案情模拟活动，将一些较为典型的案件以小品、话剧或者歌曲的形式定期在乡村开展普法文艺汇演，在乐趣中进行知识的传播。

（3）制作壁画墙，现在许多乡村为了建设新农村，都在积极地为村貌换新衣，作为一个契机，我们可以将相关普法知识做成画报或者直接做成墙画，既能建设新农村形象，也能加深每个村民对生态环境保护的意识。

除了普法宣传，提高经济水平是从根源上降低犯罪率的关键。贵州省是一个经济相对落后的省份，由于山区人民生活困苦，为了生存的需要，村民就会产生犯罪动机，在大力倡导经济建设的今天，我们应该更加关注农村的经济建设，相关政府应该结合该村具体情况，充分利用该村资源大力发展新农村建设，当农民的生活水平提高了，犯罪率也会随之下降。

（三）公益诉讼与刑事诉讼有效结合，大力查办渎职类犯罪

在近年来的生态环境犯罪中，职务类犯罪的比例在逐年升高，贵州省人民检察院的白皮书指出：2014 年至 2016 年，共打击职务类犯罪 900 多人。不止贵州省，最高人民检察院公布的 15 件生态环境犯罪指导案例中，就有 6 件属于职务犯罪。可见，行政机关与行政人员的渎职行为是打击生态环境犯罪的一大阻碍。因此，大力查办渎职类犯罪，是现阶段打击生态环境犯罪的重要一环。

2015 年，贵州省金沙县人民检察院诉金沙县环保局监管不力，成为全国首例由检察机关直接作为原告，向人民法院提出环保部门作为被告的行政公益诉讼。此后，开创了检察机关具备提起行政公益诉讼主体资格的先河。后来贵州省锦屏县检察院和六枝特区检察院都分别提起了行政公益诉讼。为了严厉惩治相关部门的不作为，将生态环境问题牢牢抓住，尽早遏制生态环境破坏问题的严重蔓延，作为法律监督机关，各级人民检察院都应该合理运用行政公益诉讼，将行政公益诉讼和刑事诉讼相结合，双管齐下，通过不同的手段，共同打击行政机关的不作为行为以及渎职行为。

综上所述，我们今天大力提倡生态文明建设，严厉打击生态环境犯罪，但是犯罪案件仍然高发，究其原因是我国在立法和司法上都存在一定的问题，我国对于环境犯罪立法的理念没

有转变，没有在生态环境犯罪中体现事先防范的价值，导致犯罪分子容易存在侥幸心理。同时，又因为与日俱增的渎职类犯罪导致打击生态环境犯罪的工作比较难以真正实施，使得刑法的大刀没有真正发挥其光芒。许多部门在发展新农村时，破坏生态环境的行为并没有被披露，产生官官相护或者官商勾结的局面，因此在日后的实践中，要想真正的建设"美丽中国"，我们需要整治相关执法部门，并且好好思考在其他部门法的配合下，如何运用刑法为中国献上一幅美丽的画卷。

贵州省生态环境犯罪的现状及措施探析

王新政 *

摘要：社会主义市场经济现代化进程中，伴随而来的是高发的生态环境犯罪，而今年新实行的《生态环境损害赔偿制度改革试点方案》是对一般生态环境污染的有效处理方式，但是此办法的实行又冲击了本来就有局限性的环境刑法，使得生态环境犯罪的处罚方式民事化或行政化。本文以大鹰田倾倒案为引，先是叙述当前生态环境犯罪的治理现状和大环境下存在的问题，结合贵州省的情况说明该地区生态环境犯罪治理所存在的主要问题，最后提出相应的措施，以期能够实现贵州省生态环境与经济发展的耦合发展关系。

关键词：生态环境犯罪 环境刑法 预防 大鹰田倾倒案 制度

引 言

中共中央办公厅、国务院办公厅于 2015 年 12 月 3 日印发《生态环境损害赔偿制度改革试点方案》是为逐步建立生态环境损害赔偿制度而制定，2016 年 8 月，贵州省作为试点之一对全省范围内的环境损害案例进行排查，因此出现了被誉为"贵州首份生态环境损害赔偿司法确认书"的大鹰田倾倒案，并且社

---

* 王新政，贵州大学法学院刑法学硕士研究生。

会对此案的评价很高。[1]但是，生态环境损害赔偿制度的实行给环境刑法造成很大的影响，不只影响到环境刑法的适用问题，环境犯罪的民事化或行政化处理，会间接导致刑法的系统被破坏，无论是在立法、司法还是执法方面。

大鹰田倾倒案中，行为人在 2012 年至 2015 年 3 年期间，将约 8 万立方米的工业废渣非法倾倒在大鹰田地块，堆砌占地面积约 100 亩，形成了长 360 米、宽 100 米、最大高度 50 米的废物堆，最后依据《中华人民共和国环境保护法》《中华人民共和国固体废物污染环境防治法》《关于开展环境污染损害鉴定评估工作的若干意见》，贵州省人民政府与行为人达成《生态环境损害赔偿协议》，经贵州省清镇市人民法院生态保护法庭确认并送达民事裁定书，约定行为人需在行政机关的监督下对污染区域进行补救性恢复措施，而因此免除了其他非财产性质的处罚。先不论倾倒行为造成了多大面积的树木死亡，这种对生态环境造成大面积毁坏的行为无疑是环境犯罪，但是却简单地以民事纠纷处理的方式解决，并且其中政府还是作为当事人出现，换句话表述就是行政机关以解决民事纠纷的方式了一场刑事案件，可见其实"生态环境损害赔偿制度"的实施并非那么简单。

由于生态环境的难逆性，并且生态环境又是各类自然资源、能量相互作用、相互联系的系统，[2]这就使得生态污染后的自然恢复性很难在短时间内完成，至少是在污染产生的时间内不可能完成，可见污染产生时间短，但持续时间长，对于大鹰田案虽然恢复了原有生态环境，但是并不能恢复污染持续时间内的环境效益，因此对环境犯罪的处理应越早且越快越好，若是

---

〔1〕 参见任世丹："首例生态环境损害赔偿协议司法确认案评析"，载《环境保护》2017 年第 21 期。

〔2〕 参见刘爱军主编：《生态文明研究（第三辑）》，山东人民出版社 2013 年版。

能事前预防则是最好。但是，这是法律的最终目的，因此生态环境犯罪的处理以及为能达到预防的措施则仍需重点讨论。

一、环境犯罪问题在贵州省的表现

贵州省位于云贵高原，省内山水范围庞大且交错复杂，更是给环境保护提出了很大的难题，并且大形势下全国存在的环境问题在贵州省也都有体现，并且在贵州省经济发展迅速的情况下更为显著。

（一）环境刑法制度少

对于其他犯罪以及其他法律案件来说，司法解释比比皆是，政府通告、实施办法种类繁多且具体详细，而对于环境违法案件来说，除去广义的环境犯罪罪名外[1]，2008 年 1 月贵州省人民政府印发的《贵州省环境违法案件挂牌督办办法》、2008 年 11 月贵州省环境保护局、贵州省公安厅、贵州省人民检察院关于印发《关于加强在预防和查办涉嫌环境犯罪工作中相互配合的若干意见》、2009 年 3 月贵州省人大常委会颁布的影响很大的《贵州省环境保护条例》多是在行政行为方面，对环境保护的刑法制度来说很少。因此，在发生环境犯罪时，结合贵州省本地情况的可供实行的制度少，很大程度上限制了环境刑法运行的效率，由于环境刑法制度少，使得司法机关以及行政机关不能快速有效地解决犯罪问题，间接地加大了环境犯罪的侵害力。

（二）行政化处理环境犯罪数量多

行政化处理环境犯罪在全国范围内都存在，在贵州省较为

---

〔1〕 参见刘仁文：《环境资源保护与环境犯罪》，中信出版社 2004 年版。

突出，主要是因为贵州省多山地，司法机关的数量远远比不上行政部门，且环境保护的监督权在行政机关，在发生环境犯罪时的处理方式上很大程度是行政行为下的惩处，表现为：行政处罚案件多，移送立案审查少，[1]最终的结果就是环境犯罪的行政化处理。在 2015 年肖某失火案中，六枝特区公安局对造成失火面积 8.3 公顷的肖某作出行政处罚结案，而后在人民检察院调查时认为肖某已构成犯罪标准，要求六枝特区公安局说明不立案理由时，公安局回复：因此案已对其行政处罚，故不再追究刑事责任。可见对于环境犯罪而言处理的方式本身就被误解。

（三）环境职务犯罪上升

对于企业环境犯罪而言，很多的审批流程都需经过行政机关，并且最后也是由行政机关来监督，对于贪污贿赂情况下的环境犯罪很难被起诉[2]，这样的结果就是环境犯罪越来越猖獗，贪污贿赂行为越来越严重，并且两者"相互成长"对社会和谐及生态环境极为不利。在 2015 年贵州省发布的生态环境司法保护典型案例中，仅 1 月至 6 月期间，检察机关对于生态环境领域职务犯罪立案的有 215 人，同比上升 124%，而生态环境资源犯罪 153 件，也有明显增加，相比较可见两者相关联性极大。

（四）民众侵害小但数量庞大

对于生态环境而言，由于贵州省多是山脉和河流，靠山吃山，靠水吃水的思想根深蒂固，因此对于自然环境的依赖很大，

---

〔1〕 参见曹伟文、刘彩娥、龙浩："生态环境犯罪国家治理的路径"，载《湖南税务高等专科学校学报》2016 年第 2 期。

〔2〕 参见张翔、王焱："生态环境领域渎职侵权犯罪的预防——以天津港'8·12'特别重大生产安全责任事故为视角"，载《中国检察官》2017 年第 12 期。

尤其是对木材的使用量也是很大，在贵州省山地中农村数量庞大，对生态环境的侵害尤其是对树木的砍伐很是严重，多数人认为山林中野生树木是无主物，并且伐完之后也不认为应该补种，使得树木"青黄不接"，有些还以此贩卖，例如：2013 年刘某某、杨某某毁坏国家重点保护植物案中，行为人在锦屏县启蒙镇中华村高山组向当地村民购买了一株野生楠木，并进行了砍伐。可见民众对于生态环境的保护缺乏主动性，并且对生态环境的利用认为是理所应当，而不加合理性条件。

二、生态环境犯罪问题的原因

自 1979 年将生态刑法引入刑法典中，至今对于生态环境犯罪仍没有完整的生态刑法体系，对于环境犯罪处罚只能依靠部分刑法条文、单行刑法以及地方性法规，因此在生态环境犯罪上处罚明显不足。2016 年 5 月 6 日贵州省人民检察院通报了 5 起破坏生态环境的典型案例，2016 年 8 月 30 日贵州省作为生态环境损害赔偿制度改革试点之一进行了生态环境保障制度改革，十九大后，各省把环境治理提上新高度，但是，从中不难看出当前对于生态环境犯罪的治理多是以行政或民事处罚为途径，相比而言刑事惩罚少，从而使得应该受到刑事惩罚的生态环境犯罪，最终只以民事或行政处罚结尾，而后不了了之，这是法治中存在的不和谐因素，究其原因，总结为以下三点：

（一）立法体系不完善

当前，对于生态环境犯罪的规制方面主要体现在刑法分则条文中，以及以各种单行刑法为辅，地方性法规零零散散且不统一，综合形成了当前生态环境的立法体系，但是由于法阶层理论，很难将全部生态环境规范统一系统适用，而因此导致在处理生态环境犯罪的问题上难以做到面面俱到。

目前，我国立法中"人类中心主义"占据主导地位，但是生态环境立法如若简单论及人文环境尚可，但若是以生态环境为范围的话则显得有点局促，而在环境犯罪中，《中华人民共和国刑法修正案（八）》［以下简称《刑法修正案（八）》］之前"致使公私财产遭受重大损失或者人身伤亡的严重后果"体现的就是人类中心主义的思想，在此理解下，刑法并不保护环境，只是对因环境危险所造成的财产以及人身安全的保护，即只有当人类生命、健康以及财产等法益因环境破坏而受到损害或威胁时，才考虑科以刑罚，也就是说，《刑法修正案（八）》之前的环境犯罪在满足基本"重大环境污染事故"的同时还需要满足人的法益受损的因素。修订之后只保留"严重污染环境"也就是说对环境犯罪的定位不是从人的因素考虑，而是环境本身，从而将"环境本位"思想引入，从而归结为环境犯罪从人类中心主义到环境本位的转变。但由最高人民法院和最高人民检察院发布，2017年1月1日正式生效的《最高人民法院、最高人民检察院关于办理环境污染刑事案件适用法律若干问题的解释》中对"公私财产"以及"人体健康"作了详细解释，且对"生态损害"作了详解，其中生态环境的"人本位"依然存在。

广义上的生态环境犯罪，是指行为人违反了生态环境保护的相关法律法规，应当受到刑法处罚的行为；狭义上的生态环境犯罪，是指行为人违反生态环境保护的法律法规，实施了破坏生态环境的行为，造成公私财物重大损失或者人身重大伤亡的法律后果的行为。[1]可见狭义上对生态环境犯罪的解释是

---

〔1〕 参见赵秉志等：《环境犯罪比较研究》，法律出版社2004年版。

"人本位"的思想，而广义上的生态环境犯罪则体现的是"环境本位"思维，归根结底还是环境权的归属问题。

（二）司法体系不明确

当前，对于生态环境污染行为的监管仍由行政机关下属部门负责，而生态环境犯罪要求主客观相统一的情况下才能构成犯罪，[1]在行政部门方面很难或者说从不对此进行判断，只依照案件的影响程度来区分案件属性，从而导致了生态环境犯罪处理方式的行政从属性，而正是由于此种行政从属性，使得国家机关在处理环境犯罪时依据行政法规来进行违规情节的认定和处罚，而并非以刑法来认定其违法犯罪情节，因此在环境犯罪的认定上由于行政从属性的原因往往会对一般环境犯罪"微妙处理"；对有影响的环境犯罪"行政处理"；对重大环境犯罪才"刑事处理"。对于最后一种处理方式又"集中表现在行政处罚案件多、移送立案侦查少；行政执法机关移送多、公安机关立案少"，这种情况会使污染环境和破坏资源的情况严重，并且也对当前中国刑事法律的实施产生很大阻碍，正是由于这种环境犯罪处理方式行政从属性的存在，环境刑法也成为典型的行政刑法，并且"这本质上是纵容行政管理机关与污染者合谋对环境实施侵害与破坏，因而是一种道德上的误导，极端不利于环境保护的观念普及和行动展开"。

对于"生态环境犯罪损害赔偿制度"而言，又何尝不是加强了行政机关对生态环境污染行为民事意义上的行政化处罚，只不过换种说法而已，这种做法短时间可取，但是不适应长时间的生态文明建设，某人实施了污染生态环境的行为，法律法规只要求其恢复即可，那么反复的多次污染和恢复是否有利于

---

〔1〕 参见张明楷编：《刑法学》，法律出版社 2011 年版。

生态文明？并且对法治进程也会产生不利影响。

（三）保障体系不健全

中国当前对环境保护的保障体制主要是依靠国家来保障，而且也主要是行政机关内部工作部门，因此大多数渎职犯罪下的环境犯罪往往得不到快速有效的解决，"蛇鼠一窝"下的老鼠越来越猖獗，[1]由此引发的则是环境犯罪得不到有效惩罚，生态环境得不到有效保护，并且也会间接增加官员的贪腐机率。当然，这次的"生态环境损害赔偿制度"也是以政府部门以及司法机关为主体，"换汤不换药"的做法。

我国有关于"环境公益诉讼"的规定，但是对于诉讼主体的条件要求甚是严格，对于公共组织的技术能力来说远不能达到大案要求，并且对于有些案件的诉讼往往能引起司法机关的介入，而因此丧失诉权，不能参与到原诉讼中，因此对于公共组织来说诉讼的可行性不高。并且当前法律中并没有加入自然人保障体制，自然人只有在遭受环境犯罪侵害时才能得到保护，其他情况下对此并不科以刑法，使得自然人对于环境犯罪的情况只能忍让，忍无可忍的情况就是去举报，而想使国家机关介入，最终，自然人最多是以证人的形式参与诉讼，对于这种情况，很多人也是不愿意去招惹这类案件的。

三、具体防治措施

（一）对环境犯罪处理两法衔接程序制度化

应制定对环境犯罪科以刑法的制度，针对环境犯罪，无论是公民、社会组织、国家机关都可以上报至检察机关，上报后

---

〔1〕 参见薛应军："最高检：生态环境领域渎职犯罪呈现四大特点"，载《民主与法制时报》2015年6月18日。

检察机关应当备案且审查,然后根据案件性质或移交,或退回,但是都必须给出合理解释,对于重大影响的案件处理方式应当公告,案件过程中应当听取上报人的意见,并加以反馈,以求公正、公平、公开地处理生态环境犯罪。对于环境犯罪的处理程序,最重要的环节就是加强行政法与刑法的程序性衔接,[1]并且对特别典型的案例应当广泛宣传,使更多公众熟知案例案情以及其中环境刑法适用和惩治环境犯罪的流程制度,最终达到以案说法、以案教法、以案预防犯罪的目的。

(二)设立生态环境专项巡查机关

在环保机关建立环境清单的情况下,设立单独的生态环境巡查机关,只负责巡查地区内生态环境状态,并且其职权就是巡查,没有处罚权,而若是发现有环境违法现象,需将结果向相关部门反馈,不再像当前的环境监察机关依据自身的权力进行审查处罚,而且该机关应与环保机构、环境行政监察机构以及公安局和人民检察院密切联系,但又分工明确,不能出现权力模糊状态。

(三)将环境犯罪因素引入惩罚环境职务犯罪

对于职务犯罪而言,针对的是犯罪的具体情况来定罪量刑,而若是牵扯到环境犯罪的职务来说,环境犯罪在另一种层次上也是职务犯罪行为人的共同犯罪,而在对因环境犯罪而衍生的职务犯罪的惩罚中,仍是以简单职务犯罪的处罚方式处罚,虽然职务犯罪的处罚明显比其他犯罪重,但是由于环境犯罪的特殊性,应当对因环境犯罪而引发的职务犯罪严厉处罚,这也类似于当今"宽严相济"刑事政策下的"严打",但是这是针对特殊对象的特殊犯罪,因而又不等同于"严打"。并且对其严厉

---

〔1〕 参见赵旭光:"'两法衔接'中的有效监督机制—从环境犯罪行政执法与刑事司法切入",载《政法论坛》2015 年第 6 期。

打击更能保证社会秩序的稳定，对于国家整体秩序而言是有利于保护法益的，[1]因此具有可行性。

（四）强化公民环境主权归属意识

针对特殊环境资源，应对其权利的归属进行确认；针对一般环境资源，应强化公民保护义务意识，因为犯罪是侵害法益的行为，所以应当对权利进行规定。特殊自然环境资源例如濒危、珍贵动植物应对其权利归属加以确认，使得公众明白这些都是有主物，而不能加以侵害；普通的自然环境资源，例如山林、水流应强化公众保护的环境义务意识。在个别严重污染区域针对部分环境资源应划区域监管，给予其被动保护意识；针对一般区域内的自然环境资源应加强对公民教育宣传，强化其主动保护意识，从而使得民众保护意识在心。此外有些学者建议环境权的主体应当包括后代人，从而使本代人的环境义务意识增强，但是本文认为这是不可取的，因为刑法并非民法，不可能给还未出生的婴儿以太多权利。

四、结论

无论何种措施，目的终归是好的，"生态环境损害赔偿制度"也是为了更好地恢复已经受损害的生态环境，在当前经济发展的大环境下，效果显著。但是，若是在行使的过程中必然会损害到其他制度，那么这个措施是否真的是好的呢？政府部门主导下协商解决的生态环境损害赔偿制度，使得有些生态环境犯罪被民事化解决，无疑是对环境刑法的冲击，中国环境犯罪的主要原因就是立法体系不完善、司法体系不明确、保障体

---

〔1〕参见牛忠志："刑法目的新论"，载《云南大学学报（法学版）》2006年第5期。

系不健全这三个方面，而生态环境犯罪体现在贵州省则是刑事处罚行政化及民事化、职务犯罪隐匿性、民众保护心理弱、环境刑法制度少这四个方面。

根据贵州省本地特征，本文认为若想实施有效的生态环境犯罪治理措施，可从设立专项生态环境巡查机关、将生态环境犯罪因素引入惩罚环境职务犯罪、强化环境义务意识、对环境犯罪处理制度化这四个方面入手，其实最重要的就是增强公民爱护生态环境的心理，以达到全民守法的境地，那么人与自然就和谐相处了。

参考文献

［1］任世丹："首例生态环境损害赔偿协议司法确认案评析"，载《环境保护》2017年第21期。

［2］刘爱军主编：《生态文明研究（第三辑）》，山东人民出版社2013年版。

［3］刘仁文：《环境资源保护与环境犯罪》，中信出版社2004年版。

［4］曹伟文、刘彩娥、龙浩："生态环境犯罪国家治理的路径"，载《湖南税务高等专科学校学报》2016年第2期。

［5］张翔、王焱："生态环境领域渎职侵权犯罪的预防——以天津港'8·12'特别重大生产安全责任事故为视角"，载《中国检察官》2017年第12期。

［6］赵秉志等：《环境犯罪比较研究》，法律出版社2004年版。

［7］张明楷编：《刑法学》，法律出版社2011年版。

［8］薛应军："最高检：生态环境领域渎职犯罪呈现四大特点"，载《民主与法制时报》2015年6月18日。

［9］赵旭光："'两法衔接'中的有效监督机制——从环境犯

罪行政执法与刑事司法切入",载《政法论坛》2015年第6期。

　　[10] 牛忠志:"刑法目的新论",载《云南大学学报(法学版)》2006年第5期。

破坏森林资源犯罪的若干问题研究

赵小溪*

【摘要】绿水青山是我国现在经济高速发展的同时坚持的目标。在 2018 年颁布的《宪法修正案》中，明确地把生态文明写入宪法，在宪法中确保了生态文明的地位。根据国家统计年鉴 2018 年的统计数据来看，我国的森林资源总量为 20 768.73 万平方公顷，森林覆盖率为 21.63%。虽然得益于我国近年来对于森林资源的保护日益增强，但不可否认的是现今我国破坏森林资源犯罪的现象依旧频繁发生。本文通过分析我国森林资源犯罪的现状和成因，试图找出一条遏制森林资源犯罪的道路。

【关键词】森林资源　破坏森林资源犯罪

一、我国破坏森林资源犯罪问题现状

（一）破坏森林资源犯罪

《中华人民共和国森林法》（以下简称《森林法》）和其他法律中并没有明确规定森林资源的定义，但是在国务院颁布的《中华人民共和国森林法实施条例》（以下简称《森林法实施条例》）中提及了森林资源的概念，即"森林资源，包括森林、林木、林地以及依托森林、林木、林地生存的野生动物、植物和微生物"。而在《中华人民共和国刑法》（以下简称《刑法》）

---

* 赵小溪，贵州大学法学院研究生。

中，并没有明确的破坏森林资源罪，破坏森林资源犯罪在某种程度上是一种类罪，其比照《森林法森林法实施条例》中关于森林资源的定义，破坏森林资源犯罪可以说包括了非法猎捕、杀害珍贵、濒危野生动物罪，盗伐林木罪，滥伐林木罪等罪名。同时，不可否认的是，我们现如今在处理破坏森林资源犯罪的导向中，一直以来坚持的是"人类中心主义"。虽然有学者倡导"生态中心主义"，但是法律终究是服务于人类的。本文认为，在破坏森林资源犯罪中，应坚持以人为本，同时兼顾生态环境。

（二）破坏森林资源犯罪的现状

1. 破坏森林资源犯罪的案件数量增多。纵使我国如今大力强调"绿水青山"的意义和重要性，但是仍有破坏森林资源案件的发生。其多发生于森林储备量比较多的地区，呈现明显的地域性特点。森林资源犯罪中，以盗伐林木罪和滥伐林木罪为主要类型，而其犯罪率也基本上呈逐年上升的趋势。

2. 犯罪情况复杂化，现有措施难以有效制止犯罪。破坏森林资源犯罪的案件侦查如今难度增大，很大程度上在于犯罪情况更加复杂。首先，随着社会科学技术的发展，犯罪分子采用了电子化和信息化的作案手段。其次，犯罪手段更加高明和隐蔽。例如，犯罪分子不再单纯粗暴地直接砍伐林木，而是通过剥树皮等隐秘的方式来慢慢地"蚕食"林木。再次，犯罪分子团伙化，人员雇佣化。经查明，现在的犯罪分子不再"单打独斗"，而是集团化、团伙化。有严密的上中下游组织，形成了完整的"产业链"。同时，在实行破坏森林资源犯罪行为的过程中，真正的"幕后人员"变得更加隐蔽，他可能会雇佣更多的实行人员。这些真正实施砍伐行为的人并不知道自己在为谁服务，不知道对方是否拥有资质，不知道自己做的是违法的事情。同时，滥砍滥伐的行为多发生在晚上，这时森林警察的防范意识较为薄弱，往往意识到的时候，犯罪现场已经被破坏难以侦查。最后，由于森林面积大，地形复杂，执法人员人数有限，这也使得在面对犯罪情况的时候，执法人员无从下手。

二、破坏森林资源犯罪案件高发原因

（一）《刑法》中存在漏洞

1. 破坏森林资源罪在《刑法》中的立法体例不够科学。破坏森林资源犯罪立法体例是指破坏森林资源犯罪条款在《刑法》中的表现形式和所处章节。广义上的破坏森林资源犯罪除了集中在我国现行《刑法》分则第六章第六节外，其还分散于分则的第三章、第九章。在这几章之间也有些许关于破坏森林资源犯罪的规定，例如走私罪和渎职罪等。这种立法体例看似完美，但还不尽科学。具体表现在：第一，破坏森林资源犯罪在《刑法》的位阶较低。虽然随着环境问题的凸显以及人们对其认识的深入，人们对环境犯罪的客体认识也比较突出。[1]但是在森林资源这个问题上，立法者仍然认为其经济价值重于环境价值，并为了法典的体系性和协调性，将其放置在妨害社会管理秩序这一章里面。然而，破坏森林资源犯罪既与一般的侵害人身权和财产权的犯罪不同，也不同于其所在第六章里的其他妨害社会管理秩序的犯罪，而是有独立犯罪客体的犯罪。即该犯罪不仅侵犯了刑法所保护的财产关系，还侵犯了人与自然之间的生态平衡关系。这种关系包括基于破坏环境带来的不良后果，也包括由于环境危害的持续性而带来的后代子孙生存危机。由此，破坏森林资源犯罪所造成的更深层次的危害，是难以衡量而且

---

〔1〕 参见赵秉志、陈璐："当代中国环境犯罪刑法立法及其完善研究"，载《现代法学》2011 年第 6 期。

不能用金钱来衡量的。第二，破坏森林资源犯罪罪名设置分散化。具体说来，除了《刑法》分则中集中规定的犯罪，例如最主要的盗伐、滥伐林木罪等之外，还有一些派生性破坏森林资源犯罪的罪名分散于分则的其他章节中，使得破坏森林资源犯罪罪名之间呈松散化，不利于整体的森林资源保护。如《刑法》分则第三章第二节"走私罪"等、第九章渎职罪中"违法发放林木采伐许可证罪""环境监管失职罪"等。这种分散的立法不仅影响了整部《刑法》的严密性，对破坏森林资源犯罪的集中治理也产生了负面影响。

2. 罪名单一而且较窄。欧洲国家中对于森林资源保护的研究和立法具有一定借鉴意义。通过研究欧盟国家的立法经验以及欧洲法院的相关裁决可以发现，欧盟国家十分注重法律体系的完整和协调，包括成员国之间法律的完整协调以及成员国法律与欧盟法的完整协调。对比起来，我国环境刑事犯罪的罪名体系中存在如下问题：①罪名规制较窄。《森林法》第2条规定了其适用范围，即"在中华人民共和国领域内从事森林、林木的培育种植、采伐利用和森林、林木、林地的经营管理活动，都必须遵守本法。"国务院颁布的《森林法实施条例》中定义了森林资源的概念，即"森林资源，包括森林、林木、林地以及依托森林、林木、林地生存的野生动物、植物和微生物"。这表明，环境刑法只采取了最狭义的概念，仅仅针对自然环境的某些要素，如动物、林木、森林等这些特定的对象。我国破坏森林资源犯罪的受害对象规定得过于狭窄。②罪名结构单一。我国《刑法》中的破坏森林资源犯罪罪名大多数是针对结果犯，要求必须产生实际的森林资源危害结果，即造成已然的森林资源破坏的后果，例如在《刑法》条文里规定"数量较大""数量巨大"等正是一种森林资源破坏结果的体现，是一种事后惩治；而对于事前预防和事中控制，《刑法》却并没有做出有效的应对方式。注重事后惩治本是《刑法》谦抑性的体现，但是当今社会经济和科技的发展使得破坏森林犯罪的危害系数大大增加，破坏森林所产生的风险变得更加不确定。同时，破坏森林资源犯罪与普通犯罪相比有所不同。然而，预防犯罪的功能并没有从《刑法》条文中表现出来，这主要表现在其惩治的是结果犯，而不是危险犯。

（二）社会管理原因

1. 社会观念意识仍然淡薄。纵然十八大以来我国不断强调生态文明的重要性，然而不可否认的是，在很多农村和林区，农民和山民很难扭转以往的观念。大多数农民认为自己种下的树木就是自己的，想砍就砍，不需要采伐许可证。同时，以前山民的生活资料往往来源于山林，对他们来说，森林如同他们的后花园，砍伐树木来烧火或者做其他用途，都是习以为常的事情，很难让其认识到他们的行为触犯了《刑法》。这种情况也与其法治意识淡薄，社会宣传没有到位有关。

2. 采伐许可证办理程序繁琐。采伐许可证制度原来是政府为了合理控制林木采伐量，更好地保护森林资源而设立的制度，然而如今却变成了对林农的一种阻碍。采伐许可证的办理最起码要经过四道程序，即当事人向乡林业站提出申请，再由乡林业站报县林业局进行审批，由县林业局派出工作人员进行实地勘察之后，林业部门以勘查结果为依据来决定是否批准。程序越多越繁琐，就说明里面暗箱操作的机会就越多。与此同时，采伐许可证的另外一个弊端就是其费用过高。很多有正当采伐林木需要的人为了方便，就不申请采伐许可证，直接偷偷采伐。

3. 经济利益驱使。现代社会的一些人"利"字当头。破坏森林资源的原因归根结底是为了逐利。木材价格攀升，人们对珍稀树种的不法追求，使得人们铤而走险，盗伐、滥伐林木。这不仅仅对普通的商品林有所破坏，对一些珍稀林种的生存也产生了巨大的考验。同时，法院对其判决较轻，违法成本较低，人们在经过衡量之后选择了破坏森林资源的行为。除此之外，政府为了大力发展当地经济，不顾森林资源状况，对于农民毁林毁地种植经济作物以及为了工业发展而征林征地的混乱情况置若罔闻。

三、完善破坏森林资源犯罪的应对措施

（一）修订《森林法》等相关配套法律

1. 为了更好地保护森林资源，应重新修订《森林法》。同时，简化林木的分类，将现有林木的五种分类简化成两种，即生态林和经济林，生态林承担着维持物种多样性以及保护生态环境的重任，经济林就发挥好其经济价值。同时，可设立森林面积红线，任何情况下都不能突破红线，加强对森林面积的强制保护。

2. 在破坏森林资源犯罪中使用诱惑侦查等特殊侦查手段。诱惑侦查等特殊侦查手段，虽然能够有效地打击犯罪，但不可否认的是，它是一把双刃剑。运用得当，则能有效打击犯罪，维护社会秩序；运用不当，将会侵犯人权。因此，特殊侦查手段的应用一定要严谨。上文提过，破坏森林资源犯罪的特点之一就是隐蔽性强，这种隐蔽性来源于作案地点的偏僻以及交易方式的隐蔽。由于以上原因，使得传统侦查手段在此类案件中并未发挥良好作用。而诱惑侦查通过获取初步的真实犯罪线索，侦查人员隐藏自己的身份以"买方或者卖方"（通常情况下是买方）的身份出现，通过与犯罪嫌疑人接触，假装达成交易意向，取得对方信任。与此同时，侦查机关在预定的交易地点暗中设

伏，待"成交"时人赃俱获，可有效地固定证据。[1]

3. 加重犯罪惩罚后果。在裁判文书网中检索破坏森林资源犯罪的判决书，经过分析会发现在一般性的破坏森林资源犯罪案件中，如若犯罪人是初犯而且具有自首等减轻处罚的情节，一般而言判处缓刑居多，而且对于罚金刑的适用较为普遍，有些情况下甚至只处罚金刑，罚金的金额也不高。这就使得刑罚的威慑效果大大降低，不能有效地打击犯罪。

（二）非刑罚处罚措施的应用

1. 责令补救植被。对于盗伐林木的犯罪分子而言，其补救对象包括原有林木所有者以及森林。破坏森林资源犯罪是结果犯，其犯罪行为已经对森林资源造成了严重的后果。在这种情况下，对于犯罪分子的刑罚处罚诸如监禁或者罚金之类的措施，对于恢复原有的森林植被和自然环境，是没有丝毫帮助的。这时就需要各种非刑罚处罚方法的补充适用，使其达到既能够有效地惩罚犯罪分子，又对自然环境起到良好的修复作用的效果。同时，采用责令补救植被的方法，也从某种程度上体现出人类对于自然环境态度的改变，从人类中心主义逐渐转向生态文明主义。

2. 灵活运用罚金刑。上文提到，我国对于破坏森林资源犯罪的刑事处罚措施较轻，其中很明显的表现就在于罚金过低。犯罪分子交完赔偿金和罚金之后，仍可以获利。由此根据犯罪成本，很多人认为自己"赚了"，这也是为什么森林资源犯罪时有发生的原因。同时不可否认的是很多农民、山民因为经济确实贫困导致其铤而走险乱砍滥伐，但是也确实存在为了巨大的经济利益而犯罪的人。对于这些人我们可以分别处理。例如，对于贫困的犯罪分子，对其判处高额罚金毫无意义。对于这一

［1］ 参见王新猛、梁利军："论诱惑侦查在打击破坏森林资源犯罪中的运用"，载《山西警官高等专科学校学报》2009 年第 2 期。

类人可以采用罚金刑易科制度，责令其用植树的方式来冲抵罚金。而对于专门从事破坏森林资源犯罪的人，可以对其采取高额的罚金，提高犯罪成本。

（三）犯罪所得处理

在我国的法律制度中，虽然规定有对犯罪分子的处罚措施，但是却没有明确的制度来处理这些犯罪所得物。而在其他国家，如巴西等森林资源丰富的国家，其明确规定，将没收的犯罪所得折价或捐献给医院、科研机构、大学等类似组织。[1]这样一方面可以最大程度利用这些森林资源，另一方面对犯罪分子也是一种震慑，即他们不可以从破坏森林资源犯罪中获得更多的利益。我国法律没有规定这些制度，一方面是对这些资源的浪费，另一方面有关机关很容易对其恣意处置。同时，在我国破坏森林资源犯罪中，也有很多起案例是由于行政人员不作为乱作为而引起的。这些行政人员没有大局意识，只顾眼前蝇头小利，在执法过程中玩忽职守甚至出现贪污受贿现象。精确地制定法律，厘清有关机关的权力和义务，加强问题意识的培养，有助于更好地保护森林资源，打击这方面的犯罪。

综上所述，打击破坏森林资源犯罪是一项长远而系统的工作，在惩治破坏森林资源犯罪的过程中，加强打击犯罪与保护森林资源的力度，双管齐下有助于更好地保护森林资源，更好地建设我国的生态文明。

---

〔1〕 参见寿莹佳、卫乐乐："中国与巴西森林犯罪刑法规定之比较研究"，载《环境污染与防治》2014年第7期。

环境犯罪治理问题调查研究

——以平坝区为例

冉旭玲*

摘要：环境是人类赖以生存的前提，是经济发展、文化传承的基础。随着社会的不断发展，环境也不断发生变化，各种各样的环境污染问题越来越严重，环境犯罪种类也是多种多样。为更好地了解环境犯罪的种类及相应的立法惩治措施，针对性地对平坝区应对环境犯罪的预防措施进行调查和了解，以便提出相应的建议和看法以更好地预防越来越多的环境犯罪问题。本文从环境犯罪的一些基本问题入手，对环境犯罪的概念、特征、平坝区环境犯罪治理现状等方面进行论述。对平坝区进行调查研究，根据数据和搜集的资料，针对相关问题提出针对性建议，从而能更好地了解环境犯罪和惩治环境犯罪。

关键词：环境犯罪　特征　种类　问题　建议

一、环境犯罪概述

（一）环境犯罪概念

环境犯罪是指自然人主体或单位主体违反相关法律法规的规定，对国家明文保护的环境资源加以污染或破坏，严重破坏

---

　*　冉旭玲，贵州民族大学法学院 2017 级法律硕士。

环境生态系统，情节恶劣，造成危害结果严重从而需要被追究刑事法律责任的行为。

(二) 环境犯罪的特征[1]

环境犯罪虽是一种较新的犯罪形态，有其特有的犯罪特征。通过了解有关环境犯罪的相关特征，可以更进一步帮助我们加深对环境犯罪的认识。

1. 环境犯罪产生的危害结果具有不特定性

环境犯罪的表现方式主要是对环境的污染以及对环境的破坏。自然环境是有一定自净能力和再生能力的，但其自净能力和再生能力无法准确估测，只能说有一个大致的范围，当环境被污染或者破坏到一定的程度，使环境的自我净化能力和自我再生能力减弱或者丧失时，那么环境将不能很快恢复或者完全恢复到原有的状态，甚至是直接引起周围和环境相关联的一切生态系统的瘫痪。根据污染或破坏程度的不同、发现事件时间的不同、环境自净和再生能力的不同而导致的结果会有差异。

2. 环境犯罪的认定具有复杂性

环境犯罪涉及面很广，在认定某一污染或者破坏环境的行为是否属于环境犯罪就变得十分复杂。首先，认定环境犯罪必须要搜集大量的材料来印证环境犯罪，但由于相关技术的限制，很多环境犯罪的相关材料难以搜集。其次，地方保护主义和部门保护主义也普遍存在，很多环境问题最终都是不了了之。

3. 环境犯罪具有行政附随性

环境犯罪的成立要求该行为对环境要造成一定的实害后果，而相关标准和程度则由环境保护部门制定出大概的标准，并且由专门的环境监察部门予以监督管理。当某一主体实施了环境

---

[1] 参见王海洋："环境犯罪预防研究"，东北林业大学2013年硕士学位论文。

犯罪的相关行为，并且达到或超过了行政部门制定的标准，就会有相应的行政处罚，环境犯罪的成立与否高度依赖环境保护行政部门制定的有关标准。

4. 环境犯罪具有违法性

环境犯罪超过环境保护部门制定的标准就有可能会触及刑法的相关规定。

5. 环境犯罪具有社会危害性

环境犯罪成立的前提是客观上有破坏环境的行为并产生了实害结果，这是环境犯罪的实质特征。自然环境是环境犯罪的直接侵害对象，而对人身或财产的损害是间接损害。环境犯罪的危害性不该只着眼于对现实的环境污染、破坏以及对人类的财产或人身损害，其社会危害性是多种的、潜在的、多方面的。

6. 环境犯罪具有应罚性

环境犯罪以违反相关法律的禁止性规定为前提。根据罪刑法定原则和罪刑相适应原则，当符合环境法犯罪构成要件时，必须要根据刑法进行处罚，这样才能更好地实现惩治犯罪和预防犯罪的立法目的。

（三）形成原因

环境的破坏最主要是由人类的日常生活以及经济的发展造成的，特别是在科技和资金都缺乏的年代，都存在先发展后治理的思想。直到进入 21 世纪，环境问题已严重威胁到人们的生活甚至生命时，人们才意识到环境被破坏的严重程度。环境犯罪产生的主要原因应当归结于经济的发展和人们的贪欲，提倡科学发展的今天仍然有很多的企业为了偷税漏税、节约生产成本等一切可以避免花钱的方式而实施破坏环境的行为。在环境犯罪频发的现代诱因肯定是多方面的，其中包括立法的不完善、执法的不严格、守法的不自觉等原因。

二、平坝区环境犯罪现状及犯罪种类

(一) 平坝区环境犯罪现状

贵州省安顺市平坝区位于贵州省中部，距离贵阳市和安顺市以及贵安新区都很近。该区国土面积大约 922 平方千米，总人口约 36 万人。[1]

从 20 世纪 80 年代起就有很多企业在这里兴建，导致外来人口激增，企业和工厂的建立导致了环境污染和被破坏。随着贵安新的划定，平坝区也迎来了更多新区的工业园区，平坝区的环境保护和治理问题就变得越来越重要，也越来越敏感。及时了解环境状况，发现存在的问题并提出相应的对策和治理措施是当下平坝区面临的很大问题。

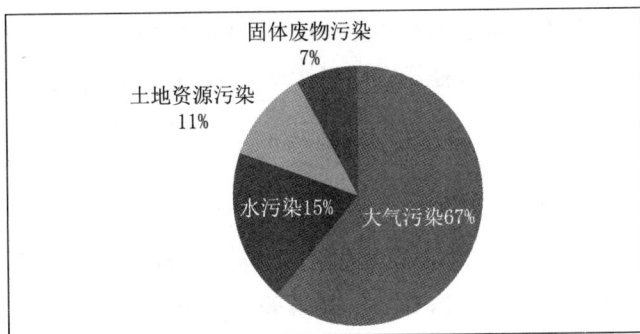

图 1　平坝区环境污染种类分布情况[2]

---

〔1〕 数据参见安顺市平坝区政府网站：http://www.pingba.gov.cn，最后访问日期：2017 年 2 月 25 日。

〔2〕 数据参见安顺市平坝区政府网站：http://www.pingba.gov.cn，最后访问日期：2017 年 2 月 25 日。

如图一所示，平坝区目前主要存在以下四种类型的环境污染，其中大气污染最为严重。

污染指数（0~50 优）（50~100 良）（100~150 及格）
（150~200 差）（200 以上重度污染）

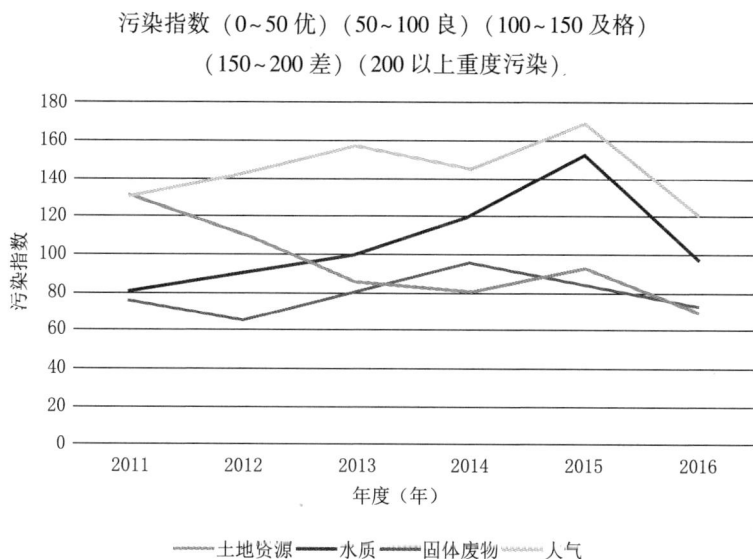

图 2 平坝区近几年环境污染情况 [1]

从以上图表可以看出平坝区近几年的环境污染情况处于一种起伏不是很大的状态，特别是大气污染情况，平坝区县城的天空近几年来一直是灰蒙蒙的，空气污染严重。但是 2016 年就得到了很大的改善，污染指数明显下降；固体废物污染也从 2012 年开始不断下降，相关部门通过增加固体废物回收站和中转站以及填埋站，为治理固体废物的污染提供了很好的渠道；土地资源污染的变化相较而言是比较平缓的，只在 2014 年到达了一个较高的指数但是都是在合格的行列；水污染治理方面，

---

[1] 数据参见安顺市平坝区政府网站：http://www.pingba.gov.cn，最后访问日期：2017 年 2 月 25 日。

近几年来都是定期治理和清理河道，但是 2015 年因为跨界污染红枫湖达到了一个污染指数较高的位置（平坝区超标排污费明细参见平坝区政府网站）。总体而言，平坝区在近几年的治理过程中取得了较好的成绩，环境质量明显提升。

（二）环境犯罪种类[1]

通过笔者实地走访调查以及据平坝区环保局和平坝区政府的网站上得到的相关数据得出平坝区现在主要包含以下几种环境犯罪：

1. 大气污染

大气污染是目前平坝区情况最严重的一类污染。笔者调查了解得到的资料显示，目前平坝大气污染源大概有 84 家，主要是矿山开采、燃煤锅炉和少数企业产生的工业废气。

2. 固体废物污染

固体废物污染源大概有 7 家。主要是倾倒的生活垃圾、医疗垃圾以及工业废渣。

3. 水污染

平坝区的水污染源大概有 40 家，主要有煤矿企业、机械加工企业、食品加工企业、医院、养殖场、城镇居民生活污水等。

4. 土地资源污染

随着平坝区的不断发展，国家的扶持力度不断增加，征收征用土地的问题就越来越多，农用土地由于化肥使用过度等原因已经被严重污染，平坝区土地现在主要是种植草莓、西瓜、葡萄等水果，用于做耕地的已经很少，大量地使用化肥使得土地已经不再肥沃。

---

[1] 数据参见安顺市平坝区政府网站：http://www.pingba.gov.cn，最后访问日期：2017 年 2 月 25 日。

三、平坝区环境犯罪治理现状及治理中存在的问题

（一）平坝区环境犯罪治理现状[1]

平坝区由于地理位置的特殊性，很多工厂在这里落户。以台泥水泥厂为例，该厂自 2005 年建厂以来，一直是该区大气污染的主要制造者，每年该厂所交的排污费也是平坝所有的企业中最多的，其足以证明该厂每年的污染情况也是最严重的，虽然该厂也引进了相关的污水处理设备和其他的净化设备，可是由于大部分燃料还是煤，所以造成的空气污染很严重。平坝政府和环保局针对平坝的各个污染源和平坝区现实情况采取了以下环境保护的措施：2007 年 6 月 30 日，平坝区对集中式饮水水源保护划分方案进行批复，对水源进行规范的划分保护；2008 年 9 月 25 日，平坝区首个污水处理厂一期工程开工，并于 2009 年 6 月 30 日正式投入使用，集中处理生活污水及其他医疗废水，其他污水处理厂也在陆续的建成并投入使用（如夏云镇污水处理厂等），这一举措使得平坝区水污染情况得到了很好的改善；2008 年 9 月 25 日平坝区卫生垃圾处理厂开工建设，针对平坝区现实情况而引进最先进的设备和技术，并且直到现在垃圾处理设备、填埋库以及垃圾处理车辆都在陆续更新和完善，到 2013 年如夏云、高峰、天龙等乡镇的垃圾转运站都相应建造完成并且其他乡镇的垃圾转运站也在陆续建立中，在垃圾回收处理和填埋方面都取得了很好的效果；平坝区环境保护部门的职能划分更加明确和具体，各司其职，环境监察部门的人数增加，即更加重视环境监测方面；2013 年开始，环保局联合县团委，

---

[1] 内容参见"平坝区环境保护大事件"，载 http://www.gog.cn/，最后访问日期：2017 年 2 月 26 日。

以及社会公益志愿者在羊昌河进行了植树造林活动，并和有关部门联合进行了以"爱护环境，关爱河流"为主题的环境保护宣传活动，取得了很好的反响；2013 年 8 月平坝区大气自动监测站投入运行，同年水质自动监测站（焦家桥站）投入运行，实现了水质的实时分析和数据传输；2014 年盘龙树煤矿污水处理设施正式投入运行，在乐平河污染治理方面取得了阶段性成效，同年平坝区出台了《关于加快造林绿化步伐推进生态文明建设的实施意见》，对守住生态底线和加快全区生态文明建设进行了细化的安排和美好的展望。平坝区近几年来一直在绿化方面努力坚持增加绿化面积，净化空气质量，提高环境保护意识等。生态系统被破坏，是需要很长一个过程才能够恢复的，虽然现在短时间没有什么太大的效果，但是只要坚持下去肯定能再次见到蓝天白云、青山绿水出现在平坝区。

（二）平坝区有关环境犯罪在治理中存在的问题

现在平坝区环境污染情况的治理处于一个很敏感的时期，政府和环境保护部门都采取了很多的措施和办法来治理相关环境问题，虽有较好的成效，但治理过程中依然存在着以下问题：

1. 立法方面的问题

立法范围过窄，导致实际发生的环境污染行为在立法上有时找不到对应的法律法规来解决问题。这导致很多行为无法得到正确的处理，让更多的人肆无忌惮地破坏环境而谋取私利，现在的刑法以及其他环境保护法中所规定的环境犯罪的种类、环境犯罪行为的种类以及污染环境造成的结果的程度都没有一个较为全面和固定的标准和范围。所以关于环境犯罪的刑事立法方面现在是比较缺失的，立法机关只能根据已经出现的污染环境的行为或者已经出现的危害结果来制定相关的法律法规或者稍微预见性地制定一些禁止性行为或者限制性行为，以此来预防环境犯罪的产生。此外处罚的体系不够科学和完善，很多无法用刑法处理的行为，只能在处理相关的环境犯罪行为或者污染环境的行为时，按照其他法律法规的规定来处理，再严重的行为由于没有明确的刑法条文也只能根据相关环境保护行政部门制定的条例和办法进行行政处罚。因此由于立法的缺陷，在现实问题中有很多的问题不能得到有效的解决和处罚，无法起到很好的预防和惩治的作用。

2. 执法方面的问题

平坝区由于环境执法能力较为薄弱，执法工作力不从心，工作人员的工作分配不科学，即执法能力跟不上工作需求，导致不能有效地完成环境执法工作。

首先，执法人员专业能力参差不齐，导致不能及时发现环境被破坏、污染的情况或解决发现的问题，以至于环境问题得不到及时改善和治理。其次，在资源配备上也不够完善，执法车辆只有一辆、执法人员刚开始也只有几人（人员在不断地增加中）等方面的原因导致环境执法工作开展较为困难。

其次，环境监测部门的监测力度也不足，专业知识不扎实，以及环境监测站的设备和区域的覆盖也不是很全面，所以不能全面地监测到平坝区各个地方的环境污染变化情况。

最后，在执法过程中企业也存在着很多问题，很多老企业生产工艺较为落后，设备老旧没有更新先进的设备，企业的发展跟不上时代的变化，所以在处理废物废水时并没有严格按照相关法律法规和环保部门的要求排放和倾倒，也没有具体的条例办法针对性地惩治这些"跑、冒、漏、滴"的现象，所以企业投机取巧似地养成了习惯，不规范排放、不花大量的资金去引进新的处理设备和学习先进的改良技术。

企业的社会责任感不强，很多的大企业在巨大利益面前舍弃了环境保护，巨大利益和过高的排污费比起来更多企业选择了前者，这说明很多企业的社会责任感不强，利益就是一切。环境保护成本高，违法成本低导致大多数企业选择了逃避。

3. 司法方面的问题

司法机关内部体制不完善，没有设置专门处理环境犯罪的机构，导致没有专门法庭来处理这类问题，并且立法的不完善导致司法机关在处理环境犯罪类案件时遇到了很大的障碍，只能按照刑法或者相关的环境保护法的条文来处理或者按照最高人民法院的指导性案例来解决问题。因此，在处理污染环境和破坏环境的行为时司法机关受到很大的限制。

前文提到环境犯罪是一个较新的范畴，所以在法院并没有专门处理环境犯罪的法庭和专门学习环境犯罪的法官。处理环境问题的法官大多数是其他庭的法官，这在处理案件过程中也是一个很大的缺陷。

4. 公民有关环境犯罪的认识存在偏差

公民的环保意识不强，这是现在平坝区存在的普遍问题。在平坝区大街上随处可见白色垃圾，河流里、土地里也有很多垃圾，而很多的公民习以为常。他们并非喜欢污染环境，而是大多数人没有环境犯罪这一个概念，更没有因为丢垃圾而需要负责的这种意识，这都来源于文化知识、法律意识的落后，对于他们而言接触环境保护以及环境保护法有关知识的机会少之又少，所以无论对环境犯罪的行为还是对环境犯罪的后果都不清楚，甚至不知道，这也反映了他们对于环境犯罪意识比较薄弱。

公众参与环境治理的途径以及方式的缺失，使得平坝区很多的公众参与制度在实施上会出现各种问题，除了硬件设施的缺失还有公民自我意识的缺乏。

有些社会主体的社会责任感不强，为了个人企业的业绩经常钻法律的漏洞或以投机取巧的方式躲避环境保护部门的各种检测和罚款，这反映了很多的企业在环保意识方面的价值观是扭曲的，他们的心态是"先发展挣钱，环境问题慢慢再说"。

四、平坝区环境犯罪治理措施完善建议

国内的很多学者对于环境犯罪防治有不同的建议，有些认为环境犯罪预防是针对即将发生或者还未发生的犯罪行为采取措施并通过司法强制手段来制止犯罪的发生；而有些学者则认为环境犯罪预防是国家司法机关根据相应的刑法惩治措施来对刑事犯罪分子追究刑事责任，以此发挥刑罚的威慑和改造教育功能。虽是不同的表述，但不难看出都是以刑事司法活动为保障。对于平坝区而言具体问题具体分析主要有以下几个方面：

（一）在立法方面

首先，扩大立法范围，增加新的环境犯罪罪名。根据刑法基本原则做到罪责刑相适应，才能有效地惩治和预防犯罪。

其次，扩大对相关环境犯罪的处罚力度，增加罚金刑的类别，根据《最高人民法院关于审理破坏土地资源刑事案件具体应用法律若干问题的解释》[1]可知我们的立法关于土地资源破坏犯罪的范围较窄并且处罚力度对于惩治犯罪是不够强的，扩大惩治范围和惩罚力度有助于更好地增加威慑力和更好地预防环境犯罪。

最后，针对水资源污染应该更加细化和明确每一种类的工业废水的排放标准以及设置专门的技术人员，对于大污染源的

---

〔1〕 参见赵秉志：《环境犯罪及其立法完善研究——从比较法的角度》，北京师范大学出版社 2011 年版，第 222~224 页。

定期监测，以强制方式要求排放量超标的企业或工厂引进新的处理设备和招聘专门的处理污废水的技术人员，因为现在的超标罚款对于一些大污染源企业震慑力不足，立法应当以强制的方法要求相关企业来承担自己社会责任和法律责任。

（二）在执法方面

第一，提高执法人员的专业素养，配备执法设备和资源，设置更加专业的环境监测部门和专业的技术人员，整合执法力量，做到物尽其用。

第二，规范执法单位的体制机制，注重执法人员的自我素养，做到秉公执法、不吃回扣、认真办事。

第三，各执法主体之间应该尽可能地共享资源并且能建立有效的分享平台。针对固体废物污染，相关政府及环保部门应在原有的固体废物处理回收站的基础上，再集中式地修建固体废物回收处理站、填埋站以及焚烧站。

第四，针对水资源污染，有关环保部门应加大对水质的定期检测，以及对城区的河道进行定期的清理，在河流的周围增加绿化面积，固定土壤，防治水土流失；环保部门应该建立专门的水质监测机构，采用专业的管理体制和专业的设备用专业的人才来保护平坝区的所有河道和饮用水，绝对不能再让"跨界污染红枫湖水源"[1]的事件再次发生。

（三）在司法方面

应当逐步完善司法机关的资源配置即人民法院应该设置一个关于环境犯罪的法庭，配备处理环境犯罪类的专业法官，人才机制完善的前提是司法机关在职能划分上必须科学和合理，

---

〔1〕 参见"平坝药企'跨界'污染清镇水源事件进展追踪"，载 http://www.gywb.cn/content/2016-04/14/content_ 4807015.htm，最后访问日期：2017 年 2 月 20 日。

这样才能更好地解决和处理相关的环境犯罪案件。定期安排司法人员进行学习以了解最新的有关环境犯罪的信息。加大环保宣传，定期举行环境保护的公益宣传讲座以及有关环境犯罪知识等供市民学习和了解，呼吁更多人一起守卫这个家园。

（四）在公民意识方面

相关的环保部门和政府应该加大对环境犯罪以及环境保护的相关知识的宣传力度，从公职人员到普通公民都应该是被普及知识的对象。

加强公民保护自然资源环境的意识，宣传不得违反相关法律法规而实施破坏自然资源行为的观念，引导公民塑造一个积极正确的价值观。

大气污染是因为空气遭到了破坏和污染，所以净化空气和帮助环境恢复再生和自净能力就是解决大气污染的关键。目前，平坝区正在大力增加绿化，改善城市的整体规划，以增加绿化面积为目标进而达到净化空气的目的。环境犯罪是全世界都在关注的问题，关于治理环境犯罪笔者还有以下建议——

环境犯罪调研正处于茁壮成长时期，目前我国有关环境犯罪的法律法规还不是很完善：

首先，综合我国的立法现状，我国应属于复合型的立法模式。[1]我国刑法典目前并未专门为环境犯罪设置专章，而是将相关环境犯罪的罪名分散至各个章节。因此，设置环境犯罪的专章，将所有的环境犯罪的罪名整合在一起，这样更能凸显保护环境生态的重要地位以及环境犯罪客体的独立性，并且针对环境犯罪的特点和新出现的犯罪现状增设罪名。

其次，目前我国环境犯罪的刑罚种类只有管制、拘役、有

---

〔1〕 即指以刑法典所规定的环境犯罪为中心，辅之以附属刑法的规定的一种立法模式。

期徒刑和罚金。环境犯罪多由经济发展所致，因此，扩大财产刑的适用范围以及增加其处罚力度对抑制环境犯罪和环境资源的破坏都是很有效的措施，相比于自由刑而言，罚金刑的适用更具有现实性。根据实施破坏环境行为主体的主观恶性大小以及造成的损害后果的大小来承担相应的罚金刑以及承担环境恢复治理的责任，比自由刑的惩罚对环境治理而言更有意义。在刑罚种类方面还可借鉴国外有关资格刑的设置，即根据环境犯罪主体实施的行为和造成的后果的恶劣程度，予以剥夺或限制其从事某一职业的资格或营业资格，以达到从源头解决环境犯罪行为的作用。这样的处罚会对行为主体和其他社会成员起到特殊的预防和警示作用。

最后，关于刑罚处理措施的完善，我们应该在原有规定的三类处理措施的基础上增加限期治理的处罚措施，这样可以减轻现在国家对于环境治理的一些负担。

环境犯罪的惩治措施不一定必须是以剥夺自由的方式，结合现实扩大财产刑的适用范围以及增加限期治理等方式，对于环境治理和恢复更有意义。

五、总结

环境犯罪是伴随工业生产而产生的一种新型的犯罪概念，其对人类和自然的危害性和破坏性都很大，影响范围广泛、持续时间长，环境问题已经成为全球性问题。通过此次自己对于平坝区的走访调查和实地查看，以及对于相关文献的学习，我对于环境犯罪有了更多的了解，虽然由于学习能力有限，但是也根据相关的文献阅读并结合自己的想法针对平坝区现在的环境问题提出了自己的建议。平坝区的城区是贵州省仅有的几个污染情况较为严重的地方之一，现在平坝区的发展也越来越好，相关的单位和政府也根据现存的问题和缺陷有针对性地实施解决方案，如增加绿化、清理河道、规范环境监测等都是为了更好地解决环境污染问题。十二届全国人大二次会议贵州省代表团审议时习总书记的讲话时提及，绿水青山既是自然财富，又是社会财富、经济财富……保护生态环境就是保护生产力……发展的前提必须顺应自然，尊重自然……中国的发展要坚持既要金山银山，也要青山绿水，蓝天白云的理念。[1]环境保护要国家、社会各个主体一起共同维护才能实现。针对环境犯罪的调查研究能为我们的认知和行为提供理论依据和指导意见。只有增强环保意识和法律意识才能更好的保护环境。

本文从环境犯罪概念入手，以污染情况较为明显的平坝区为调查研究范围，通过搜集资料、查找文献到实地走访得出相应的一些结论，并发现了一些在环境犯罪解决过程中存在的问题，提出了自己的看法和建议。经济发展不能以牺牲环境为代价，我们要树立正确的价值观和世界观，不能因小失大。环境犯罪问题在我国还有需要解决的地方，对环境犯罪全面调查研究才能更好地保护环境，保护我们赖以生存的家园。

---

〔1〕 参见人民网：http://www.people.com.cn/，最后访问日期：2017年2月22日。

附 录

中共中央 国务院
关于全面加强生态环境保护
坚决打好污染防治攻坚战的意见

（2018 年 6 月 16 日）

良好生态环境是实现中华民族永续发展的内在要求，是增进民生福祉的优先领域。为深入学习贯彻习近平新时代中国特色社会主义思想和党的十九大精神，决胜全面建成小康社会，全面加强生态环境保护，打好污染防治攻坚战，提升生态文明，建设美丽中国，现提出如下意见。

一、深刻认识生态环境保护面临的形势

党的十八大以来，以习近平同志为核心的党中央把生态文明建设作为统筹推进"五位一体"总体布局和协调推进"四个全面"战略布局的重要内容，谋划开展了一系列根本性、长远性、开创性工作，推动生态文明建设和生态环境保护从实践到认识发生了历史性、转折性、全局性变化。各地区各部门认真贯彻落实党中央、国务院决策部署，生态文明建设和生态环境保护制度体系加快形成，全面节约资源有效推进，大气、水、土壤污染防治行动计划深入实施，生态系统保护和修复重大工程进展顺利，核与辐射安全得到有效保障，生态文明建设成效

显著，美丽中国建设迈出重要步伐，我国成为全球生态文明建设的重要参与者、贡献者、引领者。

同时，我国生态文明建设和生态环境保护面临不少困难和挑战，存在许多不足。一些地方和部门对生态环境保护认识不到位，责任落实不到位；经济社会发展同生态环境保护的矛盾仍然突出，资源环境承载能力已经达到或接近上限；城乡区域统筹不够，新老环境问题交织，区域性、布局性、结构性环境风险凸显，重污染天气、黑臭水体、垃圾围城、生态破坏等问题时有发生。这些问题，成为重要的民生之患、民心之痛，成为经济社会可持续发展的瓶颈制约，成为全面建成小康社会的明显短板。

进入新时代，解决人民日益增长的美好生活需要和不平衡不充分的发展之间的矛盾对生态环境保护提出许多新要求。当前，生态文明建设正处于压力叠加、负重前行的关键期，已进入提供更多优质生态产品以满足人民日益增长的优美生态环境需要的攻坚期，也到了有条件有能力解决突出生态环境问题的窗口期。必须加大力度、加快治理、加紧攻坚，打好标志性的重大战役，为人民创造良好生产生活环境。

二、深入贯彻习近平生态文明思想

习近平总书记传承中华民族传统文化、顺应时代潮流和人民意愿，站在坚持和发展中国特色社会主义、实现中华民族伟大复兴中国梦的战略高度，深刻回答了为什么建设生态文明、建设什么样的生态文明、怎样建设生态文明等重大理论和实践问题，系统形成了习近平生态文明思想，有力指导生态文明建设和生态环境保护取得历史性成就、发生历史性变革。

坚持生态兴则文明兴。建设生态文明是关系中华民族永续发展的根本大计，功在当代、利在千秋，关系人民福祉，关乎民族未来。

坚持人与自然和谐共生。保护自然就是保护人类，建设生态文明就是造福人类。必须尊重自然、顺应自然、保护自然，像保护眼睛一样保护生态环境，像对待生命一样对待生态环境，推动形成人与自然和谐发展现代化建设新格局，还自然以宁静、和谐、美丽。

坚持绿水青山就是金山银山。绿水青山既是自然财富、生态财富，又是社会财富、经济财富。保护生态环境就是保护生产力，改善生态环境就是发展生产力。必须坚持和贯彻绿色发展理念，平衡和处理好发展与保护的关系，推动形成绿色发展方式和生活方式，坚定不移走生产发展、生活富裕、生态良好的文明发展道路。

坚持良好生态环境是最普惠的民生福祉。生态文明建设同每个人息息相关。环境就是民生，青山就是美丽，蓝天也是幸福。必须坚持以人民为中心，重点解决损害群众健康的突出环境问题，提供更多优质生态产品。

坚持山水林田湖草是生命共同体。生态环境是统一的有机整体。必须按照系统工程的思路，构建生态环境治理体系，着力扩大环境容量和生态空间，全方位、全地域、全过程开展生态环境保护。

坚持用最严格制度最严密法治保护生态环境。保护生态环境必须依靠制度、依靠法治。必须构建产权清晰、多元参与、激励约束并重、系统完整的生态文明制度体系，让制度成为刚性约束和不可触碰的高压线。

坚持建设美丽中国全民行动。美丽中国是人民群众共同参与共同建设共同享有的事业。必须加强生态文明宣传教育，牢固树立生态文明价值观念和行为准则，把建设美丽中国化为全民自觉行动。

坚持共谋全球生态文明建设。生态文明建设是构建人类命运共同体的重要内容。必须同舟共济、共同努力，构筑尊崇自然、绿色发展的生态体系，推动全球生态环境治理，建设清洁美丽世界。

习近平生态文明思想为推进美丽中国建设、实现人与自然和谐共生的现代化提供了方向指引和根本遵循，必须用以武装头脑、指导实践、推动工作。要教育广大干部增强"四个意识"，树立正确政绩观，把生态文明建设重大部署和重要任务落到实处，让良好生态环境成为人民幸福生活的增长点、成为经济社会持续健康发展的支撑点、成为展现我国良好形象的发力点。

三、全面加强党对生态环境保护的领导

加强生态环境保护、坚决打好污染防治攻坚战是党和国家的重大决策部署，各级党委和政府要强化对生态文明建设和生态环境保护的总体设计和组织领导，统筹协调处理重大问题，指导、推动、督促各地区各部门落实党中央、国务院重大政策措施。

（一）落实党政主体责任。落实领导干部生态文明建设责任制，严格实行党政同责、一岗双责。地方各级党委和政府必须坚决扛起生态文明建设和生态环境保护的政治责任，对本行政区域的生态环境保护工作及生态环境质量负总责，主要负责人是本行政区域生态环境保护第一责任人，至少每季度研究一次生态环境保护工作，其他有关领导成员在职责范围内承担相应责任。各地要制定责任清单，把任务分解落实到有关部门。抓

紧出台中央和国家机关相关部门生态环境保护责任清单。各相关部门要履行好生态环境保护职责，制定生态环境保护年度工作计划和措施。各地区各部门落实情况每年向党中央、国务院报告。

健全环境保护督察机制。完善中央和省级环境保护督察体系，制定环境保护督察工作规定，以解决突出生态环境问题、改善生态环境质量、推动高质量发展为重点，夯实生态文明建设和生态环境保护政治责任，推动环境保护督察向纵深发展。完善督查、交办、巡查、约谈、专项督察机制，开展重点区域、重点领域、重点行业专项督察。

（二）强化考核问责。制定对省（自治区、直辖市）党委、人大、政府以及中央和国家机关有关部门污染防治攻坚战成效考核办法，对生态环境保护立法执法情况、年度工作目标任务完成情况、生态环境质量状况、资金投入使用情况、公众满意程度等相关方面开展考核。各地参照制定考核实施细则。开展领导干部自然资源资产离任审计。考核结果作为领导班子和领导干部综合考核评价、奖惩任免的重要依据。

严格责任追究。对省（自治区、直辖市）党委和政府以及负有生态环境保护责任的中央和国家机关有关部门贯彻落实党中央、国务院决策部署不坚决不彻底、生态文明建设和生态环境保护责任制执行不到位、污染防治攻坚任务完成严重滞后、区域生态环境问题突出的，约谈主要负责人，同时责成其向党中央、国务院作出深刻检查。对年度目标任务未完成、考核不合格的市、县，党政主要负责人和相关领导班子成员不得评优评先。对在生态环境方面造成严重破坏负有责任的干部，不得提拔使用或者转任重要职务。对不顾生态环境盲目决策、违法违规审批开发利用规划和建设项目的，对造成生态环境质量恶化、生态严重破坏的，对生态环境事件多发高发、应对不力、群众反映强烈的，对生态环境保护责任没有落实、推诿扯皮、没有完成工作任务的，依纪依法严格问责、终身追责。

四、总体目标和基本原则

（一）总体目标。到 2020 年，生态环境质量总体改善，主要污染物排放总量大幅减少，环境风险得到有效管控，生态环境保护水平同全面建成小康社会目标相适应。

具体指标：全国细颗粒物（PM2.5）未达标地级及以上城市浓度比 2015 年下降 18%以上，地级及以上城市空气质量优良天数比率达到 80%以上；全国地表水Ⅰ–Ⅲ类水体比例达到 70%以上，劣Ⅴ类水体比例控制在 5%以内；近岸海域水质优良（一、二类）比例达到 70%左右；二氧化硫、氮氧化物排放量比 2015 年减少 15%以上，化学需氧量、氨氮排放量减少 10%以上；受污染耕地安全利用率达到 90%左右，污染地块安全利用率达到 90%以上；生态保护红线面积占比达到 25%左右；森林覆盖率达到 23.04%以上。

通过加快构建生态文明体系，确保到 2035 年节约资源和保护生态环境的空间格局、产业结构、生产方式、生活方式总体形成，生态环境质量实现根本好转，美丽中国目标基本实现。到本世纪中叶，生态文明全面提升，实现生态环境领域国家治理体系和治理能力现代化。

（二）基本原则

——坚持保护优先。落实生态保护红线、环境质量底线、资源利用上线硬约束，深化供给侧结构性改革，推动形成绿色发展方式和生活方式，坚定不移走生产发展、生活富裕、生态良好的文明发展道路。

——强化问题导向。以改善生态环境质量为核心，针对流域、区域、行业特点，聚焦问题、分类施策、精准发力，不断取得新成效，让人民群众有更多获得感。

——突出改革创新。深化生态环境保护体制机制改革，统筹兼顾、系统谋划，强化协调、整合力量，区域协作、条块结合，严格环境标准，完善经济政策，增强科技支撑和能力保障，提升生态环境治理的系统性、整体性、协同性。

——注重依法监管。完善生态环境保护法律法规体系，健全生态环境保护行政执法和刑事司法衔接机制，依法严惩重罚生态环境违法犯罪行为。

——推进全民共治。政府、企业、公众各尽其责、共同发力，政府积极发挥主导作用，企业主动承担环境治理主体责任，公众自觉践行绿色生活。

五、推动形成绿色发展方式和生活方式

坚持节约优先，加强源头管控，转变发展方式，培育壮大新兴产业，推动传统产业智能化、清洁化改造，加快发展节能环保产业，全面节约能源资源，协同推动经济高质量发展和生态环境高水平保护。

（一）促进经济绿色低碳循环发展。对重点区域、重点流域、重点行业和产业布局开展规划环评，调整优化不符合生态环境功能定位的产业布局、规模和结构。严格控制重点流域、重点区域环境风险项目。对国家级新区、工业园区、高新区等进行集中整治，限期进行达标改造。加快城市建成区、重点流域的重污染企业和危险化学品企业搬迁改造，2018 年年底前，相关城市政府就此制定专项计划并向社会公开。促进传统产业优化升级，构建绿色产业链体系。继续化解过剩产能，严禁钢

铁、水泥、电解铝、平板玻璃等行业新增产能，对确有必要新建的必须实施等量或减量置换。加快推进危险化学品生产企业搬迁改造工程。提高污染排放标准，加大钢铁等重点行业落后产能淘汰力度，鼓励各地制定范围更广、标准更严的落后产能淘汰政策。构建市场导向的绿色技术创新体系，强化产品全生命周期绿色管理。大力发展节能环保产业、清洁生产产业、清洁能源产业，加强科技创新引领，着力引导绿色消费，大力提高节能、环保、资源循环利用等绿色产业技术装备水平，培育发展一批骨干企业。大力发展节能和环境服务业，推行合同能源管理、合同节水管理，积极探索区域环境托管服务等新模式。鼓励新业态发展和模式创新。在能源、冶金、建材、有色、化工、电镀、造纸、印染、农副食品加工等行业，全面推进清洁生产改造或清洁化改造。

（二）推进能源资源全面节约。强化能源和水资源消耗、建设用地等总量和强度双控行动，实行最严格的耕地保护、节约用地和水资源管理制度。实施国家节水行动，完善水价形成机制，推进节水型社会和节水型城市建设，到 2020 年，全国用水总量控制在 6700 亿立方米以内。健全节能、节水、节地、节材、节矿标准体系，大幅降低重点行业和企业能耗、物耗，推行生产者责任延伸制度，实现生产系统和生活系统循环链接。鼓励新建建筑采用绿色建材，大力发展装配式建筑，提高新建绿色建筑比例。以北方采暖地区为重点，推进既有居住建筑节能改造。积极应对气候变化，采取有力措施确保完成 2020 年控制温室气体排放行动目标。扎实推进全国碳排放权交易市场建设，统筹深化低碳试点。

（三）引导公众绿色生活。加强生态文明宣传教育，倡导简约适度、绿色低碳的生活方式，反对奢侈浪费和不合理消费。

开展创建绿色家庭、绿色学校、绿色社区、绿色商场、绿色餐馆等行动。推行绿色消费，出台快递业、共享经济等新业态的规范标准，推广环境标志产品、有机产品等绿色产品。提倡绿色居住，节约用水用电，合理控制夏季空调和冬季取暖室内温度。大力发展公共交通，鼓励自行车、步行等绿色出行。

六、坚决打赢蓝天保卫战

编制实施打赢蓝天保卫战三年作战计划，以京津冀及周边、长三角、汾渭平原等重点区域为主战场，调整优化产业结构、能源结构、运输结构、用地结构，强化区域联防联控和重污染天气应对，进一步明显降低 PM2.5 浓度，明显减少重污染天数，明显改善大气环境质量，明显增强人民的蓝天幸福感。

（一）加强工业企业大气污染综合治理。全面整治"散乱污"企业及集群，实行拉网式排查和清单式、台账式、网格化管理，分类实施关停取缔、整合搬迁、整改提升等措施，京津冀及周边区域 2018 年年底前完成，其他重点区域 2019 年年底前完成。坚决关停用地、工商手续不全并难以通过改造达标的企业，限期治理可以达标改造的企业，逾期依法一律关停。强化工业企业无组织排放管理，推进挥发性有机物排放综合整治，开展大气氨排放控制试点。到 2020 年，挥发性有机物排放总量比 2015 年下降 10% 以上。重点区域和大气污染严重城市加大钢铁、铸造、炼焦、建材、电解铝等产能压减力度，实施大气污染物特别排放限值。加大排放高、污染重的煤电机组淘汰力度，在重点区域加快推进。到 2020 年，具备改造条件的燃煤电厂全部完成超低排放改造，重点区域不具备改造条件的高污染燃煤电厂逐步关停。推动钢铁等行业超低排放改造。

（二）大力推进散煤治理和煤炭消费减量替代。增加清洁能源使用，拓宽清洁能源消纳渠道，落实可再生能源发电全额保障性收购政策。安全高效发展核电。推动清洁低碳能源优先上网。加快重点输电通道建设，提高重点区域接受外输电比例。因地制宜、加快实施北方地区冬季清洁取暖五年规划。鼓励余热、浅层地热能等清洁能源取暖。加强煤层气（煤矿瓦斯）综合利用，实施生物天然气工程。到2020年，京津冀及周边、汾渭平原的平原地区基本完成生活和冬季取暖散煤替代；北京、天津、河北、山东、河南及珠三角区域煤炭消费总量比2015年均下降10%左右，上海、江苏、浙江、安徽及汾渭平原煤炭消费总量均下降5%左右；重点区域基本淘汰每小时35蒸吨以下燃煤锅炉。推广清洁高效燃煤锅炉。

（三）打好柴油货车污染治理攻坚战。以开展柴油货车超标排放专项整治为抓手，统筹开展油、路、车治理和机动车船污染防治。严厉打击生产销售不达标车辆、排放检验机构检测弄虚作假等违法行为。加快淘汰老旧车，鼓励清洁能源车辆、船舶的推广使用。建设"天地车人"一体化的机动车排放监控系统，完善机动车遥感监测网络。推进钢铁、电力、电解铝、焦化等重点工业企业和工业园区货物由公路运输转向铁路运输。显著提高重点区域大宗货物铁路水路货运比例，提高沿海港口集装箱铁路集疏港比例。重点区域提前实施机动车国六排放标准，严格实施船舶和非道路移动机械大气排放标准。鼓励淘汰老旧船舶、工程机械和农业机械。落实珠三角、长三角、环渤海京津冀水域船舶排放控制区管理政策，全国主要港口和排放控制区内港口靠港船舶率先使用岸电。到2020年，长江干线、西江航运干线、京杭运河水上服务区和待闸锚地基本具备船舶岸电供应能力。2019年1月1日起，全国供应符合国六标准的车用汽油和车用柴油，力争重点区域提前供应。尽快实现车用柴油、普通柴油和部分船舶用油标准并轨。内河和江海直达船舶必须使用硫含量不大于 10 毫克/千克的柴油。严厉打击生产、销售和使用非标车（船）用燃料行为，彻底清除黑加油站点。

（四）强化国土绿化和扬尘管控。积极推进露天矿山综合整治，加快环境修复和绿化。开展大规模国土绿化行动，加强北方防沙带建设，实施京津风沙源治理工程、重点防护林工程，增加林草覆盖率。在城市功能疏解、更新和调整中，将腾退空间优先用于留白增绿。落实城市道路和城市范围内施工工地等扬尘管控。

（五）有效应对重污染天气。强化重点区域联防联控联治，统一预警分级标准、信息发布、应急响应，提前采取应急减排措施，实施区域应急联动，有效降低污染程度。完善应急预案，明确政府、部门及企业的应急责任，科学确定重污染期间管控措施和污染源减排清单。指导公众做好重污染天气健康防护。推进预测预报预警体系建设，2018 年年底前，进一步提升国家级空气质量预报能力，区域预报中心具备 7 至 10 天空气质量预报能力，省级预报中心具备 7 天空气质量预报能力并精确到所辖各城市。重点区域采暖季节，对钢铁、焦化、建材、铸造、电解铝、化工等重点行业企业实施错峰生产。重污染期间，对钢铁、焦化、有色、电力、化工等涉及大宗原材料及产品运输的重点企业实施错峰运输；强化城市建设施工工地扬尘管控措施，加强道路机扫。依法严禁秸秆露天焚烧，全面推进综合利用。到 2020 年，地级及以上城市重污染天数比 2015 年减少 25%。

七、着力打好碧水保卫战

深入实施水污染防治行动计划，扎实推进河长制湖长制，坚持污染减排和生态扩容两手发力，加快工业、农业、生活污染源和水生态系统整治，保障饮用水安全，消除城市黑臭水体，减少污染严重水体和不达标水体。

（一）打好水源地保护攻坚战。加强水源水、出厂水、管网水、末梢水的全过程管理。划定集中式饮用水水源保护区，推进规范化建设。强化南水北调水源地及沿线生态环境保护。深化地下水污染防治。全面排查和整治县级及以上城市水源保护区内的违法违规问题，长江经济带于 2018 年年底前、其他地区于 2019 年年底前完成。单一水源供水的地级及以上城市应当建设应急水源或备用水源。定期监（检）测、评估集中式饮用水水源、供水单位供水和用户水龙头水质状况，县级及以上城市至少每季度向社会公开一次。

（二）打好城市黑臭水体治理攻坚战。实施城镇污水处理"提质增效"三年行动，加快补齐城镇污水收集和处理设施短板，尽快实现污水管网全覆盖、全收集、全处理。完善污水处理收费政策，各地要按规定将污水处理收费标准尽快调整到位，原则上应补偿到污水处理和污泥处置设施正常运营并合理盈利。对中西部地区，中央财政给予适当支持。加强城市初期雨水收集处理设施建设，有效减少城市面源污染。到 2020 年，地级及以上城市建成区黑臭水体消除比例达 90% 以上。鼓励京津冀、长三角、珠三角区域城市建成区尽早全面消除黑臭水体。

（三）打好长江保护修复攻坚战。开展长江流域生态隐患和环境风险调查评估，划定高风险区域，从严实施生态环境风险防控措施。优化长江经济带产业布局和规模，严禁污染型产业、企业向上中游地区转移。排查整治入河入湖排污口及不达标水体，市、县级政府制定实施不达标水体限期达标规划。到 2020 年，长江流域基本消除劣 V 类水体。强化船舶和港口污染防治，现有船舶到 2020 年全部完成达标改造，港口、船舶修造厂环卫设施、污水处理设施纳入城市设施建设规划。加强沿河环湖生态保护，修复湿地等水生态系统，因地制宜建设人工湿地水质净化工程。实施长江流域上中游水库群联合调度，保障干流、主要支流和湖泊基本生态用水。

（四）打好渤海综合治理攻坚战。以渤海海区的渤海湾、辽东湾、莱州湾、辽河口、黄河口等为重点，推动河口海湾综合整治。全面整治入海污染源，规范入海排污口设置，全部清理非法排污口。严格控制海水养殖等造成的海上污染，推进海洋垃圾防治和清理。率先在渤海实施主要污染物排海总量控制制度，强化陆海污染联防联控，加强入海河流治理与监管。实施最严格的围填海和岸线开发管控，统筹安排海洋空间利用活动。渤海禁止审批新增围填海项目，引导符合国家产业政策的项目消化存量围填海资源，已审批但未开工的项目要依法重新进行评估和清理。

（五）打好农业农村污染治理攻坚战。以建设美丽宜居村庄为导向，持续开展农村人居环境整治行动，实现全国行政村环境整治全覆盖。到 2020 年，农村人居环境明显改善，村庄环境基本干净整洁有序，东部地区、中西部城市近郊区等有基础、有条件的地区人居环境质量全面提升，管护长效机制初步建立；中西部有较好基础、基本具备条件的地区力争实现 90% 左右的村庄生活垃圾得到治理，卫生厕所普及率达到 85% 左右，生活污水乱排乱放得到管控。减少化肥农药使用量，制修订并严格执行化肥农药等农业投入品质量标准，严格控制高毒高风险农药使用，推进有机肥替代化肥、病虫害绿色防控替代化学防治和废弃农膜回收，完善废旧地膜和包装废弃物等回收处理制度。到 2020 年，化肥农药使用量实现零增长。坚持种植和养殖相结合，就地就近消纳利用畜禽养殖废弃物。合理布局水产养殖空间，深入推进水产健康养殖，开展重点江河湖库及重点近岸海域破坏生态环境的养殖方式综合整治。到 2020 年，全国畜禽粪污综合利用率达到 75% 以上，规模养殖场粪污处理设施装备配套率达到 95% 以上。

八、扎实推进净土保卫战

全面实施土壤污染防治行动计划，突出重点区域、行业和污染物，有效管控农用地和城市建设用地土壤环境风险。

（一）强化土壤污染管控和修复。加强耕地土壤环境分类管理。严格管控重度污染耕地，严禁在重度污染耕地种植食用农产品。实施耕地土壤环境治理保护重大工程，开展重点地区涉重金属行业排查和整治。2018 年年底前，完成农用地土壤污染状况详查。2020 年年底前，编制完成耕地土壤环境质量分类清单。建立建设用地土壤污染风险管控和修复名录，列入名录且未完成治理修复的地块不得作为住宅、公共管理与公共服务用地。建立污染地块联动监管机制，将建设用地土壤环境管理要求纳入用地规划和供地管理，严格控制用地准入，强化暂不开发污染地块的风险管控。2020 年年底前，完成重点行业企业用地土壤污染状况调查。严格土壤污染重点行业企业搬迁改造过程中拆除活动的环境监管。

（二）加快推进垃圾分类处理。到 2020 年，实现所有城市和县城生活垃圾处理能力全覆盖，基本完成非正规垃圾堆放点整治；直辖市、计划单列市、省会城市和第一批分类示范城市基本建成生活垃圾分类处理系统。推进垃圾资源化利用，大力发展垃圾焚烧发电。推进农村垃圾就地分类、资源化利用和处理，建立农村有机废弃物收集、转化、利用网络体系。

（三）强化固体废物污染防治。全面禁止洋垃圾入境，严厉打击走私，大幅减少固体废物进口种类和数量，力争2020年年底前基本实现固体废物零进口。开展"无废城市"试点，推动固体废物资源化利用。调查、评估重点工业行业危险废物产生、贮存、利用、处置情况。完善危险废物经营许可、转移等管理制度，建立信息化监管体系，提升危险废物处理处置能力，实施全过程监管。严厉打击危险废物非法跨界转移、倾倒等违法犯罪活动。深入推进长江经济带固体废物大排查活动。评估有毒有害化学品在生态环境中的风险状况，严格限制高风险化学品生产、使用、进出口，并逐步淘汰、替代。

九、加快生态保护与修复

坚持自然恢复为主，统筹开展全国生态保护与修复，全面划定并严守生态保护红线，提升生态系统质量和稳定性。

（一）划定并严守生态保护红线。按照应保尽保、应划尽划的原则，将生态功能重要区域、生态环境敏感脆弱区域纳入生态保护红线。到2020年，全面完成全国生态保护红线划定、勘界定标，形成生态保护红线全国"一张图"，实现一条红线管控重要生态空间。制定实施生态保护红线管理办法、保护修复方案，建设国家生态保护红线监管平台，开展生态保护红线监测预警与评估考核。

（二）坚决查处生态破坏行为。2018年年底前，县级及以上地方政府全面排查违法违规挤占生态空间、破坏自然遗迹等行为，制定治理和修复计划并向社会公开。开展病危险尾矿库和"头顶库"专项整治。持续开展"绿盾"自然保护区监督检查专项行动，严肃查处各类违法违规行为，限期进行整治修复。

（三）建立以国家公园为主体的自然保护地体系。到2020

年，完成全国自然保护区范围界限核准和勘界立标，整合设立一批国家公园，自然保护地相关法规和管理制度基本建立。对生态严重退化地区实行封禁管理，稳步实施退耕还林还草和退牧还草，扩大轮作休耕试点，全面推行草原禁牧休牧和草畜平衡制度。依法依规解决自然保护地内的矿业权合理退出问题。全面保护天然林，推进荒漠化、石漠化、水土流失综合治理，强化湿地保护和恢复。加强休渔禁渔管理，推进长江、渤海等重点水域禁捕限捕，加强海洋牧场建设，加大渔业资源增殖放流。推动耕地草原森林河流湖泊海洋休养生息。

十、改革完善生态环境治理体系

深化生态环境保护管理体制改革，完善生态环境管理制度，加快构建生态环境治理体系，健全保障举措，增强系统性和完整性，大幅提升治理能力。

（一）完善生态环境监管体系。整合分散的生态环境保护职责，强化生态保护修复和污染防治统一监管，建立健全生态环境保护领导和管理体制、激励约束并举的制度体系、政府企业公众共治体系。全面完成省以下生态环境机构监测监察执法垂直管理制度改革，推进综合执法队伍特别是基层队伍的能力建设。完善农村环境治理体制。健全区域流域海域生态环境管理体制，推进跨地区环保机构试点，加快组建流域环境监管执法机构，按海域设置监管机构。建立独立权威高效的生态环境监测体系，构建天地一体化的生态环境监测网络，实现国家和区域生态环境质量预报预警和质控，按照适度上收生态环境质量监测事权的要求加快推进有关工作。省级党委和政府加快确定生态保护红线、环境质量底线、资源利用上线，制定生态环境准入清单，在地方立法、政策制定、规划编制、执法监管中不得变通突破、降低标准，不符合不衔接不适应的于 2020 年年底前完成调整。实施生态环境统一监管。推行生态环境损害赔偿制度。编制生态环境保护规划，开展全国生态环境状况评估，建立生态环境保护综合监控平台。推动生态文明示范创建、绿水青山就是金山银山实践创新基地建设活动。

严格生态环境质量管理。生态环境质量只能更好、不能变坏。生态环境质量达标地区要保持稳定并持续改善；生态环境质量不达标地区的市、县级政府，要于 2018 年年底前制定实施限期达标规划，向上级政府备案并向社会公开。加快推行排污许可制度，对固定污染源实施全过程管理和多污染物协同控制，按行业、地区、时限核发排污许可证，全面落实企业治污责任，强化证后监管和处罚。在长江经济带率先实施入河污染源排放、排污口排放和水体水质联动管理。2020 年，将排污许可证制度建设成为固定源环境管理核心制度，实现"一证式"管理。健全环保信用评价、信息强制性披露、严惩重罚等制度。将企业环境信用信息纳入全国信用信息共享平台和国家企业信用信息公示系统，依法通过"信用中国"网站和国家企业信用信息公示系统向社会公示。监督上市公司、发债企业等市场主体全面、及时、准确地披露环境信息。建立跨部门联合奖惩机制。完善国家核安全工作协调机制，强化对核安全工作的统筹。

（二）健全生态环境保护经济政策体系。资金投入向污染防治攻坚战倾斜，坚持投入同攻坚任务相匹配，加大财政投入力度。逐步建立常态化、稳定的财政资金投入机制。扩大中央财政支持北方地区清洁取暖的试点城市范围，国有资本要加大对污染防治的投入。完善居民取暖用气用电定价机制和补贴政策。增加中央财政对国家重点生态功能区、生态保护红线区域等生态功能重要地区的转移支付，继续安排中央预算内投资对重点生态功能区给予支持。各省（自治区、直辖市）合理确定补偿标准，并逐步提高补偿水平。完善助力绿色产业发展的价格、财税、投资等政策。大力发展绿色信贷、绿色债券等金融产品。设立国家绿色发展基金。落实有利于资源节约和生态环境保护的价格政策，落实相关税收优惠政策。研究对从事污染防治的第三方企业比照高新技术企业实行所得税优惠政策，研究出台"散乱污"企业综合治理激励政策。推动环境污染责任保险发展，在环境高风险领域建立环境污染强制责任保险制度。推进社会化生态环境治理和保护。采用直接投资、投资补助、运营补贴等方式，规范支持政府和社会资本合作项目；对政府实施的环境绩效合同服务项目，公共财政支付水平同治理绩效挂钩。鼓励通过政府购买服务方式实施生态环境治理和保护。

（三）健全生态环境保护法治体系。依靠法治保护生态环境，增强全社会生态环境保护法治意识。加快建立绿色生产消费的法律制度和政策导向。加快制定和修改土壤污染防治、固体废物污染防治、长江生态环境保护、海洋环境保护、国家公园、湿地、生态环境监测、排污许可、资源综合利用、空间规划、碳排放权交易管理等方面的法律法规。鼓励地方在生态环境保护领域先于国家进行立法。建立生态环境保护综合执法机关、公安机关、检察机关、审判机关信息共享、案情通报、案件移送制度，完善生态环境保护领域民事、行政公益诉讼制度，加大生态环境违法犯罪行为的制裁和惩处力度。加强涉生态环境保护的司法力量建设。整合组建生态环境保护综合执法队伍，统一实行生态环境保护执法。将生态环境保护综合执法机构列入政府行政执法机构序列，推进执法规范化建设，统一着装、统一标识、统一证件、统一保障执法用车和装备。

（四）强化生态环境保护能力保障体系。增强科技支撑，开展大气污染成因与治理、水体污染控制与治理、土壤污染防治等重点领域科技攻关,实施京津冀环境综合治理重大项目,推进区域性、流域性生态环境问题研究。完成第二次全国污染源普查。开展大数据应用和环境承载力监测预警。开展重点区域、流域、行业环境与健康调查,建立风险监测网络及风险评估体系。健全跨部门、跨区域环境应急协调联动机制,建立全国统一的环境应急预案电子备案系统。国家建立环境应急物资储备信息库,省、市级政府建设环境应急物资储备库,企业环境应急装备和储备物资应纳入储备体系。落实全面从严治党要求,建设规范化、标准化、专业化的生态环境保护人才队伍,打造政治强、本领高、作风硬、敢担当,特别能吃苦、特别能战斗、特别能奉献的生态环境保护铁军。按省、市、县、乡不同层级工作职责配备相应工作力量,保障履职需要,确保同生态环境保护任务相匹配。加强国际交流和履约能力建设,推进生态环境保护国际技术交流和务实合作,支撑核安全和核电共同走出去,积极推动落实 2030 年可持续发展议程和绿色"一带一路"建设。

(五)构建生态环境保护社会行动体系。把生态环境保护纳入国民教育体系和党政领导干部培训体系,推进国家及各地生态环境教育设施和场所建设,培育普及生态文化。公共机构尤其是党政机关带头使用节能环保产品,推行绿色办公,创建节约型机关。健全生态环境新闻发布机制,充分发挥各类媒体作用。省、市两级要依托党报、电视台、政府网站,曝光突出环境问题,报道整改进展情况。建立政府、企业环境社会风险预防与化解机制。完善环境信息公开制度,加强重特大突发环境事件信息公开,对涉及群众切身利益的重大项目及时主动公开。2020 年年底前,地级及以上城市符合条件的环保设施和城市污水垃圾处理设施向社会开放，接受公众参观。强化排污者主体责任，企业应严格守法，规范自身环境行为，落实资金投入、物资保障、生态环境保护措施和应急处置主体责任。实施工业污染源全面达标排放计划。2018 年年底前，重点排污单位全部安装自动在线监控设备并同生态环境主管部门联网，依法公开排污信息。到 2020 年，实现长江经济带入河排污口监测全覆盖，并将监测数据纳入长江经济带综合信息平台。推动环保社会组织和志愿者队伍规范健康发展，引导环保社会组织依法开展生态环境保护公益诉讼等活动。按照国家有关规定表彰对保护和改善生态环境有显著成绩的单位和个人。完善公众监督、举报反馈机制，保护举报人的合法权益，鼓励设立有奖举报基金。

新思想引领新时代，新使命开启新征程。让我们更加紧密地团结在以习近平同志为核心的党中央周围，以习近平新时代中国特色社会主义思想为指导，不忘初心、牢记使命，锐意进取、勇于担当，全面加强生态环境保护，坚决打好污染防治攻坚战，为决胜全面建成小康社会、实现中华民族伟大复兴的中国梦不懈奋斗。

全国人民代表大会常务委员会
关于全面加强生态环境保护
依法推动打好污染防治攻坚战的决议

（2018 年 7 月 10 日第十三届全国人民代表大会常务委员会第四次会议通过）

第十三届全国人民代表大会常务委员会第四次会议听取和审议了栗战书委员长所作的全国人大常委会执法检查组关于检查大气污染防治法实施情况的报告。会议充分肯定和高度评价执法检查组的工作，一致赞成执法检查报告，同意报告对贯彻实施大气污染防治法、打赢蓝天保卫战提出的意见和建议。

会议认为，生态文明建设关系中华民族永续发展，关系亿万中国人民的福祉。党的十八大以来，以习近平同志为核心的党中央把生态文明建设作为统筹推进"五位一体"总体布局和协调推进"四个全面"战略布局的重要内容，谋划开展一系列根本性、开创性、长远性工作，推动生态文明建设和生态环境保护从实践到认识发生历史性、转折性、全局性变化。同时，生态文明建设面临的形势仍然严峻，正处于压力叠加、负重前行的关键期，已进入提供更多优质生态产品以满足人民日益增长的优美生态环境需要的攻坚期，也到了有条件有能力解决突出生态环境问题的窗口期。党的十九大制定了决胜全面建成小康社会、夺取新时代中国特色社会主义伟大胜利的宏伟蓝图，对加强生态文明建设、建设美丽中国作出了全面部署。打好污染防治攻坚战是决胜全面建成小康社会的三大攻坚战之一，关系到全面建成小康社会能否得到人民认可、经得起历史检验。

到 2020 年，生态环境质量总体改善，主要污染物排放总量大幅减少，是我们的总体目标。各级人大及其常委会作为国家权力机关，肩负着贯彻落实党中央关于生态文明建设的决策部署、推动生态环境保护法律制度全面有效实施的光荣使命，要充分发挥人民代表大会制度的特点和优势，履行宪法法律赋予的职责，以法律的武器治理污染，用法治的力量保护生态环境，为全面加强生态环境保护、依法推动打好污染防治攻坚战作出贡献。为此，特作决议如下。

一、坚持以习近平新时代中国特色社会主义思想特别是习近平生态文明思想为指引。党的十八大以来，以习近平同志为核心的党中央高瞻远瞩、不懈探索，深刻回答了为什么建设生态文明、建设什么样的生态文明、怎样建设生态文明等重大理论和实践问题，系统形成了习近平生态文明思想。习近平生态文明思想是习近平新时代中国特色社会主义思想的重要组成部分，有力指导生态文明建设和生态环境保护取得历史性成就、发生历史性变革。习近平生态文明思想聚焦人民群众感受最直接、要求最迫切的突出环境问题，深刻阐述了生态兴则文明兴、人与自然和谐共生、绿水青山就是金山银山、良好生态环境是最普惠的民生福祉、山水林田湖草是生命共同体、用最严格制度最严密法治保护生态环境、建设美丽中国全民行动、共谋全球生态文明建设等一系列新思想新理念新观点，对生态文明建设进行了顶层设计和全面部署，是我们保护生态环境、推动绿色发展、建设美丽中国的强大思想武器。各国家机关和全社会要以习近平生态文明思想为方向指引和根本遵循，自觉把经济社会发展同生态文明建设统筹起来，坚决摒弃以牺牲生态环境换取一时一地经济增长的做法，坚决打好污染防治攻坚战，推动形成人与自然和谐发展现代化建设新格局，不断满足人民日益增长的优美生态环境需要，加快建设美丽中国。

二、坚持党对生态文明建设的领导。党的领导是加强生态环境保护、打好污染防治攻坚战的根本政治保证。党的十八大以来，以习近平同志为核心的党中央加快推进生态文明顶层设计和制度体系建设，相继出台《关于加快推进生态文明建设的意见》、《生态文明体制改革总体方案》，制定实施40多项涉及生态文明建设的改革方案，深入实施大气、水、土壤污染防治三大行动计划，推动我国生态环境质量持续改善。根据党中央修改宪法的建议，十三届全国人大一次会议通过宪法修正案，将新发展理念、生态文明、美丽中国等载入国家根本法。2018年5月，党中央召开全国生态环境保护大会，对加强生态环境保护、打好污染防治攻坚战作出再部署，提出新要求。6月，党中央、国务院发布《关于全面加强生态环境保护坚决打好污染防治攻坚战的意见》。各国家机关及其工作人员要牢固树立政治意识、大局意识、核心意识、看齐意识，坚决维护以习近平同志为核心的党中央权威和集中统一领导，全面贯彻落实党中央决策部署，切实担负起生态文明建设和生态环境保护的政治责任。要在党中央集中统一领导下，坚持党委领导、政府主导、企业主体、公众参与，密切配合、协同发力，落实领导干部生态文明建设责任制，健全环境保护督察机制，标本兼治、综合施策，加快构建生态文明体系，全面推动绿色发展，着力解决突出生态环境问题，坚决打好污染防治攻坚战。

三、建立健全最严格最严密的生态环境保护法律制度。保护生态环境必须依靠制度、依靠法治。要统筹山水林田湖草保护治理，加快推进生态环境保护立法，完善生态环境保护法律法规制度体系，强化法律制度衔接配套。加快制定土壤污染防治法，为土壤污染防治工作提供法制保障。加快固体废物污染环境防治法等法律的修改工作，进一步完善大气、水等污染防治法律制度，建立健全覆盖水、气、声、渣、光等各种环境污染要素的法律规范，构建科学严密、系统完善的污染防治法律制度体系，严密防控重点区域、流域生态环境风险，用最严格的法律制度护蓝增绿，坚决打赢蓝天保卫战、着力打好碧水保卫战、扎实推进净土保卫战。抓紧开展生态环境保护法规、规章、司法解释和规范性文件的全面清理工作，对不符合不衔接不适应法律规定、中央精神、时代要求的，及时进行废止或修改。国务院等有关方面要及时提出有关修改法律的议案，加快制定、修改与生态环境保护法律配套的行政法规、部门规章，及时出台并不断完善生态环境保护标准。有立法权的地方人大及其常委会要加快制定、修改生态环境保护方面的地方性法规，结合本地实际进一步明确细化上位法规定，积极探索在生态环境保护领域先于国家进行立法。牢固树立法律的刚性和权威，决不允许作选择、搞变通、打折扣，决不允许搞地方保护。要加强备案审查工作，及时纠正违反上位法规定的法规、规章、司法解释，维护社会主义法制统一。

　　四、大力推动生态环境保护法律制度全面有效实施。制度的生命在于执行，法律的权威在于实施。大气污染防治法执法检查发现了法律实施中存在的突出问题，提出了改进工作、完善制度的建议。有关方面要高度重视，认真整改，确保大气污染防治法各项规定落在实处，以最严密的法治保障打赢蓝天保卫战。各国家机关都要严格执行生态环境保护法律制度，确保有权必有责、有责必担当、失责必追究。各级人大及其常委会要把生态文明建设作为重点工作领域，通过执法检查、听取审议工作报告、专题询问、质询等监督形式，督促有关方面认真实施生态环境保护法律，抓紧解决突出生态环境问题，进一步加大投入力度，强化科技支撑，加强生态环境保护队伍特别是基层队伍的能力建设，建立健全环境污染治理长效机制。要将生态环境质量"只能更好、不能变坏"作为责任底线，督促各级政府和有关部门扛起生态文明建设和生态环境保护的政治责任，建立健全并严格落实环境保护目标责任制和考核评价制度，严格责任追究，保证责任层层落到实处。要依法推动企业主动承担全面履行保护环境、防治污染的主体责任，落实污染者必须依法承担责任的原则，加强环境执法监管，加快建立健全生态环境保护行政执法和刑事司法衔接机制，充分发挥监察机关和司法机关职能作用，完善生态环境保护领域民事、行政公益诉讼制度，依法严惩重罚生态环境违法犯罪行为。要坚持有法必依、执法必严、违法必究，让法律成为刚性约束和不可触碰的高压线。

五、广泛动员人民群众积极参与生态环境保护工作。生态文明是人民群众共同参与共同建设共同享有的事业。要在党的领导下，广泛动员各方力量，群策群力，群防群治，打一场污染防治攻坚的人民战争。要把生态环境保护纳入国民教育体系和党政领导干部培训体系，加强生态文明法律知识和科学知识宣传普及，倡导简约适度、绿色低碳的生活方式，引导全社会增强法治意识、生态意识、环保意识、节约意识，自觉履行生态环境保护法定义务，培育生态道德和行为准则，自觉践行绿色生活。要把群众感受作为检验工作成效和环境质量的重要依据，群众认可才是真认可，群众满意才是真满意。要健全生态环保信息强制性披露制度，依法公开环境质量信息和环保目标责任，保障人民群众的知情权、参与权、监督权。要充分发挥各类媒体的舆论监督作用，曝光突出生态环境问题，报道整改进展情况。要完善公众监督、举报反馈机制和奖励机制，保护举报人的合法权益，鼓励群众用法律的武器保护生态环境，形成崇尚生态文明、保护生态环境的社会氛围。

各国家机关和全社会要紧密团结在以习近平同志为核心的党中央周围，以习近平新时代中国特色社会主义思想为指导，全面加强生态环境保护、打好污染防治攻坚战，为全面建成小康社会、全面建设富强民主文明和谐美丽的社会主义现代化强国而努力奋斗。

最高人民法院　最高人民检察院
关于办理环境污染刑事案件适用法律若干问题的解释

（2016 年 11 月 7 日最高人民法院审判委员会第 1698 次会议、2016 年 12 月 8 日最高人民检察院第十二届检察委员会第 58 次会议通过，自 2017 年 1 月 1 日起施行）

为依法惩治有关环境污染犯罪，根据《中华人民共和国刑法》《中华人民共和国刑事诉讼法》的有关规定，现就办理此类刑事案件适用法律的若干问题解释如下：

第一条　实施刑法第三百三十八条规定的行为，具有下列情形之一的，应当认定为"严重污染环境"：

（一）在饮用水水源一级保护区、自然保护区核心区排放、倾倒、处置有放射性的废物、含传染病病原体的废物、有毒物质的；

（二）非法排放、倾倒、处置危险废物三吨以上的；

（三）排放、倾倒、处置含铅、汞、镉、铬、砷、铊、锑的污染物，超过国家或者地方污染物排放标准三倍以上的；

（四）排放、倾倒、处置含镍、铜、锌、银、钒、锰、钴的污染物，超过国家或者地方污染物排放标准十倍以上的；

（五）通过暗管、渗井、渗坑、裂隙、溶洞、灌注等逃避监管的方式排放、倾倒、处置有放射性的废物、含传染病病原体的废物、有毒物质的；

（六）二年内曾因违反国家规定，排放、倾倒、处置有放射性的废物、含传染病病原体的废物、有毒物质受过两次以上行政处罚，又实施前列行为的；

（七）重点排污单位篡改、伪造自动监测数据或者干扰自动监测设施，排放化学需氧量、氨氮、二氧化硫、氮氧化物等污染物的；

（八）违法减少防治污染设施运行支出一百万元以上的；

（九）违法所得或者致使公私财产损失三十万元以上的；

（十）造成生态环境严重损害的；

（十一）致使乡镇以上集中式饮用水水源取水中断十二小时以上的；

（十二）致使基本农田、防护林地、特种用途林地五亩以上，其他农用地十亩以上，其他土地二十亩以上基本功能丧失或者遭受永久性破坏的；

（十三）致使森林或者其他林木死亡五十立方米以上，或者幼树死亡二千五百株以上的；

（十四）致使疏散、转移群众五千人以上的；

（十五）致使三十人以上中毒的；

（十六）致使三人以上轻伤、轻度残疾或者器官组织损伤导致一般功能障碍的；

（十七）致使一人以上重伤、中度残疾或者器官组织损伤导致严重功能障碍的；

（十八）其他严重污染环境的情形。

第二条　实施刑法第三百三十九条、第四百零八条规定的行为，致使公私财产损失三十万元以上，或者具有本解释第一条第十项至第十七项规定情形之一的，应当认定为"致使公私财产遭受重大损失或者严重危害人体健康"或者"致使公私财产遭受重大损失或者造成人身伤亡的严重后果"。

第三条　实施刑法第三百三十八条、第三百三十九条规定的行为，具有下列情形之一的，应当认定为"后果特别严重"：

（一）致使县级以上城区集中式饮用水水源取水中断十二小时以上的；

（二）非法排放、倾倒、处置危险废物一百吨以上的；

（三）致使基本农田、防护林地、特种用途林地十五亩以上，其他农用地三十亩以上，其他土地六十亩以上基本功能丧失或者遭受永久性破坏的；

（四）致使森林或者其他林木死亡一百五十立方米以上，或者幼树死亡七千五百株以上的；

（五）致使公私财产损失一百万元以上的；

（六）造成生态环境特别严重损害的；

（七）致使疏散、转移群众一万五千人以上的；

（八）致使一百人以上中毒的；

（九）致使十人以上轻伤、轻度残疾或者器官组织损伤导致一般功能障碍的；

（十）致使三人以上重伤、中度残疾或者器官组织损伤导致严重功能障碍的；

（十一）致使一人以上重伤、中度残疾或者器官组织损伤导致严重功能障碍，并致使五人以上轻伤、轻度残疾或者器官组织损伤导致一般功能障碍的；

（十二）致使一人以上死亡或者重度残疾的；

（十三）其他后果特别严重的情形。

第四条　实施刑法第三百三十八条、第三百三十九条规定的犯罪行为，具有下列情形之一的，应当从重处罚：

（一）阻挠环境监督检查或者突发环境事件调查，尚不构成妨害公务等犯罪的；

（二）在医院、学校、居民区等人口集中地区及其附近，违反国家规定排放、倾倒、处置有放射性的废物、含传染病病原体的废物、有毒物质或者其他有害物质的；

（三）在重污染天气预警期间、突发环境事件处置期间或者被责令限期整改期间，违反国家规定排放、倾倒、处置有放射性的废物、含传染病病原体的废物、有毒物质或者其他有害物质的；

（四）具有危险废物经营许可证的企业违反国家规定排放、倾倒、处置有放射性的废物、含传染病病原体的废物、有毒物质或者其他有害物质的。

第五条　实施刑法第三百三十八条、第三百三十九条规定的行为，刚达到应当追究刑事责任的标准，但行为人及时采取措施，防止损失扩大、消除污染，全部赔偿损失，积极修复生态环境，且系初犯，确有悔罪表现的，可以认定为情节轻微，不起诉或者免予刑事处罚；确有必要判处刑罚的，应当从宽处罚。

第六条　无危险废物经营许可证从事收集、贮存、利用、处置危险废物经营活动，严重污染环境的，按照污染环境罪定罪处罚；同时构成非法经营罪的，依照处罚较重的规定定罪处罚。

实施前款规定的行为，不具有超标排放污染物、非法倾倒污染物或者其他违法造成环境污染的情形的，可以认定为非法经营情节显著轻微危害不大，不认为是犯罪；构成生产、销售伪劣产品等其他犯罪的，以其他犯罪论处。

第七条　明知他人无危险废物经营许可证，向其提供或者委托其收集、贮存、利用、处置危险废物，严重污染环境的，以共同犯罪论处。

第八条　违反国家规定，排放、倾倒、处置含有毒害性、放射性、传染病病原体等物质的污染物，同时构成污染环境罪、非法处置进口的固体废物罪、投放危险物质罪等犯罪的，依照处罚较重的规定定罪处罚。

第九条 环境影响评价机构或其人员，故意提供虚假环境影响评价文件，情节严重的，或者严重不负责任，出具的环境影响评价文件存在重大失实，造成严重后果的，应当依照刑法第二百二十九条、第二百三十一条的规定，以提供虚假证明文件罪或者出具证明文件重大失实罪定罪处罚。

第十条 违反国家规定，针对环境质量监测系统实施下列行为，或者强令、指使、授意他人实施下列行为的，应当依照刑法第二百八十六条的规定，以破坏计算机信息系统罪论处：

（一）修改参数或者监测数据的；

（二）干扰采样，致使监测数据严重失真的；

（三）其他破坏环境质量监测系统的行为。

重点排污单位篡改、伪造自动监测数据或者干扰自动监测设施，排放化学需氧量、氨氮、二氧化硫、氮氧化物等污染物，同时构成污染环境罪和破坏计算机信息系统罪的，依照处罚较重的规定定罪处罚。

从事环境监测设施维护、运营的人员实施或者参与实施篡改、伪造自动监测数据、干扰自动监测设施、破坏环境质量监测系统等行为的，应当从重处罚。

第十一条 单位实施本解释规定的犯罪的，依照本解释规定的定罪量刑标准，对直接负责的主管人员和其他直接责任人员定罪处罚，并对单位判处罚金。

第十二条 环境保护主管部门及其所属监测机构在行政执法过程中收集的监测数据，在刑事诉讼中可以作为证据使用。

公安机关单独或者会同环境保护主管部门，提取污染物样品进行检测获取的数据，在刑事诉讼中可以作为证据使用。

第十三条　对国家危险废物名录所列的废物，可以依据涉案物质的来源、产生过程、被告人供述、证人证言以及经批准或者备案的环境影响评价文件等证据，结合环境保护主管部门、公安机关等出具的书面意见作出认定。

对于危险废物的数量，可以综合被告人供述，涉案企业的生产工艺、物耗、能耗情况，以及经批准或者备案的环境影响评价文件等证据作出认定。

第十四条　对案件所涉的环境污染专门性问题难以确定的，依据司法鉴定机构出具的鉴定意见，或者国务院环境保护主管部门、公安部门指定的机构出具的报告，结合其他证据作出认定。

第十五条　下列物质应当认定为刑法第三百三十八条规定的"有毒物质"：

（一）危险废物，是指列入国家危险废物名录，或者根据国家规定的危险废物鉴别标准和鉴别方法认定的，具有危险特性的废物；

（二）《关于持久性有机污染物的斯德哥尔摩公约》附件所列物质；

（三）含重金属的污染物；

（四）其他具有毒性，可能污染环境的物质。

第十六条　无危险废物经营许可证，以营利为目的，从危险废物中提取物质作为原材料或者燃料，并具有超标排放污染物、非法倾倒污染物或者其他违法造成环境污染的情形的行为，应当认定为"非法处置危险废物"。

第十七条　本解释所称"二年内"，以第一次违法行为受到行政处罚的生效之日与又实施相应行为之日的时间间隔计算确定。

本解释所称"重点排污单位",是指设区的市级以上人民政府环境保护主管部门依法确定的应当安装、使用污染物排放自动监测设备的重点监控企业及其他单位。

本解释所称"违法所得",是指实施刑法第三百三十八条、第三百三十九条规定的行为所得和可得的全部违法收入。

本解释所称"公私财产损失",包括实施刑法第三百三十八条、第三百三十九条规定的行为直接造成财产损毁、减少的实际价值,为防止污染扩大、消除污染而采取必要合理措施所产生的费用,以及处置突发环境事件的应急监测费用。

本解释所称"生态环境损害",包括生态环境修复费用,生态环境修复期间服务功能的损失和生态环境功能永久性损害造成的损失,以及其他必要合理费用。

本解释所称"无危险废物经营许可证",是指未取得危险废物经营许可证,或者超出危险废物经营许可证的经营范围。

第十八条 本解释自 2017 年 1 月 1 日起施行。本解释施行后,《最高人民法院、最高人民检察院关于办理环境污染刑事案件适用法律若干问题的解释》(法释〔2013〕15 号)同时废止;之前发布的司法解释与本解释不一致的,以本解释为准。

环境保护行政执法与刑事司法衔接工作办法

环环监〔2017〕17号

(2017年1月25日原环境保护部、公安部、最高人民检察院印发)

第一章　总则

第一条　为进一步健全环境保护行政执法与刑事司法衔接工作机制,依法惩治环境犯罪行为,切实保障公众健康,推进生态文明建设,依据《刑法》《刑事诉讼法》《环境保护法》《行政执法机关移送涉嫌犯罪案件的规定》(国务院令第310号)等法律、法规及有关规定,制定本办法。

第二条　本办法适用于各级环境保护主管部门(以下简称环保部门)、公安机关和人民检察院办理的涉嫌环境犯罪案件。

第三条　各级环保部门、公安机关和人民检察院应当加强协作,统一法律适用,不断完善线索通报、案件移送、资源共享和信息发布等工作机制。

第四条　人民检察院对环保部门移送涉嫌环境犯罪案件活动和公安机关对移送案件的立案活动,依法实施法律监督。

第二章　案件移送与法律监督

第五条　环保部门在查办环境违法案件过程中,发现涉嫌环境犯罪案件,应当核实情况并作出移送涉嫌环境犯罪案件的书面报告。本机关负责人应当自接到报告之日起3日内作出批准移送或者不批准移送的决定。向公安机关移送的涉嫌环境犯罪案件,应当符合下列条件:

（一）实施行政执法的主体与程序合法。

（二）有合法证据证明有涉嫌环境犯罪的事实发生。

第六条 环保部门移送涉嫌环境犯罪案件，应当自作出移送决定后 24 小时内向同级公安机关移交案件材料，并将案件移送书抄送同级人民检察院。

环保部门向公安机关移送涉嫌环境犯罪案件时，应当附下列材料：

（一）案件移送书，载明移送机关名称、涉嫌犯罪罪名及主要依据、案件主办人及联系方式等。案件移送书应当附移送材料清单，并加盖移送机关公章。

（二）案件调查报告，载明案件来源、查获情况、犯罪嫌疑人基本情况、涉嫌犯罪的事实、证据和法律依据、处理建议和法律依据等。

（三）现场检查（勘察）笔录、调查询问笔录、现场勘验图、采样记录单等。

（四）涉案物品清单，载明已查封、扣押等采取行政强制措施的涉案物品名称、数量、特征、存放地等事项，并附采取行政强制措施、现场笔录等表明涉案物品来源的相关材料。

（五）现场照片或者录音录像资料及清单，载明需证明的事实—5—对象、拍摄人、拍摄时间、拍摄地点等。

（六）监测、检验报告、突发环境事件调查报告、认定意见。

（七）其他有关涉嫌犯罪的材料。

对环境违法行为已经作出行政处罚决定的，还应当附行政处罚决定书。

第七条 对环保部门移送的涉嫌环境犯罪案件，公安机关应当依法接受，并立即出具接受案件回执或者在涉嫌环境犯罪案件移送书的回执上签字。

第八条　公安机关审查发现移送的涉嫌环境犯罪案件材料不全的，应当在接受案件的 24 小时内书面告知移送的环保部门在 3 日内补正。但不得以材料不全为由，不接受移送案件。

公安机关审查发现移送的涉嫌环境犯罪案件证据不充分的，可以就证明有犯罪事实的相关证据等提出补充调查意见，由移送案件的环保部门补充调查。环保部门应当按照要求补充调查，并及时将调查结果反馈公安机关。因客观条件所限，无法补正的，环保部门应当向公安机关作出书面说明。

第九条　公安机关对环保部门移送的涉嫌环境犯罪案件，应当自接受案件之日起 3 日内作出立案或者不予立案的决定；涉嫌环境犯罪线索需要查证的，应当自接受案件之日起 7 日内作出决定；重大疑难复杂案件，经县级以上公安机关负责人批准，可以自受案之日起 30 日内作出决定。接受案件后对属于公安机关管辖但不属于本公安机关管辖的案件，应当在 24 小时内移送有管辖权的公安机关，并书面通知移送案件的环保部门，抄送同级人民检察院。对不属于公安机关管辖的，应当在 24 小时内退回移送案件的环保部门。

公安机关作出立案、不予立案、撤销案件决定的，应当自作出决定之日起 3 日内书面通知环保部门，并抄送同级人民检察院。公安机关作出不予立案或者撤销案件决定的，应当书面说明理由，并将案卷材料退回环保部门。

第十条　环保部门应当自接到公安机关立案通知书之日起 3 日内将涉案物品以及与案件有关的其他材料移交公安机关，并办理交接手续。

涉及查封、扣押物品的，环保部门和公安机关应当密切配合，加强协作，防止涉案物品转移、隐匿、损毁、灭失等情况发生。对具有危险性或者环境危害性的涉案物品，环保部门应当组织临时处理处置，公安机关应当积极协助；对无明确责任人、责任人不具备履行责任能力或者超出部门处置能力的，应当呈报涉案物品所在地政府组织处置。上述处置费用清单随附处置合同、缴费凭证等作为犯罪获利的证据，及时补充移送公安机关。

第十一条　环保部门认为公安机关不予立案决定不当的，可以自接到不予立案通知书之日起 3 个工作日内向作出决定的公安机关申请复议，公安机关应当自收到复议申请之日起 3 个工作日内作出立案或者不予立案的复议决定，并书面通知环保部门。

第十二条　环保部门对公安机关逾期未作出是否立案决定、以及对不予立案决定、复议决定、立案后撤销案件决定有异议的，应当建议人民检察院进行立案监督。人民检察院应当受理并进行审查。

第十三条　环保部门建议人民检察院进行立案监督的案件，应当提供立案监督建议书、相关案件材料，并附公安机关不予立案、立案后撤销案件决定及说明理由材料，复议维持不予立案决定材料或者公安机关逾期未作出是否立案决定的材料。

第十四条　人民检察院发现环保部门不移送涉嫌环境犯罪案件的，可以派员查询、调阅有关案件材料，认为涉嫌环境犯罪应当移送的，应当提出建议移送的检察意见。环保部门应当自收到检察意见后 3 日内将案件移送公安机关，并将执行情况通知人民检察院。

第十五条　人民检察院发现公安机关可能存在应当立案而不立案或者逾期未作出是否立案决定的，应当启动立案监督程序。

第十六条　环保部门向公安机关移送涉嫌环境犯罪案件，已作出的警告、责令停产停业、暂扣或者吊销许可证的行政处罚决定，不停止执行。未作出行政处罚决定的，原则上应当在公安机关决定不予立案或者撤销案件、人民检察院作出不起诉决定、人民法院作出无罪判决或者免予刑事处罚后，再决定是否给予行政处罚。涉嫌犯罪案件的移送办理期间，不计入行政处罚期限。

对尚未作出生效裁判的案件，环保部门依法应当给予或者提请人民政府给予暂扣或者吊销许可证、责令停产停业等行政处罚，需要配合的，公安机关、人民检察院应当给予配合。

第十七条　公安机关对涉嫌环境犯罪案件，经审查没有犯罪事实，或者立案侦查后认为犯罪事实显著轻微、不需要追究刑事责任，但经审查依法应当予以行政处罚的，应当及时将案件移交环保部门，并抄送同级人民检察院。

第十八条　人民检察院对符合逮捕、起诉条件的环境犯罪嫌疑人，应当及时批准逮捕、提起公诉。人民检察院对决定不起诉的案件，应当自作出决定之日起 3 日内，书面告知移送案件的环保部门，认为应当给予行政处罚的，可以提出予以行政处罚的检察意见。

第十九条　人民检察院对公安机关提请批准逮捕的犯罪嫌疑人作出不批准逮捕决定，并通知公安机关补充侦查的，或者人民检察院对公安机关移送审查起诉的案件审查后，认为犯罪事实不清、证据不足，将案件退回补充侦查的，应当制作补充侦查提纲，写明补充侦查的方向和要求。

对退回补充侦查的案件，公安机关应当按照补充侦查提纲的要求，在一个月内补充侦查完毕。公安机关补充侦查和人民检察院自行侦查需要环保部门协助的，环保部门应当予以协助。

第三章　证据的收集与使用

第二十条　环保部门在行政执法和查办案件过程中依法收集制作的物证、书证、视听资料、电子数据、监测报告、检验报告、认定意见、鉴定意见、勘验笔录、检查笔录等证据材料，在刑事诉讼中可以作为证据使用。

第二十一条　环保部门、公安机关、人民检察院收集的证据材料，经法庭查证属实，且收集程序符合有关法律、行政法规规定的，可以作为定案的根据。

第二十二条　环保部门或者公安机关依据《国家危险废物名录》或者组织专家研判等得出认定意见的，应当载明涉案单位名称、案由、涉案物品识别认定的理由，按照"经认定，……属于\不属于……危险废物，废物代码……"的格式出具结论，加盖公章。

第四章　协作机制

第二十三条　环保部门、公安机关和人民检察院应当建立健全环境行政执法与刑事司法衔接的长效工作机制。确定牵头部门及联络人，定期召开联席会议，通报衔接工作情况，研究存在的问题，提出加强部门衔接的对策，协调解决环境执法问题，开展部门联合培训。联席会议应明确议定事项。

第二十四条　环保部门、公安机关、人民检察院应当建立双向案件咨询制度。环保部门对重大疑难复杂案件，可以就刑事案件立案追诉标准、证据的固定和保全等问题咨询公安机关、人民检察院；公安机关、人民检察院可以就案件办理中的专业性问题咨询环保部门。受咨询的机关应当认真研究，及时答复；书面咨询的，应当在 7 日内书面答复。

第二十五条 公安机关、人民检察院办理涉嫌环境污染犯罪案件，需要环保部门提供环境监测或者技术支持的，环保部门应当按照上述部门刑事案件办理的法定时限要求积极协助，及时提供现场勘验、环境监测及认定意见。所需经费，应当列入本机关的行政经费预算，由同级财政予以保障。

第二十六条 环保部门在执法检查时，发现违法行为明显涉嫌犯罪的，应当及时向公安机关通报。公安机关认为有必要的可以依法开展初查，对符合立案条件的，应当及时依法立案侦查。在公安机关立案侦查前，环保部门应当继续对违法行为进行调查。

第二十七条 环保部门、公安机关应当相互依托"12369"环保举报热线和"110"报警服务平台，建立完善接处警的快速响应和联合调查机制，强化对打击涉嫌环境犯罪的联勤联动。在办案过程中，环保部门、公安机关应当依法及时启动相应的调查程序，分工协作，防止证据灭失。

第二十八条 在联合调查中，环保部门应当重点查明排污者严重污染环境的事实，污染物的排放方式，及时收集、提取、监测、固定污染物种类、浓度、数量、排放去向等。公安机关应当注意控制现场，重点查明相关责任人身份、岗位信息，视情节轻重对直接负责的主管人员和其他责任人员依法采取相应强制措施。两部门均应规范制作笔录，并留存现场摄像或照片。

第二十九条 对案情重大或者复杂疑难案件，公安机关可以听取人民检察院的意见。人民检察院应当及时提出意见和建议。

第三十条 涉及移送的案件在庭审中，需要出庭说明情况的，相关执法或者技术人员有义务出庭说明情况，接受庭审质证。

第三十一条　环保部门、公安机关和人民检察院应当加强对重大案件的联合督办工作，适时对重大案件进行联合挂牌督办，督促案件办理。同时，要逐步建立专家库，吸纳污染防治、重点行业以及环境案件侦办等方面的专家和技术骨干，为查处打击环境污染犯罪案件提供专业支持。

第三十二条　环保部门和公安机关在查办环境污染违法犯罪案件过程中发现包庇纵容、徇私舞弊、贪污受贿、失职渎职等涉嫌职务犯罪行为的，应当及时将线索移送人民检察院。

第五章　信息共享

第三十三条　各级环保部门、公安机关、人民检察院应当积极建设、规范使用行政执法与刑事司法衔接信息共享平台，逐步实现涉嫌环境犯罪案件的网上移送、网上受理和网上监督。

第三十四条　已经接入信息共享平台的环保部门、公安机关、人民检察院，应当自作出相关决定之日起 7 日内分别录入下列信息：

（一）适用一般程序的环境违法事实、案件行政处罚、案件移送、提请复议和建议人民检察院进行立案监督的信息；

（二）移送涉嫌犯罪案件的立案、不予立案、立案后撤销案件、复议、人民检察院监督立案后的处理情况，以及提请批准逮捕、移送审查起诉的信息；

（三）监督移送、监督立案以及批准逮捕、提起公诉、裁判结果的信息。

尚未建成信息共享平台的环保部门、公安机关、人民检察院，应当自作出相关决定后及时向其他部门通报前款规定的信息。

第三十五条　各级环保部门、公安机关、人民检察院应当对信息共享平台录入的案件信息及时汇总、分析、综合研判，定期总结通报平台运行情况。

第六章　附　则

第三十六条　各省、自治区、直辖市的环保部门、公安机关、人民检察院可以根据本办法制定本行政区域的实施细则。

第三十七条　环境行政执法中部分专有名词的含义。

（一）"现场勘验图"，是指描绘主要生产及排污设备布置等案发现场情况、现场周边环境、各采样点位、污染物排放途径的平面示意图。

（二）"外环境"，是指污染物排入的自然环境。满足下列条件之一的，视同为外环境。

1. 排污单位停产或没有排污，但有依法取得的证据证明其有持续或间歇排污，而且无可处理相应污染因子的措施的，经核实生产工艺后，其产污环节之后的废水收集池（槽、罐、沟）内。

2. 发现暗管，虽无当场排污，但在外环境有确认由该单位排放污染物的痕迹，此暗管连通的废水收集池（槽、罐、沟）内。

3. 排污单位连通外环境的雨水沟（井、渠）中任何一处。

4. 对排放含第一类污染物的废水，其产生车间或车间处理设施的排放口。无法在车间或者车间处理设施排放口对含第一类污染物的废水采样的，废水总排放口或查实由该企业排入其他外环境处。

第三十八条　本办法所涉期间除明确为工作日以外，其余均以自然日计算。期间开始之日不算在期间以内。期间的最后一日为节假日的，以节假日后的第一日为期满日期。

　　第三十九条　本办法自发布之日起施行。原国家环保总局、公安部和最高人民检察院《关于环境保护主管部门移送涉嫌环境犯罪案件的若干规定》（环发〔2007〕78 号）同时废止。

贵州省生态环境保护条例

（2019 年 5 月 31 日贵州省第十三届人民代表大会常务委员会第十次会议通过）

第一章　总　则

第一条　为了保护和改善生态环境，防治污染和其他公害，保障公众健康和生态环境安全，推进生态文明建设，促进经济社会可持续发展，根据《中华人民共和国环境保护法》《全国人民代表大会常务委员会关于全面加强生态环境保护依法推动打好污染防治攻坚战的决议》和有关法律、法规的规定，结合本省实际，制定本条例。

第二条　本条例适用于本省行政区域内生态环境保护及其相关活动。

第三条　生态环境保护遵循人与自然和谐共生、山水林田湖草是生命共同体的理念，坚持保护优先、预防为主、综合治理、政府主导、公众参与、损害担责的原则。

第四条　各级人民政府应当加强对生态环境保护工作的组织领导，坚持科学民主依法决策，统筹研究处理重大问题，组织制定和实施有利于生态环境保护的政策措施，推进经济发展方式转变和产业结构调整。

县级以上人民政府应当将生态环境保护工作纳入国民经济和社会发展规划，加大保护和改善生态环境、防治污染和其他公害的财政投入，逐步建立常态化、稳定的财政资金投入机制。

第五条　各级人民政府对本行政区域的生态环境质量负总

责，主要负责人是本行政区域生态环境保护第一责任人，其他有关负责人在职责范围内承担相应责任。各级人民政府负责人应当定期带头开展生态环境保护巡查活动，发现问题及时处理。

第六条 县级以上人民政府生态环境主管部门对本行政区域生态环境保护工作实施统一监督管理。县级以上人民政府有关部门依照法律等规定，履行生态环境保护相关职责。

经济技术开发区、高新技术开发区、工业园区、综合保税区等区域的生态环境保护工作由所在地县级以上人民政府生态环境主管部门统一监督管理。

综合行政执法部门根据职责，依法对社会生活噪声、建筑施工噪声、建筑施工扬尘、餐饮服务业油烟、露天烧烤、城市焚烧沥青塑料垃圾、露天焚烧秸秆落叶、燃放烟花爆竹等污染行使行政处罚权。

第七条 任何单位和个人都有保护生态环境的义务。公民、法人和其他组织应当增强生态环境保护意识，节约能源资源，践行绿色消费，坚持绿色低碳的生产生活方式，减少废弃物产生，积极参与和监督生态环境保护工作。

建立和完善生态环境保护荣誉制度。对保护和改善生态环境有显著成绩的单位和个人，由人民政府给予表彰奖励。省人民政府应当每5年表彰奖励一次。

第八条 各级人民政府及有关部门应当加强生态环境保护宣传和知识普及工作，定期组织开展生态环境科学知识和相关法律、法规教育，为基层群众性自治组织、社会组织、环境保护志愿者开展生态环境保护法律、法规和生态环境保护知识的宣传提供便利条件。

教育行政部门、学校应当将生态环境保护相关知识纳入学校教育的重要内容，培养、增强学生的生态环境保护意识，教育引导学生主动参与生态环境保护社会实践活动；各级行政学院应当对学员开展生态环境保护法律、法规教育。

国家机关、企业事业单位应当对干部、职工开展生态环境保护法律、法规教育。

报刊、广播电视、网络等新闻媒体应当开展生态环境保护法律、法规和相关知识的宣传，对生态环境违法行为进行舆论监督。

第二章　监督管理

第九条　坚持实行国家生态环境保护目标责任制和考核评价制度。县级以上人民政府应当每年向本级人民政府负有生态环境保护监督管理职责的部门及其负责人和下级人民政府及其负责人下达生态环境保护目标任务，并对目标完成情况进行考核评价，考核结果向社会公开。

第十条　县级以上人民政府应当根据不同区域功能和经济社会发展需要，划定生态功能区划并执行相应的环境质量标准和污染物排放标准。

第十一条　省人民政府生态环境主管部门应当加强生态环境管理信息化建设，建立健全统一的生态环境数据管理系统，依托全省统一的数据共享交换平台，为本省生态环境保护工作提供数据支撑，推动生态环境保护工作信息化、数字化和智能化管理。

第十二条　乡镇人民政府、街道办事处（社区服务管理机构）应当建立健全生态环境治理机制，配合相关部门做好生态环境保护工作。

基层群众性自治组织应当积极协助生态环境主管部门开展生态环境保护工作。

第十三条 市、州以上人民政府及其有关部门，对其组织编制的土地利用的有关规划，区域与流域的建设、开发利用规划，应当在规划编制过程中组织进行环境影响评价，编写环境影响的篇章或者说明。未依法编写有关环境影响的篇章或者说明的规划草案，审批机关不予审批。

已经进行了环境影响评价的规划包含具体建设项目的，规划的环境影响评价结论应当作为规划所包含建设项目环境影响评价的重要依据，建设项目环境影响评价的内容应当根据规划的环境影响评价审查意见予以简化。

第十四条 建设对生态环境有影响的项目，应当依法进行环境影响评价。应当编制环境影响报告书、报告表的建设项目，环境影响评价文件未依法经审批部门审查或者审查后未予批准的，不得开工建设。

依法应当进行环境影响评价的建设项目，建设单位应当按照国家规定编制环境影响报告书或者环境影响报告表，在建设项目开工建设前报有审批权的生态环境主管部门审批。

除国家规定需要保密的情形外，对生态环境可能造成重大影响、应当编制环境影响报告书的建设项目，建设单位应当在编制环境影响报告书时，举行论证会、听证会，或者采取其他形式，充分征求有关单位、专家和公众意见。生态环境主管部门收到的建设项目环境影响报告书、报告表，除涉及国家秘密和商业秘密的事项外，应当全文公开。

依法应当填报环境影响登记表的建设项目，建设单位应当在建成并投入生产运营前将环境影响登记表通过政务信息平台进行备案。

第十五条 省人民政府生态环境主管部门对全省生态环境监测工作实施统一监督管理，统一规划全省生态环境监测网络，会同有关部门建立生态环境监测数据共享机制，健全生态环境监测预警机制。

向社会出具具有证明作用的数据和结果的生态环境监测机构，应当依法取得检验检测资质认定。生态环境主管部门和资质认定部门应当建立信息共享机制。

第十六条 重点排污单位应当开展排污状况自行监测，并按规定保存原始监测记录。安装的污染物自动监测、监控设备应当与生态环境主管部门的污染源自动监控系统联网，并保证监测设备正常运行和数据正常传输。

符合国家有关规定和监测规范的自动监测数据小时均值、日均值、月均值可以作为生态环境监督管理执法的依据。

第十七条 生态环境主管部门所属的生态环境监测机构在执法监测、污染源监测和突发环境事件应急监测过程中出具的符合国家有关规定和监测规范的监测报告，可以作为环境执法、排污许可、核定环境保护税额等环境监督管理的依据。

依法取得生态环境检验检测资质的生态环境监测机构出具的符合国家有关规定和监测规范的监测报告，可以作为环境监督管理的依据。

生态环境监测机构出具的监测报告、环境损害鉴定评估机构出具的鉴定评估报告应当有明确结论。

第十八条 生态环境监测机构出具的监测数据应当准确、客观、真实、可追溯。

采样人员、分析人员、审核与授权签字人对原始监测数据、监测报告的真实性负责。生态环境监测机构及其负责人对监测数据的真实性和准确性负责；生态环境监测机构应当使用符合国家标准的监测设备，遵守监测规范。

生态环境监测机构应当对原始监测记录和报告归档留存，

保证其具有可追溯性。

第十九条 生态环境主管部门执法人员在现场执法过程中依照行政执法规范采集的样品及其分析结果，可以作为监督执法的依据。

第二十条 任何单位和个人不得篡改、伪造生态环境监测数据，禁止出具虚假监测数据、监测报告。禁止干预生态环境监测的过程和结果。

第二十一条 市、州以上人民政府及其生态环境主管部门对重点生态环境违法案件实施重点监督。根据需要，生态环境主管部门可以会同相关国家机关共同实施。

对重点生态环境违法案件实施重点监督按照省人民政府的相关规定执行。

第二十二条 建立完善省级生态环境保护督察和生态环境监察专员制度，对市州、县级人民政府和省人民政府有关部门执行生态环境保护法律法规、履行生态环境保护职责以及环境质量改善等情况进行督察、监察。

第二十三条 有下列情形之一的，省人民政府有关负责人应当约谈市、州人民政府主要负责人：

（一）年度环境质量恶化的；

（二）未完成年度环境质量改善任务的；

（三）未完成年度重点污染物排放控制任务的；

（四）发生重大、特别重大突发环境事件的；

（五）存在公众反映强烈、影响社会稳定的突出环境问题的；

（六）其他依法应当约谈的情形。

有前款所列情形之一的，市州和县级人民政府有关负责人应当约谈下级人民政府主要负责人，省人民政府生态环境保护主管部门负责人可以约谈县级人民政府负责人。

第二十四条　生态环境主管部门应当及时采集企业事业单位和其他生产经营者的生态环境信用信息，建立生态环境信用档案，实施生态环境信用评价制度和严重生态环境违法失信名单制度。

第二十五条　生态环境主管部门或者其他负有生态环境保护监督管理职责的部门在查处生态环境违法案件时，发现涉嫌治安管理违法的，应当在作出行政处罚决定后及时将案件移送公安机关依法处理。

第二十六条　生态环境主管部门或者其他负有生态环境保护监督管理职责的部门在查处生态环境违法行为时，发现涉嫌犯罪的，应当将案件线索及相关违法证据材料及时移送公安机关，同时抄送同级人民检察院。

第二十七条　县级以上人民政府应当每年向本级人民代表大会或者人民代表大会常务委员会报告生态环境状况和生态环境保护目标完成情况，对发生的重大生态环境事件应当及时向本级人民代表大会常务委员会报告。

第三章　保护和改善生态环境

第二十八条　省人民政府应当以改善生态环境质量和保障生态环境安全为目标，确定生态保护红线、生态环境质量底线、资源利用上线，制定实施生态环境准入清单，构建生态环境分区管控体系。

生态保护红线、生态环境质量底线、资源利用上线是各级人民政府实施环境生态目标管理和生态环境准入的依据。

禁止引进严重污染、严重破坏生态环境的建设项目。

第二十九条　省人民政府应当将生态保护补偿纳入地方政

府财政转移支付体系，建立健全生态保护补偿机制。积极推动地区间建立横向生态保护补偿机制。

生态保护补偿实施办法、补偿标准及禁止开发区域和重点生态功能区名录由省人民政府制定。

对列入禁止开发区域和重点生态功能区名录的区域，上级人民政府应当将生态环境保护作为对该行政区域人民政府及其负责人考核的主要内容。

第三十条 建立以国家公园为主体的自然保护地体系，科学划分国家公园和自然保护区等各类自然保护地，健全管理制度和监管机制，保障生态系统原真性、完整性。

自然保护区的设立和调整应当按照规定的权限和程序审批，禁止违反规定设立和调整自然保护区。

第三十一条 加强生物多样性保护，实施生物多样性保护重大工程，构建生态廊道和生物多样性保护网络，鼓励开展生物遗传资源的保护和利用。全面保护天然林，对生态严重退化地区实行封闭管理。

推动耕地、草原、森林、河流、湖泊休养生息，加强休渔管理和对渔业资源的保护，对开发过度的渔业资源实行禁捕或者限捕。禁止在河流等水体中网箱养殖。

第三十二条 县级以上人民政府应当加强生物安全管理，防止有害生物物种入侵。对已经侵入的有害生物物种，应当采取措施清除。

禁止违反国家有关规定向环境释放破坏、损害本省生态系统的生物物种。

第三十三条 矿山企业应当采取有效措施防止环境污染和生态破坏，对采矿活动造成的环境污染和生态破坏承担恢复治理责任。

第三十四条 县级以上人民政府应当引导居民开展生活垃圾分类，组织有关部门制定生活垃圾分类指南和指导目录，建立健全生活垃圾分类的投放、收集、运输和处理的长效管理机制。

第三十五条 县级以上人民政府应当推进乡村绿色发展，改善农村人居环境。加快发展森林草原旅游、河湖湿地观光，发展山地高效农业、观光农业、森林康养、生态畜牧等产业，推进美丽乡村建设。

第三十六条 县级以上人民政府应当加强农村环境监督管理能力建设，推进农村环境综合整治。加强农村水环境治理和农村饮用水水源保护，实施农村生态清洁小流域建设。

县级人民政府负责组织农村生活废弃物的处置工作，加强农村生活垃圾的收集、转运和集中处置。

第四章 防治环境污染

第三十七条 排放污染物的企业事业单位和其他生产经营者应当履行下列义务：

（一）防治环境污染和生态破坏，对造成的生态环境损害依法承担赔偿责任；

（二）遵守环境影响评价和建设项目环境保护制度；

（三）建立生态环境保护责任制度，明确单位负责人和相关人员的责任，强化生态环境风险防范；

（四）严格按照排污许可证的要求排放污染物，并完整记录与污染物排放相关的台账；

（五）不得通过暗管、渗井、渗坑、灌注或者篡改、伪造监测数据或者不正常运行防治污染设施等逃避监管的方式排放污染物；

（六）配合生态环境主管部门执法人员进行现场检查，如实反映情况，提供必要的资料；

（七）优先使用清洁能源，主动实施清洁生产，减少污染物的产生；

（八）依法缴纳环境保护税；

（九）依法公开生态环境信息，接受社会监督；

（十）法律、法规规定的其他义务。

重点排污单位除履行前款义务外，还应当按照国家有关规定和监测规范安装使用监测设备，保证监测设备正常运行，保存原始监测记录。

第三十八条 建设项目中防治污染的设施应当与主体工程同时设计、同时施工、同时投产使用。防治污染的设施应当符合经批准的环境影响评价文件的要求，不得擅自拆除或者闲置。

第三十九条 开发区、工业园区等工业集聚区应当统一规划、建设完善污染防治设施。

新建排放重点污染物的工业项目应当进入工业集聚区。已建排放重点污染物的工业项目应当通过搬迁等方式入驻工业集聚区。

第四十条 生态环境主管部门可以组织技术机构对建设项目环境影响报告书、环境影响报告表进行技术评估，技术机构对技术评估意见负责。

技术评估费用由生态环境主管部门承担，不得向建设单位、从事环境影响评价工作的单位收取任何费用。

第四十一条 各级人民政府及其有关部门应当严格执行国家对严重污染环境的工艺、设备和产品淘汰制度。任何单位和个人不得生产、销售或者转移、使用严重污染环境的工艺、设备和产品。

　　禁止引进不符合国家和本省生态环境保护规定的技术、设备、材料和产品。

　　第四十二条　县级以上人民政府生态环境主管部门应当根据核定的重点污染物排放总量控制指标，结合本行政区域生态环境质量状况和重点污染物削减要求，按照公平原则核定分配重点污染物排放总量控制指标。

　　企业事业单位和其他生产经营者排放污染物应当符合国家或者地方规定的污染物排放标准和重点污染物排放总量控制指标。

　　省人民政府可以根据本省生态环境质量状况和重点污染物总量控制的要求，实施重点行业污染物特别排放限值。

　　第四十三条　依法实行排污许可管理的企业事业单位和其他生产经营者应当持有排污许可证，并按照排污许可证的要求排放污染物，禁止无证排污。

　　第四十四条　排污单位应当按照国家和本省的规定设置排污口，并安装标志牌。经审核设置的排污口不得随意变动，排污口标志牌不得擅自拆除、移动。不符合排污口设置技术规范、标准和要求的，排污单位应当在生态环境主管部门规定的期限内完成整改或者拆除。

　　禁止通过非核定的排污口排放污染物。禁止从污染物处理设施的中间工序引出并排放污染物。

　　污染防治设施实施第三方运营的，排污单位应当对污染防治设施的日常运行进行监督检查。

　　第四十五条　各级人民政府及其有关部门应当依法加强生态环境风险管理，开展应急演练，做好突发环境事件的风险控制、应急准备、应急处置和事后恢复等工作。在应急处置过程中采取必要措施，避免或者减少对生态环境造成损害。

突发环境事件发生后，事件发生地县级以上人民政府应当组织生态环境等有关部门立即采取有效措施实施应急处置，及时向上级人民政府和上级生态环境主管部门报告。应急处置工作结束后，有关人民政府应当立即组织评估事件造成的环境影响和损失，并及时将评估结果向社会公布。

各级人民政府及其有关部门为应对因企业事业单位和其他生产经营者过错造成的突发环境事件而支付的费用按照成本合理确定，由企业事业单位和其他生产经营者承担。

第四十六条 企业事业单位应当定期开展生态环境风险隐患排查及调查评估，依法编制突发环境事件应急预案，报所在地县级以上人民政府生态环境主管部门备案，定期开展演练。

在发生或者可能发生突发环境事件、其他危害生态环境的紧急状况时，企业事业单位应当立即启动应急预案，采取应急措施控制污染、减轻损害，及时通报可能受到危害的单位和个人，并向生态环境主管部门和有关部门报告。

第四十七条 加强农业面源污染防治。各级人民政府及其农业农村等有关部门和机构应当指导农业生产经营者科学种植和养殖，科学合理使用农药、化肥等农业投入品；推进有机肥替代化肥、畜禽粪污处理、农作物秸秆综合利用、废弃农膜回收、病虫害绿色防控。

禁止将不符合农用标准和环境保护标准的固体废物、废水施入农田。施用农药、化肥等农业投入品和进行农田灌溉时，应当采取有效措施，防止重金属和其他有毒有害物质污染环境。

畜禽养殖场、养殖小区、定点屠宰企业等的选址、建设和管理应当符合有关法律、法规规定。从事畜禽养殖和屠宰的单位和个人应当采取措施，对畜禽粪污、动物尸体和污水等废弃物进行科学处置，防止污染环境。

禁止工业和城镇污染向农业农村转移。

第五章　信息公开和公众参与

第四十八条　县级以上人民政府生态环境主管部门和其他负有生态环境保护监督管理职责的部门应当主动公开下列政府生态环境信息：

（一）生态环境保护法律、法规、规章和规范性文件；

（二）各类生态功能区区划、生态保护红线的区域范围及管控措施；

（三）环境质量状况和重点污染源监督性监测数据；

（四）各级人民政府所在地的集中式生活饮用水水源地水环境质量监测信息；

（五）环境行政许可信息和环境行政处罚决定书；

（六）突发环境事件处置信息；

（七）环境违法企业失信名单；

（八）生态环境保护目标完成情况的考核结果；

（九）其他依法应当主动公开的政府生态环境信息。

市、州人民政府生态环境主管部门应当在每年3月底前确定本行政区域内重点排污单位名录，并通过政府网站、报刊、广播、电视等便于公众知晓的方式公布。

第四十九条　对依法需主动公开的政府生态环境信息，县级以上人民政府生态环境主管部门和其他负有生态环境保护监督管理职责的部门应当自信息形成或者变更之日起20日内，通过政府网站主动公开，还可以通过公报、资料索取点、电子显示屏、广播电视、报刊等便于公众知晓的途径和方式予以公开。

第五十条　公民、法人和其他组织可以依法向县级以上人民政府生态环境主管部门和其他负有生态环境保护监督管理职责的部门申请公开政府生态环境信息。相关部门收到申请后，应当依照《中华人民共和国政府信息公开条例》的规定予以答复。

第五十一条　公民、法人和其他组织发现县级以上人民政府生态环境主管部门和其他负有生态环境保护监督管理职责的部门不依法履行职责，未依法公开或者更新政府生态环境信息的，有权向其上级部门或者监察机关举报。受理举报的机关应当及时核查并责令纠正不履行职责的行为。

第五十二条　重点排污单位应当公开下列生态环境信息：

（一）单位名称、地址、统一社会信用代码、法定代表人姓名；

（二）主要污染物名称、排放方式、排放浓度和排放总量以及环境污染防治设施的建设和运行情况；

（三）超过排放标准排放污染物、超过总量控制指标排放污染物等情况；

（四）建设、生产过程中产生的废弃物综合利用和处置情况；

（五）突发环境事件应急预案、环境污染事故及造成的损失等情况；

（六）开展自行环境监测的工作情况及监测结果；

（七）法律、法规、规章规定的应当公开的其他生态环境信息。

危险化学品生产使用企业应当依法公开生产使用的危险化学品品种、危害特性、特征污染物、环境污染事故、污染防控措施等信息。

生态环境信息生成或者发生变更的，重点排污单位应当自生态环境信息生成或者变更之日起 30 日内公开。

安装污染源自动监测设备的重点排污单位应当公开污染物排放的小时均值和日均值的自动监测数据。

鼓励非重点排污单位主动公开主要污染物的名称、排放方式、排放浓度、排放总量、污染防治设施建设和运行情况，突发环境事件应急预案等信息。

第五十三条 重点排污单位应当通过生态环境主管部门统一建立的企业事业单位生态环境信息公开平台公开相关生态环境信息。尚未建立统一的生态环境信息公开平台的，重点排污单位应当通过企业网站、厂区进出口显示屏、公告展板等方式向社会公开相关生态环境信息。

第五十四条 新建、改建、扩建项目的建设单位，应当依法采取下列方式公布环境影响评价文件和建设项目竣工环境保护验收情况：

（一）在建设项目所在地的公共媒体上发布公告；

（二）公开发放载明有关公告信息的印刷品；

（三）在直接受到建设项目影响的公众居住地的公告栏、出入口等张贴公告或者召开信息公告会议；

（四）其他便利公众知悉生态环境信息的公告方式。

前款第三项规定的公告时间不得少于 10 日。

第五十五条 鼓励城市污水集中处理、生活垃圾集中处理等环保设施的运营管理单位向社会公众开放，为公众学习了解相关环境保护知识提供便利。

第五十六条 鼓励和支持依法设立的生态环境保护社会组织开展保护生态环境的活动，依法参与生态环境监督，促进保护和改善生态环境。

第五十七条 公民、法人和其他组织可以依法参与和监督生态环境保护工作，通过电话、信函、传真、网络等方式向生态环境主管部门和其他负有生态环境保护监督管理职责的部门提出意见和建议。

除依法需要保密的情形外，编制生态环境保护规划、制定生态环境政策和审批建设项目环境影响评价报告书等重大事项，相关部门应当举行座谈会、论证会、听证会等形式广泛听取公众意见。通过采取发放调查问卷方式征求公众意见的，不得采取代签等形式弄虚作假。

生态环境主管部门和其他负有生态环境保护监督管理职责的部门可以通过征求意见、问卷调查、组织召开座谈会、专家论证会、听证会等方式征求公民、法人和其他组织对生态环境保护相关事项或者活动的意见和建议。

第五十八条 法律、法规规定应当举行听证的事项，生态环境主管部门和其他负有生态环境保护监督管理职责的部门应当依法公告并举行听证，充分听取公民、法人和其他组织的意见，并保证其陈述、质证和申辩的权利。除涉及国家秘密、商业秘密或者个人隐私外，听证应当公开举行。

第五十九条 公民、法人和其他组织发现污染环境或者破坏生态行为以及重点排污单位未依法公开生态环境信息的，可以通过信函、传真、电子邮件、环保举报热线、微信公众号、政府网站等途径，向生态环境主管部门或者其他负有生态环境保护监督管理职责的部门举报。

生态环境主管部门和其他负有生态环境保护监督管理职责的部门在受理举报后，应当依照有关法律、法规规定调查核实举报的事项，并将调查情况和处理结果告知举报人。

第六十条 县级以上人民政府应当建立生态环境保护有奖举报制度，生态环境主管部门和其他负有生态环境保护监督管理职责的部门应当按照有关规定对举报属实的单位和个人给予奖励。

第六十一条　鼓励支持符合法定条件的社会组织依法提起环境公益诉讼。县级以上人民政府及有关部门应当为环境公益诉讼提起人提供查阅、复制相关资料等便利条件。

第六章　法律责任

第六十二条　排污单位未按照省人民政府生态环境主管部门的规定设置排污口标志牌或者擅自拆除、移动排污口标志牌的，责令限期改正，由县级以上人民政府生态环境主管部门处以1万元以上5万元以下的罚款。

第六十三条　企业事业单位和其他生产经营者有下列违法排污行为之一，受到罚款处罚，被责令改正，拒不改正的，依法作出罚款处罚决定的生态环境主管部门可以自责令改正之日的次日起，按照原处罚数额按日连续处罚：

（一）超过国家或者地方规定的污染物排放标准，或者超过重点污染物排放总量控制指标排放污染物的；

（二）通过烟气旁路、暗管、渗井、渗坑、灌注或者篡改、伪造监测数据，或者不正常运行防治污染设施等逃避监管的方式排放污染物的；

（三）违法倾倒有毒物质的；

（四）排放法律、法规规定禁止排放的污染物的。

第六十四条　违反本条例规定，重点排污单位未依法公开生态环境信息的，由县级以上人民政府生态环境主管部门责令限期公开，处以1万元以上10万元以下的罚款并予以公告。

第六十五条　各级人民政府及其生态环境主管部门和其他负有生态环境保护监督管理职责的部门有下列行为之一的，对直接负责的主管人员和其他直接责任人员，依法给予记过、记大过或者降级处分；造成严重后果的，给予撤职或者开除处分，其主要负责人应当引咎辞职：

（一）不符合行政许可条件准予行政许可的；

（二）依法应当作出责令停业、关闭的决定而未作出或者包庇环境违法行为的；

（三）违反法定程序擅自修改、调整或者废除生态环境保护规划的；

（四）违反生态保护红线，擅自引进、批准污染生态环境、破坏生态的建设项目的；

（五）违反规定设立和调整自然保护区的；

（六）违反规定擅自批准在非标准化的垃圾填埋场或者危险废物贮存场填埋、贮存、处置垃圾或者危险废物的；

（七）建设单位未依法提交建设项目生态环境影响评价文件或者生态环境影响评价文件未经批准，擅自批准、指使、纵容建设单位开工建设或者投产使用的；

（八）违反建设项目生态环境准入负面清单制度，擅自批准引进严重污染、严重破坏生态环境建设项目的；

（九）违法批准引进不符合国家和本省生态环境保护规定的技术、设备、材料和产品的；

（十）对超标排放污染物、采用逃避监管的方式排放污染物、造成环境事故以及不落实生态保护措施造成生态环境破坏等行为，发现或者接到举报未及时查处的；

（十一）违反有关规定，查封、扣押企业事业单位和其他生产经营者的设施、设备的；

（十二）篡改、伪造或者指使篡改、伪造监测数据的；

（十三）应当依法公开生态环境信息而未公开的；

（十四）法律、法规规定的其他违法行为。

第六十六条 违反本条例规定的其他行为，法律、法规有处罚规定的，从其规定。

第七章 附 则

第六十七条 本条例自 2019 年 8 月 1 日起施行。2009 年 3 月 26 日贵州省第十一届人民代表大会常务委员会第七次会议通过的《贵州省环境保护条例》同时废止。